現代日本政治の争点

新川敏光 編
Shinkawa Toshimitsu

法律文化社

謹んで古稀をお祝いし
大嶽秀夫先生に捧げます

執筆者一同

はじめに

　大嶽秀夫先生（現同志社女子大学客員教授，京都大学名誉教授）は2013年10月に満70歳を迎えられる。今日では70歳という年齢は，古稀と祝うには早すぎる気がしなくもない。今なお現役の第一線で研究を続けられている大嶽先生の場合，そうした思いは一層強い。しかしながらこれまで先生の教えを受け，今日研究者として禄を食む者たちは，どこかの時点で，1つの節目として先生の学恩に報いたいと常々考えてきた。古稀というのは，その意味ではちょうどよい機会に思える。

　大嶽先生は，日本政治が専らジャーナリスティックな話題でしかなかった時代に，それをいち早く学問的対象として捉え，現代日本政治研究の領野を切り開かれた。大嶽先生は幾多の前人未到の領域に分け入り，われわれ後進に研究の道をお示しくださった。大嶽先生の御業績は，われわれ門下生のみならず，政治学を志す者たちすべてに対して開かれた共有財産となっている。とはいえ大嶽政治学は現在進行形であり，本書では先生のお仕事を回顧的に論じたり，あるいは学説史的に位置づけたりすることは厳に慎んだ。むしろ先生が切り開かれた多岐にわたる現代政治研究のテーマを，各々の関心から今日の文脈のなかで分析することが大嶽先生への精一杯の恩返しであり，大嶽政治学の真の継承につながると考えたからである。本書で取り上げられているテーマは，官僚政治，政治経済体制，議会政治，政治的リーダーシップ，地方政治，比較政治，専門性の政治，ジェンダー政治，防衛政策など，様々である。このようにテーマを並べてみると，今さらながら大嶽政治学の守備範囲の広さに驚かされる。ただし本書では，新左翼研究はカバーできていない。執筆者一同，大嶽先生ご自身による『新左翼の遺産──ニューレフトからポストモダンへ』（東京大学出版会，2007年）の続編を心待ちにしている。

　編者は各執筆者に，上記の企画趣意に賛同いただき，それぞれの立場から大嶽政治学の変奏を試みてほしいとお願いした。師弟関係というようなもので徒

i

党を組むことを嫌う大嶽先生の学風を反映してか，大嶽門下に仲間意識や集団的結束力は乏しく，いかなる意味でも上下関係は存在しないが，出揃った原稿をみれば，各人が私の提案を真摯に受け止めてくれたことがわかる。ひとえに大嶽先生への敬愛の念から生まれた協調性であろう。

　本の構成としてはテーマ別に編むことも考えたが，無理に形式美を追求するよりは，大嶽先生に教えを受けた時代が古い者順に論文を並べようということに落ち着いた。唯一の例外は，畠山論文が最後尾に回ったことである。論文の配列はこのように何の工夫もない，いたって単純なものであるが，大嶽先生の「教育遍歴」を知る一助にはなろう。とはいえ，本書で「大嶽門下のそろい踏み」などと早とちりされると困る。諸般の事情により寄稿できなかった門下生の方々がおられる。他方，いわゆる門下生ではないが，大嶽先生の重要な研究テーマを引き継いでおられる方々の寄稿もある。そのような寄稿が本書の研究書としての価値を増すだけでなく，閉鎖的な思考とは無縁であり，広く門戸を開いてこられた先生にふさわしいと考えたからである。

　本書のタイトルについても，一言述べておきたい。東北大学助教授であった1984年，大嶽先生は当時指導されていた大学院生たちを動員し（といっても，わずか3名であったが），『日本政治の争点』（三一書房）なる本を編まれた。その後京都大学に移られてからも，先生は大学院生たちとの共同研究に取り組まれ，複数の本を刊行されている。大学院生にテーマを与え，論文を書かせ，編著を刊行するというのは，大嶽先生の大学院生指導の大きな特徴であり，成果であったといえる。『日本政治の争点』は，それら一連の成果のなかで最初のものということで，本書のタイトルはそれに因んで『現代日本政治の争点』とさせていただいた。本書には大嶽先生の直接指導は入っていないが，その成果の1つとなっていることを執筆者一同，切に願う次第である。

　法律文化社は，本書の企画趣旨を理解し，出版を快諾してくださった。この間，執筆者への対応を一手にお引き受けいただき，望外の寛大さをお示しいただいたのは，編集部の小西英央氏である。記して，深謝したい。

　　　2013年早春

　　　　　　　　　　　　　　　　　　　　　　　　　　新川　敏光

目　　次

はじめに

第1章　小泉構造改革と福祉レジーム転換 ————— 新川　敏光　1
　1　はじめに（1）　2　小泉時代の経済パフォーマンス（2）
　3　小泉政治（7）　4　新自由主義（12）　5　日本における新自由主義（17）　6　二段階構造改革（20）　7　むすび——ポスト新自由主義の時代？（25）

第2章　解散権の行使と首相の権力 ————— 渡部　純　29
　　　——退陣と解散のリーダーシップ
　1　日本政治におけるリーダーシップの現在——問題の所在（29）
　2　解散権行使のチャンス（30）　3　戦後日本の解散日程（33）
　4　解散権行使の条件——解散風（35）　5　なぜ短期内閣が繰り返されるのか（42）　6　小泉内閣後の超短期化（48）

第3章　専門性の政治過程 ————— 宗前　清貞　54
　　　——現代政治における医療政策の位相
　1　医療政治とは何か（54）　2　医療政治の焦点と変容——医療アクセスと医療経済（55）　3　医療問題の多面性（63）　4　福祉国家における医療政策の位置づけ（67）

第4章　都道府県知事選挙の構図 ————— 丹羽　功　74
　1　候補者からみた都道府県知事選挙（74）　2　候補者の経歴の検討（76）　3　候補者からみた知事選挙の転換点（83）　4　小　括（89）

第5章 ポピュリズムと地方自治 ──────────── 中井　歩　93
　　　──学力テストの結果公表をめぐる橋下徹の政治手法を中心に
　　1　橋下徹とポピュリズム（93）　2　ポピュリズムと民主制（98）
　　3　事例：学力テストの市町村別結果公表をめぐる政治過程（102）
　　4　分析：橋下政治のイデオロギー分析とポピュリズム分析（108）
　　5　むすび（112）

第6章 衆議院小選挙区選挙における現職効果 ────── 鈴木　創　115
　　　──票は議席を与える，議席は票を与えるか
　　1　小選挙区制と現職の優位性（115）　2　データと推定方法（118）
　　3　推定結果と考察（123）　4　結語（131）

第7章 憲法改正をめぐる世論 ──────────── 鹿毛利枝子　137
　　1　憲法改正と世論──背景（137）　2　憲法改正への態度と社会的
　　属性──JESⅢ調査より（138）　3　憲法改正への態度の時間的安定
　　性（141）　4　憲法改正と保革対立軸（144）　5　他政策領域との
　　関係（146）　6　投票行動へのインパクト（148）　7　結語（152）

第8章 1990年代国会改革の政策過程論と新制度論
　　　　　　　　　　　　　　　　　　　　────── 松本　俊太　156
　　1　はじめに──なぜ国会改革の過程を論じるのか？（156）　2　国
　　会改革に関する理論的説明（158）　3　1990年代の国会改革Part1
　　──「変換型」を志向する改革（163）　4　1990年代の国会改革
　　Part2──「アリーナ型」を志向する改革（167）　5　おわりに──「変
　　換型」改革と「アリーナ型」改革は本当に矛盾するのか？（170）

第9章 自由主義的改革の時代？──1980年代のドイツ福祉政治
　　　　　　　　　　　　　　　　　　　　────── 近藤　正基　176
　　1　1980年代の政治と「自由主義的改革」（176）　2　福祉国家の再
　　保守主義モデル化──1982～1984年（177）　3　政治混乱と左派勢
　　力の巻き返し──1984～1985年（182）　4　福祉国家の縮減，拡充，

現代化——1985〜1989年（187）　5　1980年代のドイツ福祉政治（190）

第10章　フォーディズム型ジェンダー秩序再編の政治 ── 辻　由希　195
——パートタイム労働法の改正を事例として
1　日本型雇用システムの形成と動揺（195）　2　労働政治の「政治化」（200）　3　パートタイム労働法の改正過程（204）　4　日本におけるジェンダー秩序の再編（213）

第11章　現代日本の防衛政策形成過程とシビリアン・コントロール
─────────── 柴田　晃芳　218
1　戦後防衛政策研究と戦後民主主義（218）　2　防衛政策と民主主義（221）　3　現代の防衛政策とシビリアン・コントロール——近年の変化（225）　4　結論——現代的課題としてのシビリアン・コントロール（234）

第12章　ストリート官僚論再訪 ─────────── 畠山　弘文　240
——第一線生活保護行政の政治学
1　福祉国家とストリート官僚論（240）　2　「ピーマン状態」のストリート官僚研究（243）　3　生活保護行政とストリート官僚論①——日本の生活保護行政（247）　4　生活保護行政とストリート官僚論②——生活保護研究の隘路（249）　5　生活保護行政とストリート官僚論③——生活保護の第一線研究（252）　6　ストリート官僚論の政治学的展望（258）

第1章　小泉構造改革と福祉レジーム転換

新川　敏光

1　はじめに

　政策の遅滞にもかかわらず，政治の流れは急であり，小泉構造改革は既に歴史のなかに葬り去られた観がある。小泉純一郎の指名によって生まれたともいえる前安倍晋三政権において実質的な小泉構造改革の見直しは始まっていたし，麻生太郎内閣は公然と方針転換を打ち出した。民主党政権の誕生は，小泉構造改革へのとどめとなった。民主党に政権をもたらした2009年総選挙における同党のマニフェストをみれば，税金の無駄遣いを諫めながらも，農業個別所得補償制度，子ども手当，最低保障年金などの創設，高速道路の原則無料化等々，小泉構造改革がめざした「小さな政府」路線とは真っ向から対立する政策が掲げられていた。世論をみれば，格差社会論が世を賑わせて以来，小泉構造改革への評価は否定的なものに変わった。小泉構造改革は格差社会の元凶とみなされるようになった。

　格差社会という現実を否定するつもりはないが，それが小泉構造改革によってもたらされたのかといえば，否といわざるをえない。格差社会論の火付け役になった橘木俊詔『日本の経済格差』が出版されたのは1998年であった。しかし企業別賃金格差の拡大についてはそれ以前から指摘があり，筆者もそれについて論じたことがある（新川 1993；2005）。ジニ係数から所得格差をみると，後述のように，遅くとも1980年代には拡大傾向がはっきりと表れており，格差拡大傾向は小泉構造改革前から着実に進んでいた。小泉構造改革を格差社会の起点と捉える議論は，わが国の福祉レジーム転換と小泉構造改革の連関を捉

えそこなった議論のように思える。

　これまでの小泉政治研究のほとんどは，小泉の政治手法やリーダーシップ，あるいは道路公団民営化や郵政民営化という個別事例に関心を集中し，小泉構造改革が戦後日本の福祉国家にとってどのような意味をもつのかを問うものは少なかった。小泉政治，小泉構造改革の本質は新自由主義，市場原理主義にあるといわれ，そこでの最大の攻撃目標が福祉国家と目されるにもかかわらずである。このような空隙を埋めるために本章では，小泉構造改革が戦後日本の政治経済システム，福祉レジームに対してどのようなインパクトをもっていたのかをマクロかつ長期的な視点から検討する。[1]

2　小泉時代の経済パフォーマンス

　小泉純一郎が政権にあったのは，2001年4月26日から2006年9月26日までである。この間のマクロな経済指標をみてみよう。まず経済成長率をみれば，小泉内閣が誕生した2001年はマイナス成長であったが，2003年から2006年の退陣までの間，平均2％以上の成長率を維持している。経済成長の回復に伴って，失業率も2002年の5.4％をピークに，2006年には4.1％にまで下がっている（http://www2.ttcn.ne.jp/honkawa/3080.html，2011年7月30日最終閲覧）。経済成長率，失業率をみる限り，小泉政権時代は日本経済にとって回復期にあったといえる。

　こうした状況は，株価にも反映されている。日経平均株価をみると，1990年代後半以降積極財政を展開した小渕恵三内閣時代（1998年7月30日～2000年4月5日）を例外に，株価は低迷している。しかし小泉内閣時代には，第一期政権時代（2001年4月26日～2003年11月19日）こそ大きく株価を下げたものの，第二期（2003年11月19日～2005年9月21日），第三期には（2005年9月21日～2006年9月26日）には株価を連続して上昇させている（http://www.kabudream.com/souri_nikkei/，2011年7月30日最終閲覧）。

　もっとも小泉時代の景気回復が，小泉構造改革によるものであったかどうかはあやしい。上川龍之進は，このような景気回復は，「中国をはじめとした海

第 1 章　小泉構造改革と福祉レジーム転換

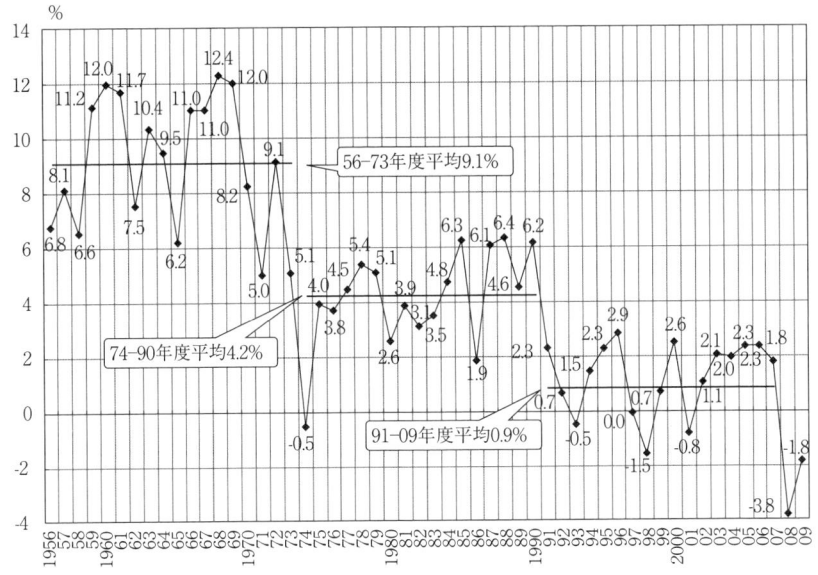

図表 1-1　経済成長率の推移

注：年度ベース。93SNA連鎖方式推計（80年度以前は63SNAベース「平成12年版国民経済計算年報」）。2010年7-9月期1次速報値〈2010年11月15日公表〉。平均は各年度数値の単純平均。
出典：内閣府SNAサイト（http://www2.ttcn.ne.jp/honkawa/4400.html, 2010年12月7日最終閲覧）

外需要の増大によるところが大きい」と明快に指摘している（上川 2010：318）。財政抑制，郵政三事業民営化といった政策は，直ちに好景気をもたらすような性質のものではなく，このような上川の見解は妥当なものと思われる。しかし他方において，小泉構造改革が市場から好感をもって受け止められたことは間違いない。また景気から判断する限り，小泉時代に国民生活が悪化したとはいえないことは明らかである。

　他方において，財政の赤字体質改善という点では，小泉政権は掛け声ほどには成果はあげていない。確かに小泉政権は，予算削減を行った。2002年の当初予算は前年度比10.7％減であり，その後も4％前後の削減を続けている。とりわけ公共事業費については，2006年当初予算の7兆2015億円という額は，2001年当初予算からみると23.7％減の数字となっていた（内山 2007：47）。し

かし下図をみるとわかるように，政府債務残高は小泉時代においても一貫して上昇しており，国際的にみて日本のそれは突出している。小泉政権には，政府債務残高を減少させるほどの大がかりな財政削減はなされなかったのである[2]。

小泉時代に景気はよくなったといっても，好景気のなかで不平等が拡大し，貧困に苦しむ者が増加した可能性は十分ある。そこで所得格差について，ジニ係数（0から1の間で計り，0に近いほど平等性が高く，1に近づくほど不平等性が高いことを示す）をみてみよう。当初所得のジニ係数は，2002年段階では0.498で

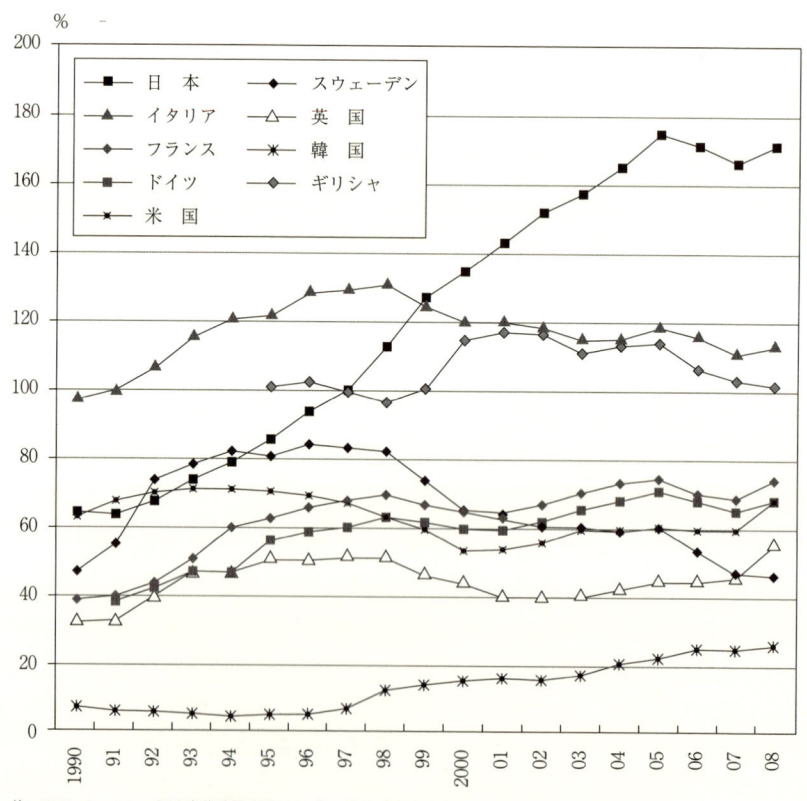

図表1-2　政府債務残高推移の国際比較

注：SNAベースの一般政府債務残高対GDP比。地方政府分を含むが中央政府との重複分は除外。
出典：OECD Factbook 2010（http://www2.ttcn.ne.jp/honkawa/5103.html，2010年12月7日最終閲覧）

あったが，2005年には0.526に上昇している。つまり小泉時代，所得格差は拡大している。とはいっても，図表1-3をみればわかるように，所得格差拡大傾向は1980年代から一貫したものであり，小泉時代になってそれが俄かに生まれたわけでもなければ，とくに加速されたわけでもない。格差拡大傾向が加速したのは，小泉時代に先立つ1990年代後半である。この時代，労働者派遣の原則自由化や裁量労働，変形時間制の導入要件緩和など，労働市場規制緩和が一気に進んだことが，格差拡大を促進する大きな要因になったと考えられる（新川 2007：補論）。

再分配所得のジニ係数をみれば，2002年の0.381から2005年には0.387へと数値的にはわずかながら上昇しているものの，むしろ再分配所得がかなりの程度当初所得の格差を是正していることがわかる。つまり当初所得の格差拡大にもかかわらず，小泉時代再分配政策によって社会的不平等の拡大を抑制されたといえる。再分配による所得格差改善度は，2002年には23.5％，2005年には26.4％となっている。税による再分配効果は小さく，ほとんどが社会保障を通じての格差是正である。

以上を要するに，小泉政権では景気回復はある程度なされたものの，それは輸出主導であり，国内の構造改革の結果とはいい難く，財政構造も大きく変わっていない。つまり財政的に「小さな政府」に向かっていない。社会保障が俄かに機能麻痺に陥ったわけでもない。もちろんワーキング・プア，プレカリアートといわれるような周辺労働者層の拡大はみられたし，子どもの貧困率も増加している。小泉時代に派遣労働が製造業においても解禁され，健康保険の被保険者本人の3割負担，企業年金の改正（厚生年金基金解散要件の緩和や日本版401Kの導入など），公的年金へのマクロ・スライド方式の導入と所得代替率の引き下げなどが行われている。つまり小泉時代には道路公団や郵政民営化だけでなく，労働市場・社会保障政策において福祉縮減がみられ，新自由主義的な方向に向かったことは間違いはないが，小泉構造改革の意義を短期的な政策効果から読み取ることはできない。

小泉構造改革は，既に1970年代中葉に始まっていたわが国の新自由主義的改革の総仕上げとしてあったと筆者は考える。その意味するところを明らかに

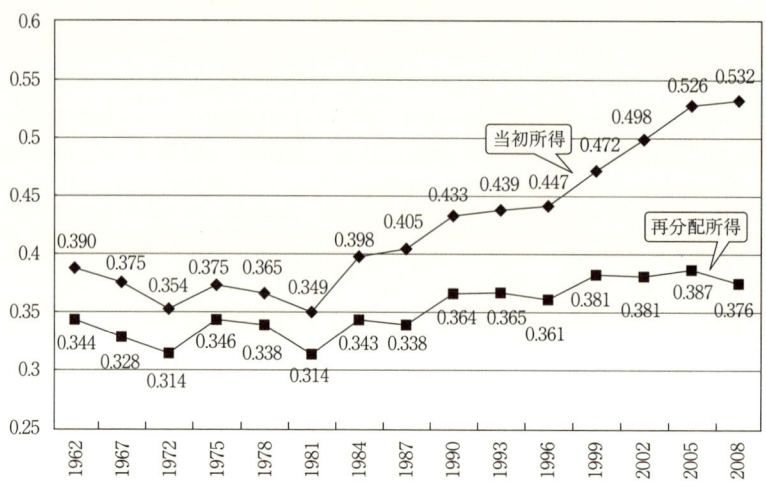

図表1-3 所得格差の推移（ジニ係数）

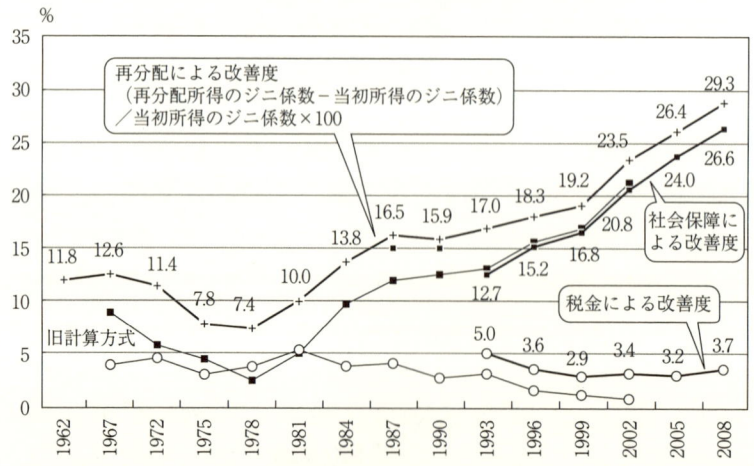

図表1-4 所得再分配による所得格差改善度の推移

注：表示年は調査年次であり，所得は前年の実績。再分配による改善度は当初所得と再分配所得とでジニ係数がどれだけ低まったかを計算したもの。社会保障による改善度は，社会保障に係る再分配のみの再分配所得を使用した計算結果。税金による改善度は，税のみによる再分配所得を使用した計算結果。2002年以前は計算方法が異なっていたので新しい計算方法による結果とともに細線で示した。税金の範囲は直接税（所得税，住民税，固定資産税，自動車税）であり，消費税は含まない。調査対象は，住み込み・寮・寄宿舎・福祉施設を除く全世帯。

出典：厚生労働省「所得再分配調査」(http://www2.ttcn.ne.jp/honkawa/4667.html, 2011年7月30日最終閲覧)

するためには，まず小泉政治とはどのようなものであり，新自由主義とは何であるのかを明らかにする必要がある。

3　小泉政治

　小泉政治については数多の考察が行われ，論者によって様々な小泉像が描かれているが，小泉が類まれな指導力をもった首相であったことについては共通の認識があるように思われる。そして多くの場合，小泉の個人的資質や政治手法，それらによって生み出された高い支持率に，彼の強力な指導力の源泉を求める。「小泉本」の大半は，小泉が政局に強い勝負師であること，ワン・フレーズ・ポリティクスによってマスコミを惹きつけ，財政諮問会議を用いて官邸主導の政治を行ったことについて言及している（清水 2005；読売新聞政治部 2005；上杉 2006）。このような小泉論の最も精緻なものとして，ポピュリズム概念を駆使した大嶽秀夫の研究がある（大嶽 2003；2006）。大嶽によれば，

　　ポピュリズムとは，「普通の人々」と「エリート」，「善玉」と「悪玉」，「味方」と「敵」の二元論を前提として，リーダーが，「普通の人々（ordinary people）の一員であることを強調する（自らをpeopleにアイデンティファイする）と同時に，「普通の人々」の側に立って彼らをリードし「敵」に向かいあって戦いを挑む「ヒーロー」の役割を演じてみせる，「劇場型」政治スタイルである（大嶽 2003：118-119）。

　さらに大嶽は，近年の傾向として，政治のアイドル化，ショービジネス化がみられると指摘し，その背景としてマスメディアの存在を指摘している（大嶽 2003：120）。小泉のメディアを利用したポピュリズム，劇場型政治を，大嶽はネオ・リベラル型ポピュリズムと呼ぶ。それは単に議会を迂回して大衆にアピールするだけではなく，大衆的支持を背景に，分権化し，既得権益化した「鉄の三角形」（官僚，議員，業界）に攻撃を加え，その権益，権限の解体を目指すものである（大嶽 2003：121）。

　他方小泉のリーダーシップの源泉として，制度を重視する研究がある。たとえば竹中治堅は，小選挙区制によって党公認の重みが増したこと，政治資金規正強化や政党助成法によって派閥が地盤沈下したことが，自民党総裁の権限強

化に結びついたと指摘する（竹中 2006）。待鳥は，この方向をさらに推し進め，戦後日本政治の制度変化がどのように首相のリーダーシップに変化をもたらしてきたかを通観し，中曽根と小泉のリーダーシップの違いを制度論的に明らかにしている（待鳥 2012）。

　研究の力点として，個人の能力と制度，どちらに力点を置くかは，何を目的に仮説設定を行うかにかかわる。安直に折衷を是とするわけではないが，一般論レベルでは，どちらも重要であることは疑いようがない。制度変更は，確かにリーダーシップを大きく規定するが，他方，同じ制度の下でだれもが同じ程度のリーダーシップを発揮できるわけではない。小泉は，竹中の指摘するような制度変更を権力資源として有効に活用する知力と意思，政治的技能をもっていたといえるだろう。

　小泉は日本国首相の権力が，世評とは異なり，実は強大なものであることをよく認識していた。小泉は，2003年8月，自民党総裁選での再選を前に，次のように語ったという。「三役と総理の権力とはまったく違うんだな。三役にはない総理大臣の権力というものがある。そもそも権力は総理大臣にあるんだから」（清水 2005：316）。首相の権力とは，つきつめていえば伝家の宝刀といわれる衆議院の解散権である。その重要性を，小泉は，まだ一回生議員にすぎなかった当時，三木おろしを目の当たりにして，学んだといわれる（清水 2005：319-321）。小泉構造改革における経済財政諮問会議という「制度」の重要性については誰も否定しないだろうが，この「制度」が首相を強力にしたのではなく，首相がこの「制度」に力を与えたのである（大嶽 2006：107）。

　御厨貴は，小泉政治を三無主義（説得せず，調整せず，妥協せず）と特徴づけている（御厨 2006：45）。といっても，小泉があらゆる政策分野で我を通したわけではない。上川龍之進は，小泉の悲願であった郵政民営化以外の政策分野では，時には「抵抗勢力」に譲歩や妥協をしていることを指摘している（上川 2010）。確かに郵政民営化の前哨戦ともいうべき道路公団民営化においては，小泉は「抵抗派」に妥協した。他方，健康保険料本人負担の3割引き上げにおいては，小泉自ら政府内外に対して積極的に説得工作を行い，郵政民営化以上に指導力を発揮したといわれる（飯島 2006）。

小泉は，その「強い指導力」を用いて，何をしようとしたのだろうか。小泉構造改革には戦後日本の保守政治を支配してきた「鉄の三角形」を打破しようという明確な意図があったと思われるが，既存政治に代わる新たなヴィジョンはもっていなかったともいわれる（日本経済新聞政治部編 2001）。この考えを推し進めると，小泉は無目的に，勝つか負けるかのゲームを楽しんでいるだけのニヒリストであるという評価につながる（御厨 2006；清水 2005：372）。小泉は「究極のナルシスト」であるという見解も，小泉政治には政策理念や目的がないことを示唆するものであり，ゲームに勝つ己の姿に酔っているだけという揶揄が込められている（上杉 2006：217）。

　大嶽は，ポピュリズムにおいては，何かを実現しようとするのではなく，二項対立を鮮明にして，敵に打ち勝つことが重視されると指摘する。大嶽は，小泉をネオ・リベラル型ポピュリズムとして捉えているが，小泉がネオ・リベラルの理念を持っているとはいわずに，「ネオ・リベラリズムと多くのレトリックを共有する」と慎重な態度を示している（大嶽 2003：121）。小泉改革がネオ・リベラリズムと重なるのは，小泉の破壊しようとしたものが「鉄の三角形」といわれるマーケット・メカニズムを阻害する利権構造であったからである。利権構造は自民党を支える根幹であったことを考えると，小泉が「自民党をぶっ壊す」といったことは決して誇張ではなかった。

　だが小泉が潰そうとしたのは，自民党そのものというよりも，派閥，しかも特定派閥，経世会であったという指摘がある（日本経済新聞政治部編 2001；野中 2008）。道路行政にせよ郵政にせよ，田中派＝経世会支配下にあった。この田中派支配に小泉は終止符を打った。しかし小泉が反派閥かというとそうではなく，彼は福田派＝清和会に属し，そこで育ってきた政治家であり，その意味では骨の髄まで古い体質の政治家であった。小泉は経世会の権力の源泉を枯らし，内部分裂を誘って，その凋落を促した。郵政民営化をめぐって，経世会の二巨頭，野中広務と青木幹雄は対立し，結局野中は政界引退を余儀なくされ，経世会の権勢は地に落ちた。他方小泉首相の出身派閥である清和会は，小泉政権下で勢力を拡大し，最大派閥化した。

　それでは小泉が清和会支配を目論んでいたのかといえば，首を傾げざるを得

ない。彼は後継者として同じ派閥の後輩、安倍晋三を指名したものの、派閥の長である森喜朗の意見をほとんど尊重せず（それ自体が演技であったという説もあるが、自分の属する派閥の権勢拡大を第1に考えたとすれば、その長の顔に泥を塗るような行為はしないだろう）、2005年の解散総選挙で生まれた小泉チルドレンを清和会に間接的にせよ誘導することもなかった。また小泉構造改革の打撃を最も大きく受けるのが経世会であり、したがって短期的には経世会に対して清和会が優位に立つことになったとしても、利権構造の解体は自民党全体の支持基盤の脆弱化を促進することは明らかであり、長期的には、新たな支持基盤をつくり上げない限りは、どの派閥も衰退するしかないことは目に見えていた。

　さらに穿った見方として、小泉は自己の権力維持にのみ関心があったという説がある（上杉 2006）。しかし小泉の補助金や財政投融資に対する批判は、新米議員であった頃から一貫していた。小泉が党内緊張・対立を利用して自らの権力を維持したことは確かであるが、だからといって小泉が権力維持だけに関心をもっていたということにはならない。この説に従えば、小泉続投を求める声が世論・マスコミだけでなく、自民党内においても大勢を占めるようになったにもかかわらず、小泉が公言通り2006年9月に退陣したことを理解できない。小泉が院政を敷くのではないかという一部の憶測もあったが、小泉は、退陣後、あっさりと政界から引退してしまう。[3]

　多くの論者が小泉政治における理念の欠如を指摘しているのに対して、小泉政治とは「利益の政治からアイディアの政治への転換である」という注目される指摘をしているのが、内山融（2007）である。しかし内山は、小泉はロゴスの人というよりはパトスの人であり、国内政治において竹中平蔵というブレーンが存在し、竹中の率いる経済財政諮問会議がアイディアを注入したために成功を収めたものの、外交では小泉のパトスが前面に押し出されて、場当たり的になってしまったという。結局のところ、内山もまた、小泉自身のアイディアや信念を認めているわけではない。

　小泉政治を国内政治と外交という二元論で割り切って評価できるのかという問題はさておくとしても、小泉のリーダーシップを考えるときに、彼自身のアイディアや信念は、本当に取るに足らないものなのだろうか。確かに竹中平蔵

は経済財政諮問会議を通じて官僚に対抗する政策アイディアを提示し，類まれな政治的調整能力を発揮した。竹中なくして小泉構造改革はなかったといえる（清水 2005；太田 2006）。しかし1972年衆議院初当選以来大蔵委員会に所属し，補助金行政や財政投融資への理解を深め，一貫して「鉄の三角形」を批判してきた小泉が「真空首相」であり，単に竹中のアイディアを受け入れただけであったとは思われない（塩田 2002：100-114）。小泉は，彼なりに独自のアイディアと政治的信念をもっていたのであり，竹中の政策アイディアはそれと共鳴するものであったゆえに重宝されたと考えるのが適当ではあるまいか。

それでは小泉の「鉄の三角形」批判は，どこから生まれたものなのだろうか。彼が新米議員として研鑽を積んでいた1970年代後半は，それまで経済学の主流であり，経済政策に大きな影響力をもっていたケインズ主義が権威を失い，新自由主義が台頭していた時代である（わが国の場合，高度経済成長期には自然増収があり，大蔵省が財政均衡主義を唱えていたため，ケインズ主義理論の経済政策への影響は小さかったが，公共事業を通じて土建国家現象は生まれていた）。こうした時代の変化を反映するように，1974年F. A. ハイエク，1976年M. フリードマンが「ノーベル経済学賞」を受賞している。

小泉が，彼らの理論にどこまで知悉していたのかは不明であるが，間接的にせよ新自由主義の影響を受けたであろうことは推測できる。小泉の慶應義塾大学の恩師である加藤寛は，わが国においていち早く新自由主義の流れに呼応し，「小さな政府」論を唱え，1980年代の行政改革の知恵袋となった人物である。加藤は，1978年の小泉の結婚に際し，自著をプレゼントしたといわれる（塩田 2002：111-112）。小沢一郎の側近中の側近であり，参議院議員を務めたこともある平野貞夫は，小泉の郵政民営化は構造改革ではなく，族議員としての行動であり，銀行のためであったというが（塩田 2002：110），族議員としての行動であれば，なによりも大蔵省の権益を守ろうとするはずであり，財政投融資にメスを入れようとする小泉の行動は説明できない。小泉の行動は，むしろ族議員の行動パターンから逸脱する信念を表しているように思える。他方，田中秀征は，行政の簡素化と腐敗防止という伝統的な保守の行政改革というものが戦前からあると指摘し，小泉はその流れに属すると指摘しているが，これは間

違いではないにしろあいまいな指摘であり，小泉のネオ・リベラルな政治姿勢を正確に捉えていない（塩田 2002：113）。

　これら様々な小泉論の妥当性を最終的に判断する材料を，筆者は持ち合わせていない。しかし小泉の郵政民営化論が，権力獲得のための単なる手段やゲーム感覚に基づくものではなく，政治家としての出発点から小泉を捕らえて離さなかったアイディアであり，信念であったことは疑いがないように思われる。そして，そのようなアイディアと信念ゆえに，小泉は，わが国において1970年代中葉から始まっていた新自由主義的改革の総仕上げという歴史的役割を担う人物となったのである。

　小泉の首相就任所信表明演説は，その役割を担うにふさわしいものであった。小泉は，新自由主義の日本経済の複合的病理を解決するために3つの経済・財政の構造改革をしなければならないと宣言した。第1は不良債権の最終処理であり，第2は21世紀の環境にふさわしい競争的な経済システムをつくることであり，第3は，財政構造の改革である。社会保障については，「自立，自助」を基本に，「共助」の社会を築いていくとしている。さらに小泉は，女性閣僚を5人起用したことに触れ，「男女共同参画を真に実のあるものにしたい」，「女性と男性がともに社会に貢献し，社会を活性化するために，仕事と子育ての両立は不可欠の条件です」とジェンダー平等によるライフ・ワーク・バランスの実現に向けた意気込みを語っている（http://www.sangiin.go.jp/japanese/gianjoho/old_gaiyo/151/1513206.htm，2011年9月3日最終閲覧）。

4　新自由主義

　20世紀初頭イギリスの社会政策を前進させるうえで大きな力となったのは，ニュー・リベラリズム，すなわち新自由主義であった。しかし今日日本語で新自由主義といえば，いうまでもなくネオ・リベラリズム（neo-liberalism）を指す。まず新自由主義の一般的理解はどのようなものかを探ってみよう。Neo-liberalismをインターネット検索すると，様々な解説が出てくる。E. マルチネスとA. ガルシアの署名が入った「ネオ・リベラリズムとは何か」というサイ

トを覗くと，ネオ・リベラリズムとはアメリカではほとんど聞かれない言葉であるが，過去25年ほどの間に広く知られるようになった経済政策パッケージであるという指摘があり，ネオ・リベラリズムの要点として，市場支配，社会サービスへの公共支出削減，規制緩和，民営化，公共善やコミュニティの消去が挙げられている (http://www.corpwatch.org/article.php?id=376，2011年8月31日最終閲覧)。

この2人を引照する「ネオ・リベラリズム：起源，理論，定義」というサイトでは，グローバル化と新自由主義との密接な関係が指摘され，「新自由主義とは，市場の存在と働きがそれ自体として価値があるという哲学である」と語られている (http://web.inter.nl.net/users/Paul.Treanor/neoliberalism.html，2011年8月31日最終閲覧)。ウィキペディア（英語版）では，ネオ・リベラリズムとは「新古典派経済学に依拠した経済・社会政策への市場本位アプローチであり，私企業，自由貿易と相対的に開放的な市場の効率性を強調し，したがって国家の政治的経済的プライオリティを決定する上で民間セクターの役割を最大化することを求める」という。続けて，ネオ・リベラリズムとは，通常こうした政策への反対者が用いる言葉であり，支持者は用いないと指摘されている (http://en.wikipedia.org/wiki/Neoliberalism，2011年8月31日最終閲覧)。

要するに，ネット検索で得られる一般的理解としては，新自由主義は市場原理主義や自由放任主義と同義であり，主に批判者たちが用いるレッテルであるということになるが，これは不正確な理解である。新自由主義という言葉が初めて使われたのは，1938年パリで開かれた「リップマン・シンポジウム」(Colloque Lipmann) であったといわれる（Peck 2010：51）。この会議には大西洋両岸の指導的自由主義経済学者たちが数多く参加したが，その人脈は戦後1947年モンペルラン協会の設立によって制度化された。ネットワーク形成において中心的役割を果たしたのは，オーストリア出身であり，アメリカに留学し，ウィーン大学，LSEで教鞭をとり，1950年からシカゴ大学に転じたフリードリヒ・フォン・ハイエクである（その後ヨーロッパに戻り，フライブルク大学，ザルツブルク大学で教鞭をとる）。

新自由主義は，市場原理主義と同じではない。確かにミルトン・フリードマ

ンに率いられたシカゴ学派は反国家主義的であり，自由放任主義との親近性が強いが，そのフリードマンにしても，自由放任主義は自由競争を実現するうえで国家の果たす役割を無視していると批判している（Peck 2010：3-4）。またシカゴ学派だけが新自由主義ではない。とりわけ注目されるのは，モンペルラン協会においてシカゴ学派と並ぶ重要な流れであるオルド自由主義である。オルド自由主義者たちは，社会主義であれ，ナチスであれ，ケインズ主義であれ，自由競争への介入に対し徹底的に反対する一方，自由競争秩序は自由放任ではなく国家によってこそ創出されると考えた（フーコー 2008；Peck 2010）。オルド自由主義の流れは戦後西ドイツで社会的市場経済モデルを形成し，社会的市場モデルはドイツ福祉国家の基盤ともなっていくので紛らわしいのだが，少なくともシカゴ学派，フライブルク学派（オルド自由主義），双方の新自由主義に共通しているのは，単純な市場礼賛ではなく，自由競争実現のためには国家の役割が不可欠・不可避であるという考えである。

デヴィッド・ハーヴェイの新自由主義定義をみてみよう。

> 新自由主義とは，まずもって強力な私的所有権，自由市場，自由貿易に特徴づけられる制度的枠組内で個々人の企業家的自由と技能が解放されることによって人間の幸福は増すと提唱する政治経済的実践の理論である。国家の役割は，こうした実践に適した制度的枠組を創出し，維持することである（Harvey 2005：2）。

このようにハーヴェイは新自由主義における国家の役割を正当に評価しており，さらに定義には含まれないが，「埋め込まれた自由主義」の崩壊という歴史的文脈にも言及している。ただ残念ながら，「埋め込まれた自由主義」に関するハーヴェイの記述は曖昧なものであり，ここでは筆者なりの説明を行う。

カール・ポラニーによれば，本来経済は社会に埋め込まれたもの，社会の一部であるにもかかわらず，自由放任経済においては経済が社会から自立し，社会を従属させるような観を呈する。しかし経済は決して自己調整的，自律的なシステムではなく，国家や社会の役割なくしては維持再生産できない（Polanyi 1957）。アメリカの国際経済学者ジョン・ラギーは，このようなポラニーの理解を下敷きに，第二次世界大戦後に生まれた国際的な自由経済秩序を「埋め込まれた自由主義」であると考えた（Ruggie 1983）。すなわち，第二次世界大戦

前の自由放任経済は、国際経済の不安定化から結局はブロック経済化を招き、破綻したことを踏まえ、戦後再建された自由主義体制は自由主義を各国の文脈に埋め込むメカニズムを組み込んだというのである。戦後経済自由主義を支えた国際的枠組といえば、まずIMF-GATT体制が挙げられるが、これ自体が各国の経済状況を配慮し、自由主義が各国経済に致命的打撃を与えることを防ごうとするメカニズムを備えていた。

　GATTは、各国の関税等の貿易障壁をできるだけ低くし、安定した国際的自由貿易を実現しようというものであったが、その協定には例外が多く含まれ、各国の経済実態に応じて自由貿易原則を尊重するものとなっていた。IMFをみれば、加盟国への融資はいうまでもなく、自由貿易の要と考えられた固定相場制そのものにも自由主義を各国社会に埋め込む工夫がみられる。金本位制では各国通貨は金と直接リンクするが、戦後の固定相場制においては各国の通貨が直接リンクするのはドルであって、金との交換比率を定める責務を負うのは、ドルだけである。各国為替レートは基本的に固定されるが、IMFの承認を得られるなら、変更可能なものである。戦後固定相場制は、厳密には「調整可能なペッグ制」といわれるものであった。

　さらに重要なのは、戦後自由主義体制において資本の国際移動が厳しく規制・監視されたことである。資本の監督規制が、自由主義を各国の国内的文脈に埋め込むうえで決定的な役割を果たした。これなしでは、ケインズ主義的な国内需要管理の有効性は著しく損なわれたであろう。福祉国家についても、同様のことがいえる。福祉国家は再分配政策を通じて自由競争の結果を是正し、国民的連帯を実現した。再分配政策は、有効需要を創出し、国内市場拡大に貢献するが、他方において企業の負担を重くすることは間違いない。にもかかわらず、福祉国家を実現できたのは、資本移動への規制があったからである。

　企業は、福祉国家のコスト負担をできるだけ避けようとするだろうが、資本の移動は規制されているため、簡単に国外逃避はできない。そこで合理化を通じての生産性向上が重要になる。生産性向上のために欠かせないのが、労使協調である。労使が常に紛争状態にあれば、生産性向上どころではない。労使協調に好条件をもたらしたのが、フォーディズムといわれる資本蓄積体制である。

フォーディズムにおいては，生産性向上に応じた賃上げ（生産性インデックス賃金）がなされる。生産性インデックス賃金は，労働者を生産性向上に協力させるインセンティブを提供するだけでなく，労働者を消費者として取り込み，国内市場を拡大する効果をもつ。つまりフォーディズムとは，労働生産性を向上させるだけでなく，有効需要をも創り出すような大量生産大量消費内包型の資本蓄積体制であった（新川ほか 2004：第1章）。

　以上のようにIMF-GATT体制，ケインズ主義，福祉国家，フォーディズムといったメカニズムを通じて自由主義は各国の文脈に埋め込まれる。「埋め込まれた自由主義」体制下で，戦後資本主義は「黄金の30年」を謳歌した。しかしこのシステムは，アメリカの圧倒的な経済力により支えられたものであり，アメリカの経済力が弱まると維持困難になった。1971年8月ニクソン米大統領は新経済政策を発表するが，そのなかには米ドルと金の交換性停止や輸入課徴金の導入など，それまでのIMF-GATT体制に変更を迫る内容が含まれていた。その後紆余曲折はあったものの，最終的にアジャスタブル・ペッグ制は変動相場制へと移行し，資本移動も原則自由化されていく。1980年代後半に生まれるグローバル化の波とは，1971年のニクソン声明に端を発し，その後西ヨーロッパへと広がった資本移動の自由を世界化する運動であった。

　このような運動こそ，その批判者達が新自由主義として捉えたものであった。したがって新自由主義とは，アメリカ発の脱「埋め込まれた自由主義」戦略であるということができる。モンペルラン協会は果敢にケインズ主に挑んだものの，「埋め込まれた自由主義」全盛期には「負け犬クラブ」にすぎなかった。それが1970年代にケインズ主義との戦いに勝利した背景には，「埋め込まれた自由主義」体制の瓦解がある。

　ところで自由競争は，突き詰めれば格差を拡大し，社会を分断し，社会的連帯＝国民統合を困難にするものである。従来再分配政策によって国民統合を担保してきた福祉国家機能を縮減するなら，新自由主義はそれに代わる社会的連帯＝国民統合の手段を見出す必要がある。国民統合は，市場外にあって市場秩序を安定化させる重要な役割を果たすものであり，その維持・再生産は経済発展にとって不可欠なのである。再分配に代わって国民統合を維持するために動

員されるのが文化的価値であり，保守主義である。ハーヴェイは，「新保守主義は，エリート統治，民主主義への不信，市場的自由の維持といった新自由主義アジェンダを完全に共有している」と指摘し，しかし新保守主義は，以下の2つの点で，新自由主義とは異なるという。「1つは個人的利益のカオスに対して秩序に重きを置く点であり，もう1つは国内外の危険に際して政体を守るために必要な社会的紐帯として，過度の道徳性を重視する点である」（Harvey 2005：82）。

このように，ハーヴェイは新自由主義を補完する思想として新保守主義を捉える。しかし彼が新自由主義の代表的論客とみなすハイエクをみれば，自由主義と保守主義のモメントは別個のものではなく，融合している。ハイエクは，人間合理性の限界を認識することから，伝統や慣習を自由の拘束としてではなく，自由を可能にする条件とみなす。ハイエクは，いわば保守主義的な立場から自由主義を擁護するのである。このような理論構成が，単純な市場原理主義とは似て非なるものは明らかであろう。ハイエクの場合，市場擁護と伝統（自生秩序）擁護とが，分かちがたく結びついているのである。

現実政治をみても，新自由主義と保守主義とは密接不可分の関係にある。1979年に政権を奪取したイギリスのマーガレット・サッチャーは，イギリス帝国の栄光，ヴィクトリア朝時代の価値，節制や勤労，家族の絆を強調した。1981年アメリカ大統領となるロナルド・レーガンもまた，家族の絆や教会という伝統的価値を重視した。要するに，彼らの新自由主義戦略とは，福祉国家解体，小さな政府実現に向け，市場の機能を重視しながら，福祉国家に代わる社会的保護システムとして，自助や相互扶助，そしてそれに関連する伝統的価値を動員するものであった。したがって，彼らを新保守主義者とみなすことは別に奇異ではないし，間違っていない。市場原理主義と保守主義は，「大きな政府」，福祉国家を批判する新自由主義のなかに動員され，渾然一体化する。

5　日本における新自由主義

日本における初の新自由主義政権といえば，1980年代に行政改革を主導し，

国鉄等の民営化を実現した中曽根康弘政権を挙げることができる（大嶽 1994参照）[6]。サッチャー，レーガン，中曽根政権を比較検討する試みもある（川上・増田編 1989）。これに対して，新自由主義を市場原理主義とみなせば，その登場は1990年代であり，本格化するのは小泉政権時代ということになろう。新自由主義が市場原理主義ではないこと，ほかに国家主義と保守主義を構成要素としていることは既に述べた通りであり，筆者は基本的に前者の立場をとる。しかし，わが国における新自由主義が政策レベルで具体化したのは中曽根時代であったにせよ，実はその運動は「埋め込まれた自由主義」が終焉し，第一次石油危機によってマイナス経済成長を記録した1970年代中葉に始まっている。

ここで戦後日本政治経済システムについて，筆者なりの理解を簡単に示せば，1960年代前半までは国家主導型開発体制という面が確かにあったように思う。しかし1964年貿易自由化以降，企業の自主性・自立性が高まる。象徴的な事例が，特定産業振興臨時措置法（略称特振法）をめぐる通産省と経済界の対立である。通産省は官民協調によって企業の過少規模を解消し，国際競争力を強化すべく特振法案を作成するが，経済界はこれを「形を変えた官僚統制」と批判し，経団連を中心に自主調整を求める声が強まった。結局特振法案は1963-64年にかけて3度にわたって国会に提出されるが結局廃案となる。つまり国家官僚の経済統制プランは敗れた。もちろん，これによって経済への国家統制がなくなったというわけではないが，国家が成長のシナリオを作成し，それに基づいて資源配分を行い，各企業を指導するという開発主義的成長戦略は国家と企業の相互調整戦略へと移行していく。

日本は1964年IMF 8条国となり，文字通り「埋め込まれた自由主義体制」に組み込まれることになるが，既に1950年代後半から民間では戦闘的な階級的労働運動に代わって労使協調をめざす企業主義的労働運動が台頭し，企業レベルでの労使和解体制が実現した。企業一家のなかで，労働者は企業に忠誠を誓うことによって年功制賃金や企業福祉を受け取る。このような企業主義は，男性稼得者世帯を前提とするものであったが，国はそれを維持・再生産する税制上の優遇措置や社会保障制度を作り上げた（新川 2009；2011）。

「埋め込まれた自由主義」の崩壊は，福祉国家全般の危機を意味していた。

日本も例外ではない。1974年日本は高度経済成長から一転マイナス成長に陥り，これに対応するために1975年春闘では賃金抑制が行われた（新川　1984）。日本の賃金抑制は，国家の直接介入を避け，日経連のガイドラインに企業労使が自主的に従うという形をとったため，論者によってはこれをミクロ・コーポラティズムと呼んだが，企業レベルでの労使協調をあえてコーポラティズムと呼ぶ必要はない。さらにいえば，日本の場合，コーポラティズムのように賃金抑制に対する見返りとして社会賃金を提供するといった社会契約が存在せず，労働者側の一方的自粛を招いた。日本では，コーポラティズムではなく，非正規雇用を増やし（女性パートタイマーが1970年代後半から急増する），これをショックアブソーバーとして利用する，いわゆる「デュアリズム」戦略がとられたのである（新川　1993；2005：196-212；Goldthorpe 1984）。

　日本の資本蓄積危機への第1の対応は，日本型福祉社会論にみられるように家族主義（その中心は疑似家族たる企業主義）の強化であった。戦後日本の福祉レジームは，企業福祉が先行し，それに規定された形で公的福祉が後追い的に整備されることで生まれた。したがって戦後日本の社会保障制度は，体系的な福祉国家ヴィジョンをもたず，企業福祉を所与とし，戦前・戦中につくられた制度を建て直すことによって，経路依存的に発展したものであった。こうした家族主義レジームは，高度経済成長期には，政府，企業からも「遅れ」として認識されていた。1960年代後半，佐藤内閣における経済社会発展計画（1967年），新経済社会発展計画（1970年）には，社会資本整備の遅れを是正し，福祉充実をめざす方向性が示されていたし，経済同友会代表幹事木川田一隆は，「新しい経済と福祉社会の形成」を唱えていた（新川　1993；2005：85-87）。

　ところが国際経済システム危機のなかで，福祉国家は公共部門の肥大と経済の停滞をもたらす先進国病（ヨーロッパ病，あるいはイギリス病とも呼ばれた）として否定的に捉えられ，それまでの家族主義レジームが積極的に評価されるようになる。先進国病を避けるために，自助や相互扶助という日本の伝統や美風を生かした日本型福祉社会を実現すべきであるという自民党や保守系知識人，企業家たちの主張は，1970年代前半にみられた公的福祉の拡充の方向を否定するものであり，家族主義モデルを，将来的ヴィジョンとして改めて選び直す

ものであった。

このように日本の脱「埋め込まれた自由主義」戦略は，当初家族主義という遺産を活用することによって，あるいはそれに規定されて，「小さな政府」を目指すことになった。日本型福祉社会論の段階では，市場原理主義以上に伝統的（家族主義的）価値が前面に押し出された。しかしそこには新自由主義のコアともいうべき「公的福祉が民間（経済）の活力を損なってはならない」というメッセージは明確に表明されていた（新川 2005：96-109）。

6 二段階構造改革

日本型福祉社会論に示された新自由主義戦略が具体化されたのが，1980年代の行財政改革である。第二次臨時行政調査会は「増税なき財政再建」をスローガンに，社会保障改革に乗り出す。1982年の老人医療の有料化，1984年健康保険一部自己負担導入，1985年の年金改正など，いわゆる「福祉見直し」が本格化した。公的福祉の抑制に呼応して，企業レベルでの生涯総合福祉プランの作成が1970年代後半から80年代にかけて相次いで行われている。また1982年老人医療有料化に伴い老人保健法が導入されるが，厚生省は，慢性疾患の多い高齢者に対して，入院ではなく在宅医療（介護）重視の方針を打ち出す。これはその後の医療改革の方向性を示す注目される提言であったが，1980年代はいわゆる「増税なき財政再建」の時代であり，在宅医療・介護を支える公的支援体制を形成することはできなかった。加えて，1970年代後半から始まった労働市場の柔軟化戦略によって女性の労働市場参加が増え（その多くは，パートタイマー），家族福祉の潜在能力は低下しており，高齢者ケアを家族福祉によって賄うことは限界に達していた。こうして「介護地獄」，「社会的入院」といわれる現象が深刻化する（新川 2005：第2編第2章）。

1989年消費税導入の際，高齢化対策が謳われたため，1990年代に入ると高齢者ケアの社会化が進む。公的年金や健康保険における支出抑制の方向は堅持されるものの（保険料引き上げのほかに，健康保険料窓口負担増，年金支給開始年齢の引き上げ，年金給付の抑制など），1989年高齢者保健福祉推進10ヵ年戦略（ゴー

ルドプラン）が策定され，在宅介護と施設サービスの拡充が始まり，1994年同戦略は，目標値を引き上げた高齢者保健福祉計画（新ゴールドプラン）に衣替えされ，1999年その事業終了とともにゴールドプラン21が発足した。また1990年代中葉には，高齢化に対して新たな社会保険導入の動きが本格化し，2000年公的介護保険がスタートした。

　子育てについても，公的支援の拡充がみられた。1989年の合計特殊出生率が，丙午で極端に低かった1966年の数値以下となる1.57を記録したことが，1990年に明らかとなり，「1.57ショック」と呼ばれた。これを契機に，厚生省（現，厚生労働省）が中心となって，仕事と子育ての両立支援など子どもを産み，育てやすい環境づくりにむけた政策が展開されることになる。1991年育児休業が制度化され，その後の法改正によって休業中の給付も実現している。1994年12月，「今後の子育て支援のための施策の基本的方向について」（エンゼルプラン）が策定され，保育所の量的拡大や低年齢児（0〜2歳児）保育，延長保育等の多様な保育サービスの充実，地域子育て支援センターの整備等を図るための「緊急保育対策等5ヵ年事業」などの具体的方針が示された。

　1999年12月，少子化対策推進関係閣僚会議において，「少子化対策推進基本方針」が決定され，この方針に基づき，「重点的に推進すべき少子化対策の具体的実施計画について」（新エンゼルプラン）が策定された。新エンゼルプランは，エンゼルプランと緊急保育対策等5ヵ年事業を洗い直し，5年の間に従来の保育サービス関係だけでなく，雇用，母子保健・相談，教育等の事業も加えた総合的な少子化対策を推進することを謳っていた。2002年の少子化対策プラスワンでは，男性の育児への積極的加担を求めている。新エンゼルプランは，2004年には子ども・子育て応援プランへと引き継がれる。

　ケアの社会化は，女性の労働力化を前提に，それを一層促進するための施策である。女性の雇用促進については，「雇用の分野における男女の均等な機会及び待遇の確保等女子労働者の福祉の増進に関する法律」（いわゆる男女雇用機会均等法）が1986年に施行された。当初，募集・採用，配置・昇進については努力目標にとどまっていたが，改正によって1999年から募集・採用，配置・昇進，教育訓練，福利厚生，定年・退職・解雇，すべてにおいて男女差をつけ

ることが禁止された。同時に労働基準法も改正され，時間外労働，休日労働，深夜業に関する女子保護規定が撤廃された（裁量労働制の対象業務拡大，変形労働時間制の導入要件緩和も実現した）。

　2000年施行された男女共同参画社会基本法は，ジェンダー平等政策の理念を掲げている。その前文をみれば，「少子高齢化の進展，国内経済活動の成熟化等我が国の社会経済情勢の急速な変化に対応していく上で，男女が，互いにその人権を尊重しつつ責任も分かち合い，性別にかかわりなく，その個性と能力を十分に発揮することができる男女共同参画社会の実現は，緊要な課題となっている」との認識を示し，固定的な性別の役割を見直し，女性差別につながる制度や慣習の見直しのため，国や地方，および国民が一丸となって取り組む必要があることを訴えている。

　家族福祉からケアの社会化，女性労働力化促進，ジェンダー平等への動きは脱家族化といわれるものであり，一見1980年代の福祉見直しを逆転させたかのような印象を与える。第1に，ケアの社会化はコストを伴うものであるから，福祉縮減というよりは拡充の動きであり，新自由主義戦略とはいえないように思える。第2に，女性の働きやすい環境を政府が率先して整えるというのは，脱家族化政策としては，アメリカ的な市場任せの脱家族化ではなく，国家政策によって男女雇用機会均等を実現したスウェーデンのような社会民主議戦略を思わせる。アメリカのような自由主義レジームでは，脱家族化，女性の家庭からの自立は，労働市場のデュアリズムを前提に（この場合，市場における安価なケア労働力の存在を前提に）進められたのに対して，スウェーデンのような社会民主主義レジームでは，社会サービス部門の拡大によって男女間での平等な賃金・雇用条件を実現したのである。

　ケアの社会化によって社会支出が増えたことは確かであるが，国際比較からみて，この時代日本が社会民主主義レジームや保守主義レジームのように大きな財政をもつにいたったわけではない。21世紀に入って日本の高齢化率は世界で最も高くなっているにもかかわらず，社会保障給付費はなお低い水準にある。2007年のOECD統計資料によれば，日本の公的社会支出（税と社会保険を含む）の対GDP比は18.7%であり，これはアメリカ，カナダ，オーストラリア，

ニュージーランドなどの自由主義レジーム諸国を上回るものの，依然として OECD 平均（19.3％）以下である。西欧諸国（南欧を含む）は，スイスとアイスランドを例外として，すべて日本の数値を上回っている（http://www2.ttcn.ne.jp/honkawa/2798.html，2011年9月5日最終閲覧）。高齢者向けと家族・子ども向け支出を別途抜き出したのが，図表1-5である。日本の高齢者向け支出は8％であり，24ヵ国中8番目となっている。さすがに高齢化を反映して，上位3分の1グループには入っているものの，高齢化率が最も高いことを考えると，むしろ支出抑制が成功しているといえよう。家族・子ども向け支出は非常に小さく，最下位グループに属する。このような日本の実態をみれば，1990年代のケアの社会化や育児支援政策は財政支出を押し上げたとはいえ，日本を「大きな政府」に移行させたとまではいえない。

　より重要なのが，脱家族化の質である。女性の労働市場参入に対して国家が積極的に加担するという点では，日本はスウェーデンと同じといえるが，加担の仕方は大きく異なる。日本の場合，国家が直接女性の雇用を増やし，男女雇用の平等性を実現したわけではなく，女性の多く（今日では働く女性の約7割）はパートタイマーや派遣労働者として，すなわち非正規の安価な労働力として市場に駆り出されている。日本における女性の労働力化の促進に向けた政府のイニシアティヴは，政策効果としては社民的な男女の雇用機会均等・賃金平等ではなく，アメリカ的なデュアリズムを生み出しているといえる。

　このように考えると，1990年代の改革は新自由主義戦略に反するものではなく，実はそれを徹底するものであったことがわかる。1980年代の動きは福祉見直し，小さな政府（適正規模の政府）を標榜するという点では確かに新自由主義的であったが，それは家族主義的レジームを否定せず，むしろ再編強化する動きであった。したがって1980年代には企業は雇用の柔軟化を図りながらも，余剰正規雇用労働力に対しては解雇を極力避け，中間労働市場を創出して（出向や転籍を通じて），まがりなりにも終身雇用慣行を守ろうとしたのである。これに対して1990年代以降の改革は，家族主義レジームの破綻を前提に，市場原理主義的な色彩を強めた。1995年には日経連がついにそれまでの日本的雇用慣行（なかんずく終身雇用，年功賃金制）の見直しを宣言し，非正規雇用の

図表 1-5　先進国における家族・子ども向け公的支出と高齢者向け公的支出の対GDP比率（2003年）

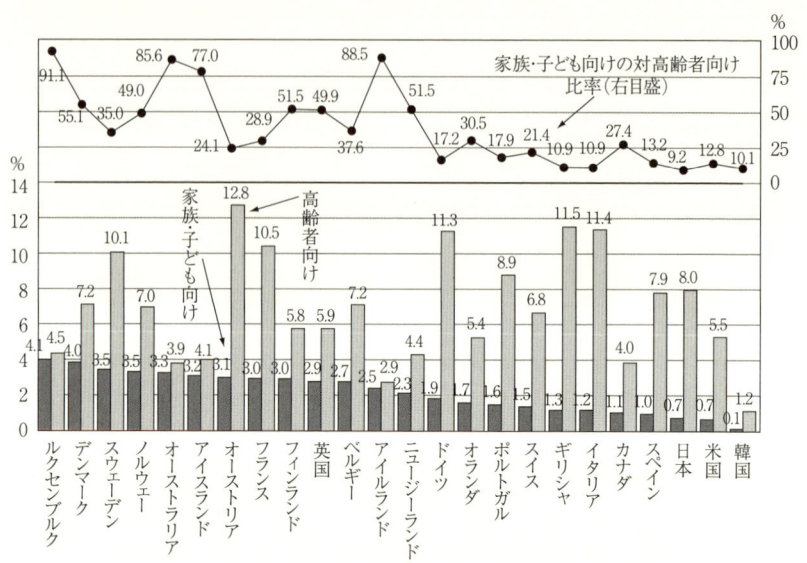

注：対象国は世銀定義によるOECD高所得国。公的支出とは税や社会保険による支出（public social expenditure）。
　　家族・子ども向け公的支出には児童手当などの他，出産手当，産休給付金などを含む。
　　高齢者向け公的支出には老齢年金，高齢者向け在宅・施設サービス給付などを含む（医療は含まない）。
出典：OECD（2007）Social Expenditure Database〈SOCX〉(http://www2.ttcn.ne.jp/honkawa/5120.html, 2011年9月5日最終閲覧）

みならず，正規雇用の見直しにも乗り出す。終身雇用，年功制賃金という従来の慣行は全面的に廃止されたわけではないが，幹部候補生に限定的に適用される（新川 2007：220-221）。1990年代後半から，早期退職制度の適用が50歳代前半，さらには40歳代にまで拡大され，年俸制賃金が技術職や役職から一般被用者にまで広がっていったのは，こうした日経連の雇用新戦略を反映したものといえよう（新川 2005：301-302）。

　このような流れに沿って，企業福祉もまた見直された。公的社会保障の縮減を企業福祉の充実によって補完するという日本型福祉社会論の思惑は，1990年代後半には崩れた。長期の不況から適格年金制度を廃止する動きが目立つようになり，厚生年金基金の運用も厳しさを増すなか，2002年には企業年金法

の改正が行われ，厚生年金基金の解散要件の緩和や日本版401kの導入など，使用者の負担を軽減し，被用者の負担やリスクを増す傾向がみられた（新川2005：303-308）。1980年代わが国の労働市場政策は，正規雇用の日本的慣行を維持しつつ，周辺労働力の拡大を通じて雇用の柔軟化を図るものであったのに対して，1990年代後半には正規雇用への保障も薄くなり，雇用の柔軟化が全般的に進んだ。しかもヨーロッパの保守主義レジームの採用するフレクシキュリティ戦略のように柔軟な雇用に対する社会的保護網の拡大はみられず，新自由主義戦略による柔軟化，つまりセキュリティなしのフレクシビリティが実現したのである。

　以上の考察から，日本における新自由主義改革は，第1段階において民営化とともに家族主義の強化による「小さな政府」をめざす戦略として生まれ，第2段階において家族主義を否定した国家介入による自由化へと移行したといえる。

7　むすび——ポスト新自由主義の時代？

　小泉とブッシュ・ジュニアとの親密な関係は，単なる偶然，個人的なものではない。小泉政権時代は，わが国がアメリカ流の自由主義体制を範型として受け入れた時代である。しかし，当然ながら日本社会はアメリカのようにロック流所有個人主義，自由主義によって統合することはできない。小泉退陣後は，格差社会批判の大合唱となった。これに対して自民党と民主党の主要2党が選んだ道は，戦後日本政治が慣れ親しんできた利益誘導，便益供与であった。2009年総選挙においてこの競り合いに勝利したのが，小沢一郎指揮する民主党であった。自民党は，小泉改革の遺産ゆえに軌道修正が遅れただけでなく，小泉構造改革によって弱体化した支持基盤との関係修復にも手間取った。このようにわが国においてついに実現した二大政党の競争とは，新たな政治の可能性に向かうものではなく，旧態依然たる利益誘導政治への回帰を競うものとなった。

　しかし，時代の歯車を逆戻りさせることはできない。巨額の累積債務を抱え

る現状において，総花的政策で国民を満足させる余裕はない。小泉構造改革が進めた雇用の柔軟化やジェンダー平等の流れを前提として，新自由主義戦略を見直す必要がある。その文脈で菅直人政権がスタートさせた「社会保障と税の一体改革」が注目される。「一体改革」政府素案のなかに盛り込まれた重層的なセーフティネットの構築，全員参加型の社会，ディーセント・ワークの実現などは，明らかに新自由主義とは異なる価値観を示している。しかしながら，野田内閣で実現した「一体改革」をみれば，これらの文言は，消費税率引き上げの方便に使われたにすぎないといわざるを得ない。厚生労働省にとって死活問題は基礎年金の国庫負担割合を2分の1にするため必要な安定的財源を確保することであり，「一体改革」は看板倒れに終わった（新川 2012）。

インフレ・ターゲット論を唱えるアベノミクスは，強く積極的な国家の介入によって自由競争を活性化させようとする動きであり，自由放任主義とは異なる新自由主義の姿を鮮明にしている。今日市場原理主義を唱える無邪気な新自由主義者はあまりみられなくなったとはいえ，日本政治がなお新自由主義空間のなかにとどまっており，自由競争による排除の機制が強化されていることは確かなように思われる。

＊本章は，学術創成研究「ポスト構造改革における市場と社会の新しい秩序形成――自由と共同性の法システム」（研究代表者：川濱昇［京都大学法学研究科教授］）における成果の一部であり，『民商法雑誌』第145巻第2号に掲載された「福祉レジーム転換と構造改革」を修正のうえ，短縮したものである。

【注】
1) 福祉レジームとは福祉機能を担う国家，市場，共同体，家族から構成され，福祉国家とは，資本主義経済と民主主義の発展・成熟を条件として生まれる特定の福祉レジームである（新川 2010；2011参照）。
2) ちなみにわが国の法人税率は1984年行政改革の中で43.3％にまで引き上げられたが，1999年以降は30％と国際水準並みにまで引き下げられている。
3) 小泉の関心は権力維持にあり，院政を敷くのではないかという予測もあったが，これは後からみれば，全くの外れであった（上杉 2006）。この点では，総理をやめると政治家をやめるのではないかという御厨の指摘が鋭い（御厨 2006）。
4) ハイエクの保守主義思想を扱った研究書は数多いが，ここでは近年の労作として，山

中 (2007), 萬田 (2008) を挙げておく.
5) 川上・増田編 (1989) を参照のこと.
6) 行政改革は第二臨調をスタートさせた鈴木善幸内閣時代に始まるわけであるが,そこで行政改革を取り仕切ったのは行政管理庁長官中曽根康弘であった.
7) ケアの社会化にはケア費用の社会化とケア労働の社会化があり,前者の場合はむしろ女性の労働力率を抑制することがあるが,日本におけるケアの社会化はケア労働の社会化を中心になされている (辻 2012).

〔参考文献〕
飯島勲 (2006)『小泉官邸秘録』日本経済新聞社
上杉隆 (2006)『小泉の勝利――メディアの敗北』草思社
内山融 (2007)『小泉政権――「パトスの首相」は何を変えたのか』中央公論新社
太田弘子 (2006)『経済財政諮問会議の戦い』東洋経済新報社
大嶽秀夫 (1994)『自由主義的改革の時代――1980年代前期の日本政治』中央公論社
大嶽秀夫 (2003)『日本型ポピュリズム――政治への期待と幻滅』中央公論新社
大嶽秀夫 (2006)『小泉純一郎ポピュリズムの研究――その戦略と手法』東洋経済新報社
上川龍之進 (2010)『小泉改革の政治学――小泉純一郎は本当に「強い首相」だったのか』東洋経済新報社
川上忠雄・増田寿男編 (1989)『新保守主義の経済社会政策――レーガン,サッチャー,中曽根三政権の比較研究』法政大学出版局
塩田潮 (2002)『郵政最終戦争――小泉改革と財政投融資』東洋経済新報社
清水真人 (2005)『官邸主導――小泉純一郎の革命』日本経済新聞社
新川敏光 (1984)「一九七五年春闘と経済危機管理」大嶽秀夫編『日本政治の争点』三一書房,189-232頁
新川敏光 (1985)「権力論の再構成にむけて」法学 (東北大学法学部紀要) 49巻1号,121-154頁
新川敏光 (1993)『日本型福祉の政治経済学』三一書房
新川敏光 (2002)「福祉国家の改革原理――生産主義から脱生産主義へ」季刊社会保障研究38巻2号,120-128頁
新川敏光 (2005)『日本型福祉レジームの発展と変容』ミネルヴァ書房
新川敏光 (2007)『幻視のなかの社会民主主義』法律文化社
新川敏光 (2009)「嫌税の政治学」生活経済政策14号,8-14頁
新川敏光 (2010)「基本所得は福祉国家を超えるか」現代思想138巻8号,165-181頁
新川敏光 (2011)「福祉国家変容の比較枠組」新川敏光編『福祉レジームの収斂と分岐』ミネルヴァ書房,1-49頁
新川敏光 (2012)「民主党政権にみる官僚主導と選挙政治」国際経済労働研究Int'lecowk67巻2号,16-19頁
新川敏光ほか (2004)『比較政治経済学』有斐閣

竹中治堅（2006）『首相支配――日本政治の変容』中央公論新社
橘木俊詔（1998）『日本の経済格差――所得と資産から考える』岩波書店
辻由希（2012）『家族主義福祉レジームの再編とジェンダー政治』ミネルヴァ書房
日本経済新聞政治部編（2001）『政治破壊――小泉改革とは何か』日本経済新聞社
野中尚人（2008）『自民党政治の終わり』ちくま書店
フーコー，ミシェル（2008）『生政治の誕生』慎改康之訳，筑摩書房
待鳥聡史（2012）『首相政治の制度分析――現代日本政治の権力基盤形成』千倉書房
萬田悦生（2008）『文明社会の政治原理』慶応義塾大学出版会
御厨貴（2006）『ニヒリズムの宰相　小泉純一郎論』PHP
山中優（2007）『ハイエクの政治思想』勁草書房
読売新聞政治部（2005）『自民党を壊した男――小泉政権1500日の真実』新潮社
Goldthorpe, John(1984)"The End of Convergence: Corporatist and Dualist Tendencies in Modern Western Societies", in J. Goldthorpe ed., *Order and Conflict in Contemporary Capitalism*, Oxford: Clarendon Press, pp.313-343.
Johnson, Charlmers(1982)*MITI and the Japanese Miracle*, Stanford: Standord University Press.
Harvey, David(2005)*A Brief History of Neoliberalism*, Oxford: Oxford University Press. （ハーヴェイ，デヴィット（2007）『新自由主義』渡辺治監訳，作品社）
Lindblom, Charles(1977)*Politics and Markets*, New York：Basic Books.
Lipset, Seymour M.(1981)*Political Man*[expanded. ed.], Baltimore: Johns Hopkins University.
Peck, Jamie(2010)*Constructions of Neoliberal Reason*, Oxford: Oxford University Press.
Polanyi, Karl(1957)*The Great Transformation*, Boston: Beacon Press.（ポラニー，カール（1975）『大転換――市場社会の形成と崩壊』吉沢英成・野口健彦ほか訳，東洋経済新報社）
Ruggie, J. G.(1983)"International Regimes, Transactions, and Change: Embedded Liberalism in the Postwar Economic Order", in S. Krasner ed., *International Regimes*, Ithaca: Cornell University Press, pp.195-231.
Shonfield, Andrew(1965)*Modern Capitalism*, London: Oxford University Press.
Therborn, Göran(2008)*From Marxism to Post-Marxism?*, London:Verso.

第2章　解散権の行使と首相の権力
――退陣と解散のリーダーシップ

渡部　　純

1　日本政治におけるリーダーシップの現在――問題の所在

　日本政治について，リーダーシップの不在が語られるようになって既に久しい。90年代以降の政治改革の狙いとして，政治主導の確立が掲げられたのも，この種の定型的な批判を踏まえたものである。だが，政治改革の成し遂げられたはずの2000年代後半以降においてこそ，内閣の短期化は顕著である。

　本章は，「解散権」に焦点を当てて，日本政治における首相の権力・首相のリーダーシップの特徴を検討しようとするものである。首相の解散権，すなわち，首相が随意に議会を解散し，自由に次期選挙の日程を決めることのできるこの制度は，もともとは，議会招集権をもつ国王の大権に由来する。これは，ウェストミンスター型の議会制度をもついくつかの国を中心にみられるものであったが，イギリスにおいても2011年に廃止された。小堀眞裕によると，現在，OECD諸国のなかでは，首相や大統領に実質的な議会解散権が与えられている場合でも，連立崩壊や不信任可決という事情の有無と関わりもなく，与党と執政に有利な日程で自由に解散権行使がなされる例は，一般的なものではない。しかも「こうした自由な解散を行い，両院の選挙タイミングは別々が基本となっている国は日本しかない」（小堀　2012：162-163）[1]。

　このように解散権は，日本政治を特徴づける重要な要素となっている。したがって，首相の「伝家の宝刀」「憲法で付与された最重要の権能」とも称されてきた解散権の行使のされ方には，日本における首相のリーダーシップの特徴が最もはっきりと現れているのではないかと考えられよう。本章では，最終的

には，この考察を踏まえて，このような解散権の存在が内閣の短期化を生んでいるのではないかという解釈を仮説として提示したい[2]。

2　解散権行使のチャンス

(1)　解散権行使の基本原則
まず，解散権がいかなるものか理論的に整理する。

解散権行使は，与野党関係と与党内関係の2つのフェーズで考慮される。

(i)　フェーズ1：与野党関係

原則1　首相は，議会運営での困難を解消するために解散権が与えられている。

日本国憲法の解釈問題として，首相に自由な解散権が与えられていると解しうるか否かについて大きな争いがあるのはここでいうまでもないが，本章は，政治現象として解散権を，運用のされ方という面から扱うだけなので，この論点には触れない。ただ，議院内閣制という制度では，首相の地位は議会の信任の上に成り立つとされていることを確認さえすれば足りる。つまり，日本の制度は，この信任が，不信任案可決あるいは信任案否決だけでなく，法案への不同意や抵抗という形でも揺らぐという解釈のうえで，運用されてきたものと表現できよう。議院内閣制とは，そのような場合に，首相が，解散・総選挙による議会構成の再編によって議会からの信任を回復しうるように設計された制度である（小嶋 1982：146-168参照）。

原則2　解散権は議会の任期満了の前に行使されなければならない。

これはトートロジーに思われるかもしれない。しかし，解散権が認められていながらそれを行使しないと，任期満了選挙で勝利した場合でも，首相は選挙後の政局において優位を喪失する可能性があり,任期切れ間際には,内閣のレームダック化を招くことにもなるため，首相には任期満了前に解散権を行使しなければならないという圧力がかかる。

原則3　野党は，解散権行使を拒否できない。

野党は議会における与党との対抗関係上，自己の政府批判こそ国民から支持されるはずであると主張する。それゆえ，野党の政府批判は，常に，"解散し

て国民の信を問え"という要求を（少なくとも，潜在的に）伴っている。そのため，首相からの総選挙の申し出を拒否すれば，自己の立場の正当化根拠を自己で掘り崩すことになってしまう。

以上の，フェーズ1における考察からは，次のような帰結が導かれる。

> 原則4 議会運営での困難から予想される野党の優位に対しても，選挙における与党の勝利の可能性の方が十分大きいと予想されるときに，解散権は行使される。

(ii) **フェーズ2：与党内関係**　解散権の行使は，与党内の権力関係にも当然関係している。

> 原則5 自ら指揮した総選挙で勝利した首相に対しては，党内からの批判・抵抗・反発のチャンスは縮小する。

このフェーズ2の事情からして，次の帰結が導かれる。

> 原則6 与党内で首相に批判的な勢力は，与党としての勝利に伴う利益が，首相の権力強化から生じる不利益より十分に大きいと予想されるとき，または，解散権行使阻止の運動によっても解散権行使を阻止できないと判断したとき，首相の解散権行使を支持する。[3]

解散権の行使は，この2つのフェーズの相互関係の上になされる。仮に，与党内が首相の権力によって完全に統御されていれば，解散権の行使は，フェーズ1で与党勝利の可能性のみで判断されるだろうが，反対に，与党内に有力な反首相勢力が存在する場合には，フェーズ2が優位するであろう。そこで，次に日本政治における解散権行使がどのようなチャンスにおいてとられてきたかを概観し，この2つのフェーズの相関を考察する。

(2) 与党支持率と内閣支持率

前項での問いを検討するため，与党支持率と内閣支持率のデータを概観することにする。与党勝利の可能性は政党支持率によって推定され，与党内での首相の優位の程度は与党支持率と内閣支持率との差によって推定されるからである。

現在まで，最も長期にわたって収集されている月ごとの世論調査データは，1960年6月に始まった時事通信社のものである。[4] これを利用すると，池田内

図表 2-1　解散前月の与党支持率と内閣支持率

解散年月日（首相名）	与党支持率（A）	内閣支持率（B）	B－A
60年10月24日（池田）	38.2	44.4	6.2
63年10月23日（池田）	38.9	41.2	2.3
66年12月27日（佐藤）	36.7	30.1	-6.6
69年12月2日（佐藤）	33.4	37.9	4.5
72年11月13日（田中）	30.5	61.0	30.5
79年9月7日（大平）	30.8	31.2	0.4
80年5月19日（大平）	31.1	25.8	-5.3
83年11月28日（中曽根）	29.8	38.5	8.7
86年6月2日（中曽根）	30.9	47.9	17.0
90年1月24日（海部）	29.1	33.3	4.2
93年6月18日（宮沢）	30.4	20.4	-10.0
96年9月27日（橋本）	26.4※	39.8	10.6
00年6月2日（森）	26.8※	30.4	3.6
03年10月10日（小泉）	25.9※	49.1	23.2
05年8月8日（小泉）	28.0※	38.0	10.0
09年7月29日（麻生）	21.8※	24.1	2.3
12年11月16日（野田）	7.7※	23.4	10.1

注：※の連立内閣については，政権に参加する各党の支持率を単純に合計したものを与党支持率とした。
出典：時事通信社による毎月の世論調査データに基づき，筆者作成

閣以降，解散前月の与党支持率と内閣支持率は，図表 2-1 の通りである。

　これをみると，内閣支持率が与党支持率を下回っているときに解散が行われたのは，66年の佐藤と80年の大平，93年の宮沢の 3 例のみで，しかも後 2 者は，形式的には 7 条解散ではあるものの，不信任決議を受けての解散であるから，実質的な解散権行使といえるのは，佐藤の 1 例にとどまる（この佐藤の場合でも，解散前月の11月には内閣支持率が与党支持率を下回ってはいても，8～10月では内閣支持率の方が高い）。この点から，次の原則が導かれる。

　　原則 7　解散権は，与党に対する支持率が十分に高く，さらに，内閣支持率が与党支持率よりも高いときに行使される。

　次に検討しなければならないのは，このような条件を満たしながら，解散権が行使されなかった例である。そこで，次の第 3 節で，解散権がどのような日

程で行使されているかをまとめ，解散権行使のパターンを確認し，そのうえで第4節で，解散権が行使されなかったケースを検討する。

3　戦後日本の解散日程

　解散権はいつ行使されるのか。上述の原則2から，解散権の行使には，任期満了時点が意識されていることが予想される。そこで，解散権を行使した首相の就任日，就任時点での衆議院任期満了までの残月数，解散権行使時点での衆議院任期満了までの残月数を一覧にする（図表2-2）。

　まず，前節でも述べておいたように，大平の2回目と宮沢を，不信任案可決

図表2-2　就任時点と解散時点での任期満了までの残月数

首相	就任日	就任時点での任期満了までの残月数	解散時点での任期満了までの残月数
池田（1）	60年7月19日	22	19
池田（2）			13
佐藤（1）	64年11月9日	36	11
佐藤（2）			13
田中	69年12月27日	17	13
大平（1）	78年12月7日	24	15
大平（2）			41
中曽根（1）	82年11月27日	19	7
中曽根（2）			18
海部	89年8月9日	11	6
宮沢	91年11月5日	27	8
橋本	96年1月11日	18	10
森	00年4月5日	6	4
小泉（1）	01年4月26日	38	8
小泉（2）			27
麻生	08年9月24日	12	2
野田	11年9月2日	23	9

　注：首相名のあとの（1）（2）は，同一首相のもとでの複数回解散を区別するためのものである。
　出典：筆者作成

による解散として，考慮から除外する。そのうえで概観すると，いくつかの例外を除けば，概ね任期満了まで残18ヶ月の時点より後に解散権が行使されていることがわかる。この解散時点での残月数と，就任時点での残月数とは相関がない。さらに，80年代以降に限定すれば，解散権の行使は，2つの例外を除いて，すべて，残10ヶ月以内でなされている。例外とは，中曽根と小泉それぞれの2回目の解散である。

　他方，第二次世界大戦後の首相すべてを見ても，任期満了まで残10ヶ月の時点で在職していながら解散権を行使しなかったのは，戦後すぐの東久邇，唯一の任期満了選挙を迎えた三木，そして，在職中に死亡した小渕だけである。

　ここから次のような原則が確認される。

> 原則8　80年代以降の首相は，就任後，衆議院任期満了まで残10ヶ月の時点まで在職しなければ，解散権を行使することができない。また，残10ヶ月の時点で在職していたなら，必ず解散権を行使しなければならない。

　首相の大権とも称される解散権は，首相の大きな自由裁量にゆだねられているかのように語られてきた。しかし，このようにその実態を確認してみると，かなり限定された幅のなかで行使されていることがわかる。このような制約は，とりわけ80年代以降強まっている。世論調査のデータがないために前節での考察には取り上げなかった50年代までの解散のデータを，参考のため，図表2-3として追加する。

　これをみれば，50年代までの解散権行使が，衆議院の任期満了時点とは，

図表2-3　就任時点と解散時点での任期満了までの残月数（50年代まで）

解散年月日（首相名）	就任日	就任時点での任期満了までの残月数	解散時点での任期満了までの残月数
47年3月31日（吉田）	46年5月22日	48	37
48年12月23日（吉田）	48年10月15日	30	28
52年8月28日（吉田）			5
53年3月14日（吉田）			43
55年2月24日（鳩山）	54年12月10日	28	27
58年4月25日（岸）	57年2月25日	24	10

出典：筆者作成

相対的に独立してなされているのは明らかである。吉田の2回目と鳩山のものは，選挙によらずに就任した首相が，就任後時間をおかずに国民の信を問おうとしてなされたものである。ちなみに，60年代以降で，残18ヶ月の範囲をこえるのは，小泉の2回目という例外を除くと，唯一池田の1回目のみであり，これは，吉田と鳩山の例にならい，就任後3ヶ月でなされたものである（それにしても，残19ヶ月の時点である）。

　このように戦後しばらくはかなり大きなフリーハンドが与えられていた首相の解散権の行使は，とくに80年代以降，なぜ，大きく制約されるようになったのか。次節では，解散権が行使されなかった例を考察し，解散権行使を可能にする条件について検討する。

4　解散権行使の条件——解散風

(1) 解散権を行使できなかった首相たち

　60年代以降で，解散権行使の意欲を示しながら実行できなかった2人の首相を取り上げ，解散権行使の条件を検討する。

　(i)　三木　　三木は，日本国憲法のもとで，解散権を行使せずに衆議院任期満了を迎えた唯一の首相である。これが，「三木おろし」と呼ばれた自民党内での強い抵抗によるものであるとは広く知られているが，原則7の見地からみると，三木の解散権が行使されなかったのは決して例外とはいえない。

　三木が首相に就任した74年12月の時点で，与党支持率は27.1%，内閣支持率は41.6%，前月比でみると，前者は5.5ポイント，後者は31.3ポイントの上昇で，きわめて順調な滑り出しであった。しかし，75年12月にいたると，内閣支持率は与党支持率よりも低くなり，これは76年5月まで続く。内閣支持率の方が低いこの時期に解散権を行使していないのは，原則7に適合する。

　76年6月以降は，内閣支持率が与党支持率を上回っているが，これは，与党支持率が低下したためである。6月から11月までの与党支持率は，平均24.9%である。先にみたように，データのある池田以降今日まで，与党支持率25.0%を切って解散権が行使されたのは，麻生の21.8%，野田の7.7%の，政

権交代を招いた（より事態に即していうなら，解散時点で総選挙における敗北が確実視されていた）2例のみである。したがって，原則7にいう，与党が勝利を見込める「十分高い支持率」とは，25％のラインであったと考えるなら，三木の解散権不行使は，原則7から逸脱しない。

(ii) **海部**　海部は，91年9月30日に解散権行使の「重大な決意」があると発言した。直前3ヶ月の与党支持率は平均33.3％，内閣支持率は平均51.1％であり，原則7からは何ら問題ない数字である。だが，91年9月は，衆議院任期満了まで残29ヶ月の時点であり，原則8に示された解散権行使可能時期から大きく外れている。つまり，海部のケースは，原則8が原則7に優位していることを示している。なぜ，任期満了まで10ヶ月（60年代以降にまで広げれば，18ヶ月）という時点を過ぎなければ解散権を行使できないのか。これを検討するために，次項で「解散風」について考察する。

(2) 解散風

　首相はその独自の判断で解散権を行使できるという知識から，衆議院議員はいつ次の選挙があるかわからないという臨戦態勢を常日頃から強いられることになる。そして，だいたい3年に1度選挙が行われてきたという実績からして，任期が2年を経過すると，各議員は，選挙への準備を始めるといわれる（信田 1994：90）。首相がいよいよ解散に踏み切るようだという観測が明らかになれば，各議員はわれ先にと選挙戦に走り出す。ライヴァルに遅れをとるわけにはいかないからである。このようにして高まる選挙への気運が，「解散風」と呼ばれるものである。

　このような現象が起こるのは，第1に，選挙運動に対する法規制が厳しいため，法定期間以前の（実質的な）選挙運動が当選にとって決定的に重要であると信じられていること，第2に，とりわけ自民党の候補者にとって，選挙運動は，党単位ではなく，個人が自己の責任で行わなければならないものとなっていること，という事情による。

　「解散権は首相の至上の大権である」，「いつ解散するかについては首相の嘘は許される」等々といわれるのは，この解散風の操作によって政局をコントロー

ルすることが首相の最大の権力資源になるからである。十分準備のできていないときに解散権を行使されることは議員誰もが望まないことであるから，首相に反対する勢力は何らかの取引によって，解散をやめさせるか引き延ばそうとするだろう。ただし，解散を阻止しようと努力しても，周囲が解散風にのって走り出してしまえば，自分1人が落選の憂き目を見るだけであるから，とるべき態度の見きわめは，微妙なバランスの上にある。反対に，解散が近いと判断して走り出しているのに，いつまでも解散がない，あるいは，解散はやめると首相に公言されると，今度はその負担に耐えきれなくなって，解散を促して首相との取引がすすめられることになるだろう。このような取引に駆り立てられる事情は，与党内でも野党でも同じである。

野党による政府批判をきっかけに解散が取りざたされる例も多い。だがこれをもって解散のイニシアティヴが野党にあるとみるのも適当ではない。このような政府批判は，常套的・定型的なものにすぎず，首相がそれに対して否定・反論しないときに，初めて大きな風となっていくものだからである。

このような解散風がいつどのように吹くかを実証的に論じるのは，簡単ではない。本章では，新聞記事の見出しに現れる衆議院「解散」への言及頻度を月ごとに集計し，それを推定することにした（図表2-4）[5]。

上に述べたように，任期満了まで残24ヶ月（つまり前回総選挙から2年経過）という時点であれば，衆議院議員たちは，解散に向けての意識が高まるから，解散風は比較的起こしやすく，また，いったん風が起こってしまうと，それを抑制することは難しくなる。残10ヶ月の時点がおそらくpoint of no returnになっているのだろう。逆に，残24ヶ月の時点よりも前になればなるほど，周到な用意をしなければ，解散風を起こしにくいだろう。

このような観点から，任期満了24ヶ月前を基準にして解散言及の頻度を確認すると，残24ヶ月時点よりも前からの明らかな解散風をみることができるのは，佐藤Ⅰ，Ⅱ，福田赳夫，中曽根Ⅱ，竹下，細川，羽田，村山，小泉Ⅰ，Ⅱ，鳩山，菅である。ここでは福田，中曽根，竹下，小泉についてみておく。

福田は76年12月9日の任期満了総選挙後に首相になるが，就任6ヶ月で早くも3回，翌月には4回の解散言及が現れる。その6ヶ月後からは78年12月

図表2-4 新聞の見出しでの「解散」言及の頻度

内閣＼任期満了までの残月数	47	46	45	44	43	42	41	40	39	38	37	36	35	34
池田 I														
池田 II	0	0	0	0	0	0	0	1	0	0	0	0	0	0
池田 III	0	0	0	0	0	1	0	0	0	0	3			
佐藤 I												1	1	0
佐藤 II	0	0	0	0	1	0	0	0	0	0	0	0	23	0
佐藤 III	0	0	0	0	0	0	0	1	0	0	0	0	1	0
田中 I														
田中 II	0	0	0	0	0	2	0	0	0	0	0	0	0	0
三木														
福田	0	0	0	0	0	3	4	0	0	1	3	3	5	6
大平 I														
大平 II	0	0	0	0	0	0	96	0						
鈴木	0	0	0	0	0	0	0	0	0	0	1	0	0	0
中曽根 I														
中曽根 II	0	0	0	0	0	1	2	1	0	9	11	3	4	6
中曽根 III	0	0	0	1	1	0	3	0	0	0	0	0	3	1
竹下														
宇野														
海部 I														
海部 II	0	0	0	0	0	0	0	2	0	1	0	0	0	0
宮澤														
細川	0	3	1	2	10	12	1	5	8					
羽田										16	21			
村山												3	1	1
橋本 I														
橋本 II	0	0	1	0	1	0	0	0	0	0	0	0	0	0
小渕														
森 I														
森 II	0	0	0	0	8	0	0	0	1					
小泉 I										0	0	1	2	0
小泉 II	0	0	1	0	0	0	1	0	0	0	1	0	2	0
小泉 III	2	0	0	0	0	0	0	0	0	0	0	1		
安倍													0	4
福田														
麻生														
鳩山	0	1	1	0	2	1	0	0	0	1				
菅												0	1	1	0
野田														

注：解散月はアミカケで示した。首相名のあとのローマ数字は，第何次内閣かを表している。
出典：「聞蔵II ビジュアル」を利用して筆者作成

第2章　解散権の行使と首相の権力

33	32	31	30	29	28	27	26	25	24	23	22	21	20	19	18	17	16	15	14
											9	3	0	25	1				
0	0	0	0	0	0	0	0	0	0	1	8	0	0	1	0	2	9	12	23
2	1	0	0	0	0	1	0	8	4	3	3	8	7	3	2	1	5	12	57
1	1	2	2	1	1	0	3	3	4	30	8	9	6	2	2	13	4	9	16
0	0	0	0	0	0	0	0	0	4	1	1	3	0	1	1	1			
																	11	10	7	68
0	0	0	0	0	0	0	0	5	3	1									
											2	16	2	3	2	13	9	16	19
14	4	13	44	10	8	4	4	3											
									1	1	3	7	9	6	12	41	44	32	0
0	0	0	0	1	0	0	0	1	3	0	0	2	5						
														2	5	10	12	6	20
4	3	18	6	22	4	4	4	9	12	3	24	26	54	44	10	0			
2	13	1	0	1	3	0	3	2	0	0	2	2	3	10	10	16	20	26	
																			15
0	0	0	0	1	7														
						1	0	3	5	1	5	22	19	2	1	2	6	3	7
10	7	2	8	2	3	6	7	2	6	1	10	2	7	3					
															28	3	10	7	15
0	0	1	0	0	2	5													
							3	4	0	1	0	6	0	1	4	6	3	7	4
0	0	3	2	1	2	1	5	0	1	2	0	2	0	2	6	9	1	0	0
1	1	0	2	2	21	57	4												
0	0	0	0	0	0	0	2	1	13										
										4	6	7	6	2	7	4	4	3	11
1	1	9	7	4	1	2	9	11	5										
										3	3	9	3	11	5	11	3	10	5

内閣 \ 任期満了までの残月数	13	12	11	10	9	8	7	6	5	4	3	2	1	0
池田Ⅰ														
池田Ⅱ	54	2												
池田Ⅲ														
佐藤Ⅰ	24	123	10											
佐藤Ⅱ	16													
佐藤														
田中Ⅰ	47	9												
田中Ⅱ														
三木	42	18	27	8	11	12	7	7	10	6	16	4	4	0
福田														
大平Ⅰ														
大平Ⅱ														
鈴木														
中曽根Ⅰ	19	5	7	5	29	51	69	2						
中曽根Ⅱ														
中曽根														
竹下														
宇野	10													
海部Ⅰ			10	27	23	24	27	74	0					
海部Ⅱ														
宮澤	6	1	2	3	6	78	1							
細川														
羽田														
村山														
橋本Ⅰ	9	26	10	52	4									
橋本Ⅱ														
小渕	0	6	14	9	18	30	20							
森Ⅰ								27	8	19	0			
森Ⅱ														
小泉Ⅰ	1	7	25	5	10	20	0							
小泉Ⅱ														
小泉Ⅲ														
安倍														
福田	11													
麻生		31	52	24	15	6	9	17	20	11	22	52	2	
鳩山														
菅														
野田	4	27	17	29	76									

の退陣まで，強い風が吹き続ける。後継の大平にも就任3ヶ月から風が吹き，就任9ヶ月（任期満了まで15ヶ月）で解散を行っている。もし，福田が，総裁予備選で（当人にとって）思いがけぬ敗北を喫しなかったら，総裁選後まもなく解散権は行使しえただろう。総裁選で勝利すれば，内閣支持率の上昇が見込めるから，解散権行使には有利となるのである。総選挙を経ていない首相として，福田は，解散によって党内の権力基盤を強化することを狙った解散風操作を行っていたとみえる。しかし，福田は大平によって解散権行使を阻止され，退陣を余儀なくされた。

　次は，中曽根Ⅱである。83年12月の総選挙から10ヶ月後には早くも大きな風が現れている。任期満了まで残38ヶ月である。それから風は吹き続け，任期満了18ヶ月前に解散，同日選挙にもち込んだものである。この解散は「死んだふり解散」と批判もされたが，解散に向けての足場は，だいぶ前から用意されていたようである。

　竹下にも87年11月6日の就任後翌々月（残31ヶ月時点）には強い風が吹く。いったんは弱まるものの，再び強まるのは，残18ヶ月の時点である。竹下はその5ヶ月後に退陣するが，後継の宇野にも風は吹き続ける。

　小泉は長期にわたって解散風をコントロールしているようにみえる。最初の解散の場合は，残36ヶ月に小さく風が現れ，それを残8ヶ月まで保ち続けて解散を行っている。2回目の解散についても，残37ヶ月から小さく風が吹いている。郵政解散を行ったのは，その10ヶ月後である。ここからすると，小泉の横暴ともみえた郵政解散には，一定の下準備があったようである。

　それでは，「重大な決意」発言をした海部はどうだったろうか。残29ヶ月の時点でその発言をしたとき，解散風はまったくなかった。90年2月の前回総選挙以降そこまでの19ヶ月間で，解散言及がみられるのは，90年10月の2回，12月の1回のみである。選挙への準備がない党の内外から阻止されるのは当然であったろう。もし本当に解散権を行使したかったなら，もう少し前から慎重に風を吹かせるべきであったろうし，反面，仮にあと5-6ヶ月待ち，残24ヶ月を切ってから解散風を吹かせることができたなら，解散権を行使し得たかもしれないと思わせる。

5 なぜ短期内閣が繰り返されるのか

(1) 短期内閣とは何か

 以上の解散権行使の考察を踏まえ，日本の首相の権力の特徴を検討してみたい。

 日本政治における首相の在職期間の短さ，「短命政権」とは，とくに，小泉後の内閣について語られることが多い。しかし，日本政治におけるリーダーシップの不在の象徴として，頻繁に交代する首相という現象は，それまでも多く言及されてきた。たとえば，サミットに出席しても，毎回首相が替わっていると，他国の首脳との信頼関係をつくりあげることができないというような指摘である。

 しかし，「短命」とはいっても，内閣についてありうべき「寿命」ないしは「平均余命」のようなものが明らかなわけではない。そこで，本章では，首相の地位は議会の信任の上に成り立つという原則を踏まえて，衆議院の平均的な在任期間とされる3年，1,000日程度を基準とし，それよりも短い期間で退陣した内閣を，「短期内閣」と呼ぶことにする[6]。

 図表2-5に戦後首相の在職期間の一覧を示す。これは連続して政権についた期間を合算したものである。

 このように概観してみると，1,000日をこえる内閣は日本政治では例外的であり，確かに内閣の「短さ」は，日本政治の顕著な特徴といえるものかもしれない。だがこの「短期内閣」の反復は，自民党の長期政権のもとで始まっていたことには注目すべきである。

 比較政治学の「政権の寿命」研究では，政権の持続性を規定する要因について考察がなされてきているが，そこで，「短命政権」として検討されているのは，主としてヨーロッパの連立政権瓦解のケースである（リード 2006：81-82）。日本の短期内閣は，ほとんど政権交代を伴っていないために，このような研究の対象から外れている（e.g. King *et al.* 1990; Warwick 1994）。

 このような比較検討の見地から考えれば,日本の場合,なぜ短期内閣に終わっ

図表2-5　戦後の首相の在職日数

首相	在職日数	首相	在職日数
東久邇	54	竹下	576
幣原	226	宇野	69
吉田	368	海部	818
片山	292	宮沢	644
芦田	220	細川	263
吉田	2251	羽田	64
鳩山	745	村山	561
石橋	65	橋本	932
岸	1241	小渕	616
池田	1575	森	387
佐藤	2798	小泉	1980
田中	886	安倍	366
三木	747	福田	365
福田	714	麻生	358
大平	554	鳩山	266
鈴木	864	菅	452
中曽根	1806	野田	482

出典：首相官邸のウェブサイトで提供されているデータに基づき，筆者作成

たのかという問いは，「首相はなぜ選挙を待たずに自ら退陣して，首相の地位を党内の他のメンバーに譲り渡したのか」という問い，つまり与党内（フェーズ2）でのリーダーシップの問題として考えなければならない[7]。こうみると，「短期内閣イコール政治的リーダーシップの不在」として単純化できないところがある。たとえばイギリスでは，総選挙に敗れての下野ではない退陣は，政界からの引退とほぼ同義である。日本でも，吉田，鳩山，石橋，岸，池田，佐藤の退陣は，そのようなものであったろう。しかし，田中以後「退陣」は，引退を意味しなくなる。退陣が，次のような前提のもとでなされたとしたら，それは，引退とは区別されるべきである。

①彼が退陣しても与党はその与党としての地位を失わない。
②彼の権力基盤は，与党が彼の首相の地位を奪っても保持される。

これはまさに一党優位政党制のもとでの，派閥依存の自民党に適合的なこと

であった。このような退陣の選択を、以下、「退陣オプションの行使」と呼ぶ。つまり、派閥依存の一党優位政党制が確立したから引退ではない退陣が可能になり、その退陣オプションが多用された結果、内閣は短期化したと考えられるのではないか。

実際、図表2-5を見直せば、戦後の混乱期の後、1,000日を超える内閣を打ち建てた岸・池田・佐藤を、田中が継承できなかったところが、短期内閣化への分岐点になっているのがわかる。むろん、田中以前にも、1,000日に満たない期間で退陣した首相は何人もいる。しかし、田中が特筆されるのは、解散権を行使すべきときに解散権を行使せず、退陣を選択した最初の首相だからである。

(2) 田中内閣

田中は就任直後、56.0％という高い内閣支持率を獲得したが、就任7ヶ月頃からその支持率は急落し、退陣前月の、与党支持率21.6％、内閣支持率10.6％は、ともに池田以降最低の数字である（その後をみても、2つの数字がどちらも田中を下回るのは、宇野のみである）。自民党にとって未曾有の危機であったといってよい。このとき退陣以外の選択肢、端的には、解散権行使はありえなかったかを検討してみると、それ以降の自民党の短期内閣の特徴がよりよく理解できるように思われる。

このときの田中と類似の状況は、1966年12月の佐藤にあった。そのとき、佐藤は「黒い霧」が取りざたされ、野党からは強い解散要求にさらされていた。佐藤が最終的に踏み切った解散は「黒い霧解散」と呼ばれている。この解散が、これまでで唯一、内閣支持率が与党支持率を下回ったときになされた解散権行使であることは第2節で述べた。だが、選挙の結果、自民党は、486議席中277議席を獲得した。選挙2ヶ月後には、内閣支持率は与党支持率を上回るまでになる。佐藤は賭に勝ったといえるだろう。

しかし、佐藤に比べれば、田中の見舞われた困難ははるかに大きく、田中は佐藤のやり方を踏襲できなかった。田中の場合は、就任後9ヶ月で与党支持率は25％を切り、内閣支持率は、その翌月から退陣まで与党支持率を下回り続

けた。

　中選挙区制のもとでの選挙では，首相の人気は自民党の獲得議席数に必ずしも直結するものではなく，それどころか，"首相を止め自民党を変えることができるのは野党ではなく自民党員の自分だけだ"という訴え，つまり与党候補による与党批判が与党にとっての有効な選挙戦術としてまかり通っていた[8]。田中内閣では，与党支持率は，74年7月8月には，27%を超えるまで一時的に回復しているのだから，そのとき内閣支持率に目をつぶって解散権を行使したなら，自民党は勝利できたかもしれない。それは，この与党支持率の高さが自民党の勝利を保証するという意味ではない。ひとたび選挙となれば，与党内での首相批判の強さが，自民党候補の猛烈な選挙運動を引き起こしうるからである[9]。

　しかし，田中の場合，衆議院の任期満了までには，まだ間があった。退陣の時点で，ようやく残23ヶ月である。解散言及は，退陣前々月に5回，前月に3回あるだけで，それより前は，16ヶ月間言及がゼロであり，解散風は吹いていなかった。このような状況での解散には，党内外からの抵抗は大きいことになる。

　それに比べて佐藤の「黒い霧解散」の場合には，最終的な解散権行使の13ヶ月も前から，解散風が吹いていた。吹き始めたのは，任期満了時点まで残り25ヶ月のときである（図表2-4の佐藤Ⅰ）。この解散風の発端は，野党による政府批判であったが，いったん風が吹き始めれば，その風をコントロールする主導権は首相が握りうる。

　他方，田中には，政権奪取を狙って育成してきた強力な自派閥があった。この派閥は，もともと佐藤後継をめぐって福田と争うことを想定して福田から力を奪うべく自力でつくりあげてきたものだから，仮に自分に敵対する福田が次期総理になったとしても，結束は容易に失われないだろうと予想ができたはずである。また，田中は，自民党内の有力派閥を率いる大平と盟友関係をもっていた。つまり，田中には，退陣しても自民党内での権力基盤は維持しうるという見通しが立ったであろう。あるいは，それがこれ以上解体されないように退陣したのだともいえよう[10]。

かくして田中は，解散権行使によって議会運営における困難を解消すべきチャンスにそれを避け，自らの与党内権力基盤の維持と与党支持率の回復のために退陣を選択する最初の首相となった。

田中後を受けた三木も，吉田・鳩山・池田にならって就任後間髪入れずに解散に打って出る選択もありえた。三木の就任時の高い支持率からすれば自民党が勝っていた可能性はある（前回の選挙で自民党は振るわなかったからその反動も予想された）。また，"選挙によらない首相は，就任後，速やかに解散総選挙を行うべし"という慣行がここで確立していたなら，その後の解散権行使の形態は大きく変わっただろう。三木内閣も1,000日を超えたかもしれない。しかし，それ以降，解散権の行使にはフェーズ2の考慮が優位に立つことになり，退陣オプションの行使というやり方が定着する。派閥均衡人事などの党内の制度が安定化すると，解散権行使が可能な時間幅も一層限定されるようになったと思われる。

重要なことは，このような退陣オプション行使は，解散と同じく首相の合理的・戦略的な計算に基づくリーダーシップ発揮の一形態だということである。退陣オプション行使の結果としての短期内閣の連続は，それ自体で首相の権力の弱さを意味するものではない。それどころか，自党が政権を失う可能性がなく，かつ，自己の権力基盤は首相の地位から自律していると自覚している首相，いうならば，その限りにおいて「強い首相」こそ退陣オプションをとりやすい。つまり，自民党一党優位政党制時代の短期内閣の連続は，強い与党と強い首相の証であったともいえるのである。[11]

(3) 解散権行使へのハードル

田中以降の退陣オプション行使の反復は，政府批判を，解散要求ではなく退陣要求へと誘導することになり，解散権行使はそこからも制約されるようになる。一党優位政党制のもとでは，マスメディアも，野党が選挙によって第1党を奪う可能性を現実のものと考えなかったから，選挙において与党が過半数を獲得しても，解散前より議席を減らしていたなら，「敗北」と報じられた。「勝利」の基準点は，議院内閣制が制度上ザッハリッヒに予定している過半数とい

う数字とは無関係に，高く設定されていくことになる。そのような高次の勝利が見込めない首相は，議会運営において何らかの障害に直面すると，解散ではなく，退陣を選択する方が容易であろう。退陣によってマスメディアに花をもたせれば，後継内閣の発足時には与党批判も静まるだろう。

　80年代以降では，衆議院任期満了の24ヶ月前より以前から解散風を有効に吹かせることができたのは，中曽根と小泉だけであった。彼らが解散に固執したのは，彼らには，有力派閥という党から相対的に自律した権力基盤がなく，自己の権力維持のために退陣するというオプションをとることができなかった「弱さ」のゆえであるともいえる。

(4) 要　　約

ここまでの観察を要約する。

(i) **解散権を行使しうる条件**

①与党支持率25％以上。

②与党支持率＜内閣支持率。

③一定期間解散風が吹いていること。

④解散風はだいたい衆議院任期満了時点まで残24ヶ月前後から自然に吹き始めるが，それより前では，首相が解散風を起こす必要がある。

⑤残10ヶ月になると，もはや解散風は抑制できず，退陣オプションをとることは不可能になる。

(ii) **総辞職・退陣のパターン**　　1,000日を下回る在職期間の首相の総辞職・退陣には，4つのパターンしかない。最後のものを除くと，すべての首相の退陣は，解散権行使の条件のどれかが欠けているときになされている。

　第1は，衆議院任期満了まで残24ヶ月より前で，支持率の条件は満たしているものの，解散風が十分吹いていない場合。田中，海部，橋本，森，安倍。

　第2は，残24ヶ月より後だが，支持率の条件を満たしていない場合。鈴木，竹下，宇野，福田（康），菅。

　この2つは，解散権行使の条件が整わず，退陣オプションを行使したとみられるパターンである。

第3は，残24ヶ月よりも前で，風は吹いていたが支持率の条件を満たしていない場合。細川，羽田，村山，鳩山。

　低支持率状況では，解散風によって政局をコントロールすることはできないから，この風に首相の積極的な意図は関与しておらず，逆にこのような状況で風を抑制できないのは，与党の弱さを示していると考えられる。この状況での総辞職は，内閣・政権の瓦解と言うべきもので，退陣オプション行使とは区別される。

　第4は，敗北・死亡による総辞職・退陣。三木，福田（赳），小渕。

　解散権行使条件が欠けているのに，退陣ではなく解散が選択されたケースは，佐藤の「黒い霧解散」を除けば，麻生と野田の2例のみである。これが，2000年代後半以降の問題を考えるうえでの手がかりとなる。これについては，節を改めて検討する。

6　小泉内閣後の超短期化

　日本政治における頻繁な首相の交代は，田中以後の特徴ではないかと前節で示した。そうだとしても，小泉後の一層の短期内閣化は顕著である。最後にこの問題について検討したい。

　本章の枠組みから注目されることは，彼らの多くは解散風が吹いているのにもかかわらず，解散権を行使できなかったという点である。

　安倍の場合には，就任2ヶ月（残34ヶ月）で風がいったん吹くが翌月以降は鎮静化し，就任10ヶ月（残26ヶ月）でまた風が吹きかけるが，残24ヶ月で退陣した。後継の福田のもとでも風は吹き続けるが，解散権は行使されず，麻生に引き継がれた後，残2ヶ月での解散となる。

　民主党政権のもとでは，菅の就任後7ヶ月（残31ヶ月）から強い風が吹く。しかし，菅は解散権を行使せず，残23ヶ月で野田に引き継ぐ。野田には，就任当初から風は吹き続け，残9ヶ月で解散にいたった。

　このように解散権行使が避けられているのは，与党支持率の低下という点から解釈できる。安倍内閣の後半から，福田，麻生内閣では，与党支持率が

25％を切ることが多く，民主党政権では，与党支持率が25％をこえたのは，鳩山内閣発足後の4ヶ月間のみである。支持なし層が拡大しているなかで二大政党制化が進めば，与党支持率が常時25％をこえることは難しくなっているといえよう。80年代以降の例外的長期内閣である中曽根と小泉を比較してみても，中曽根内閣時の与党支持率の平均は32.9％，最低は就任3ヶ月後の27.3％であるが，小泉では平均28.0％で，与党支持率が25％を切った月が在職中8回もある。

このような状況では，首相が内閣支持率の高さによって与党支持率の低さを補おうとする傾向が現れる。政治改革以後の首相権限の強化は，与党支持率の向上（および選挙での勝利）に対する首相の貢献への期待を拡大するものである。首相の一挙手一投足が内閣支持率と結びつけて受け止められるようになり，首相は絶えず衆目を集める言動・「パフォーマンス」を求められるようになる。しかし，（仮に首相がそれらの言動で人気を博したとしても）内閣支持率と与党支持率は常に連動しているものではなく，選挙の勝利との関連はさらに薄い。また，与党支持率が低いから首相は解散できまいとみなされてしまえば，首相が解散権をちらつかせても政局操作はしにくくなる。[12]

解散権が行使できない場合，内閣改造もなされうるが，世論調査のデータをみると，改造は与党支持率を一時的にいくぶん上昇させはするものの，内閣支持率にはほとんど寄与していない。与党として衆議院の任期満了までの間に解散権を行使すべきことが避けられない以上，彼は退陣オプションを行使して与党支持率と（後継の）内閣支持率を上げて後継に解散をゆだねるしかできないことになる。

小泉後の短期内閣の特徴は，支持率の急落が激しいという点（ナイブレイド2011）よりも，支持率が下がるとすぐ退陣オプションがとられるという点にこそ認めるべきである。最終的な内閣支持率で比較すると，かつての首相は，田中10.6％，竹下4.1％，宇野10.1％という低い数字までもちこたえているが，2000年代では，安倍22.6％，福田（康）23.6％，鳩山19.1％，菅13.3％で退陣している。近年の首相たちは，それだけ与党支持率の確保に悲観的になっていることを示すものだろう。これが「ポピュリズム」的傾向を一層過熱化する。

そして，後継首相は，残10ヶ月を切って支持率が基準をこえないならば，ただレームダック化を防ぐためだけに，あるいは，ただ選挙敗北後の再起の足がかりを維持するためだけに，解散権を行使することになる。それは，衆議院任期満了にごく近接した時点でのことだろう。[13]

自民党については，政治改革の結果による派閥の弱体化は，退陣オプション行使を抑制するのではなく，逆に促進しているようにみえる。制度改革によって首相の権限が強化され，党から自律した権力が首相の地位に集中するようになると，首相の権力は党内の権力資源から分離するので，首相が属人的にもつ権力自体は，退陣によっても影響を受けないと予想されるようになったのではないだろうか。[14]

このようにして二大政党制化と首相の権限強化の結果，内閣の短期化が進んだとしたら，政治主導を掲げて政治改革・選挙制度改革を押し進めてきた論者たちにとっては，まことに皮肉な事態といわざるをえないだろう。

＊草稿にコメントをくださった笹部真理子，曽我謙悟，高安健将，待鳥聡史の各氏に御礼申し上げる。

【注】
1) 毛桂榮は，解散権の有無による議院内閣制の類型化の可能性を示唆している（毛2012：81）。
2) 首相の権力については，近年，高安健将と待鳥聡史のすぐれた研究書がある（高安2009；待鳥2012）。ただし，両著は，必ずしも，「解散権の行使」という論点に十分な紙幅を割いてはいないので，本章は，解散権という観点から，これらの業績を補完する役割も期待できるであろう。
3) ただし，これは，連立内閣における，首相の出身政党以外の連立与党には当然には当たらない。
4) 時事通信社の世論調査結果を一覧する手段はないようである。本章では，1960年7月から1981年6月までは，時事通信社ほか編（1981），1981年7月から91年6月までは，時事通信社ほか編（1992），1991年7月から2007年3月までは，内閣府大臣官房政府広報室編『世論調査年鑑』の各年度版，それ以後2012年12月までは，中央調査社のウェブサイトに公表されているデータを集成した。これらの媒体では，すべての調査の日付までは確認できなかった。データソースについてご教示くださった中谷美穂氏には感謝申し上げる。
5) 朝日新聞社のデータベース「聞蔵Ⅱビジュアル」を利用して月単位で検索をかけた。

これは，1879年から1989年までと，85年以降の2つのデータベースからなり，検索形式が若干異なる。本章では，1960年から89年までと，90年から2013年3月までとで分けて使用した。検索は，「解散」をキィワードとし，東京本社発行の朝夕刊（89年までは，号外・付録・別刷を含む。90年以降は本紙面のみ）の見出しを対象とした。当然，衆議院以外の「解散」もヒットするが，それらは1つひとつ確認して除外した。

6) 小沢一郎も，90年代以降の政治改革に方向づけを与えた『日本改造計画』の中で「首相には3年，4年といったある程度の長さの任期を与えた方がいい」と述べている（小沢 1993：43）。

7) 自民党政権を派閥による（擬似）連立政権として捉えれば，ヨーロッパに多くみられる連立政権の「短命」についての理論的考察を，自民党一党優位政党制下の短期内閣に適用して考えうる余地はある。しかし，本章は，退陣しても自民党が政権政党であり続けるはずであるという予測が退陣オプション行使を促していたと考えるので，政権瓦解後の政権構成が予測しにくい連立政権瓦解のモデルを，自民党長期政権下の短期内閣にそのまま適用するのは，妥当ではないと考える。第5節でみるように，日本での連立政権瓦解モデルとして比較検討の対象となりうるのは，細川・羽田・村山内閣であろう。

8) 現にカーティスの『代議士の誕生』は，「黒い霧解散」に際して佐藤文生がそのような戦術をとったことを明らかにしている（カーチス 1971：216-217）。

9) ただし，このような場合には，派閥領袖間の対立激化により党内調整が困難になって，候補者が乱立し，結果的に自民党の議席数を減らすことがある。一般消費税導入が争点となり，その後長く大敗として自民党に記憶されることになる大平内閣の1回目の解散・総選挙（1979年）でも，自民党の得票率自体は，前回総選挙を上回っていたことに注意。

10) 三木が解散権行使を断念したことについて，秘書官だった中村慶一郎は，「やればファッショといわれていたよ」と後に三木がもらしたとしつつ，「三木さんは機会さえあれば，また首相に返り咲きたいとの意欲をもっていたから，そこで大問題を起こすことはできなかった」という。そして，田中，三木，福田は，岸や佐藤とは異なり，首相辞任後も派閥の長の地位を他人に譲り渡すことがなかったと指摘し，「もちろん公然と再び首相のポストを期すとの表明はなされなかったものの，個々人の胸の中では，夢よもう一度の思いが，ふつふつと煮えたぎっている面があった」と述べている（信田 1994：99；中村 1981：275, 312）。

11) このような首相権力の評価は，首相を党のエージェントとみる高安健将などの議論とは，全く正反対のものである。しかし，解散権行使のできない首相が，解散権の行使を後継首相に託して退陣オプションを行使するという図式自体は，自民党をプリンシパルとして描くPAモデルと整合的なところがある（高安 2009）。

12) 二大政党制と解散権行使の関係を考察するには，当然，イギリスの例が重要になる。戦後に限って概観するが，解散・退陣の日程設定のしかたは，日本の場合とかなり異なっている。以下，首相の名前と（ ）で任期満了までの残月数および解散・退陣・満了の別を示す（下院の任期は5年）。

　　アトリー（5解散），アトリー（39解散），チャーチル（18退陣），イーデン（18解散），

イーデン（40退陣），マクミラン（7解散），マクミラン（12退陣），ヒューム（満了敗北），ウィルソン（43解散），ウィルソン（10解散敗北），ヒース（16解散敗北），ウィルソン（52解散），ウィルソン（43退陣），キャラハン（53不信任可決），サッチャー（9解散），サッチャー（17退陣），メージャー（2解散），メージャー（満了敗北），ブレア（11解散），ブレア（12解散），ブレア（35退陣），ブラウン（満了敗北）．

このようにみると，本章の退陣オプションのモデルは，そのままでは，イギリスには当たらないのは明らかなようである．選挙運動への規制や党内権力構造という事情をよく比較検討する必要があろう．

13) イギリスでは，総選挙での勝ち目が薄い場合には，任期満了選挙が選ばれているようである．日本の場合は，まだ2例だけだが，負けを承知で解散権が行使されたのはなぜなのか，比較研究上興味深い論点である．

14) 待鳥聡史も，「首相は，制度が変わったにもかかわらず，ではなく，制度が変わったがゆえに，短命で奇妙な辞め方をしているのである」と指摘している．ただし，彼は，制度改革によって，辞任のタイミングを予測しにくくなったことを挙げているが，本章の分析は，彼らの退陣が原則から外れるものではないことを示している（待鳥 2012：184-185）．

〔参考文献〕

大嶽秀夫（2003）『日本型ポピュリズム――政治への期待と幻滅』中央公論新社
大嶽秀夫（2006）『小泉純一郎ポピュリズムの研究――その戦略と手法』東洋経済新報社
小沢一郎（1993）『日本改造計画』講談社
カーチス，ジェラルド（1971）『代議士の誕生』（山岡清二訳），サイマル出版会
小嶋和司（1982）『憲法学講話』有斐閣
小堀眞裕（2012）『ウェストミンスターモデルの変容――日本政治の「英国化」を問い直す』法律文化社
時事通信社・中央調査社編（1981）『戦後日本の政党と内閣』時事通信社
時事通信社・中央調査社編（1992）『日本の政党と内閣―― 1981-91』時事通信社
信田智人（1994）『総理大臣の権力と指導力――吉田茂から村山富市まで』東洋経済新報社
高安健将（2009）『首相の権力――日英比較からみる政権党のダイナミズム』創文社
鳥海靖編（2009）『歴代内閣・首相事典』吉川弘文館
内閣府大臣官房政府広報室編（1993-2007）『世論調査年鑑――全国世論調査の現況』（平成4年版-平成18年版）
ナイブレイド，ベンジャミン（2011）「首相の権力強化と短命政権」（松田なつ訳），樋渡展洋・斉藤淳編『政党政治の混迷と政権交代』東京大学出版会，245-261頁
中村慶一郎（1981）『三木政権・747日 戦後保守政治の曲がり角』行政問題研究所
藤本一美（2009）『増補「解散」の政治学』第三文明社
待鳥聡史（2012）『首相政治の制度分析――現代日本政治の権力基盤形成』千倉書房
松本正生（2001）『政治意識図説――「政党支持世代」の退場』中央公論新社

松本正生（2003）『「世論調査」のゆくえ』中央公論新社
御厨貴編（2003）『歴代首相物語』新書館
毛桂榮（2012）『比較のなかの日中行政』風行社
リード，スティーブン・R（2006）『比較政治学』ミネルヴァ書房
渡邉昭夫編（1995）『戦後日本の宰相たち』中央公論社
Gallagher, Michael *et al.*（2011）*Representative Government in Modern Europe*［5th ed.］, Berkshire: McGraw-Hill.
King, Gary *et al.*（1990）"A Unified Model of Cabinet Dissolution in Parliamentary Democracies", *American Journal of Political Science*, 34(3): 846-871.
Laver, Michael and Shepsle, Kenneth A.（1996）*Making and Breaking Governments: Cabinet and Legislature in Parliamentary Democracies*, Cambridge: Cambridge University Press.
Norton, Philip（2011）*The British Polity*［5th ed.］, Boston: Longman.
Warwick, Paul V.（1994）*Government Survival in Parliamentary Democracies*, Cambridge: Cambridge University Press.

首相官邸（http://www.kantei.go.jp/jp/rekidai/ichiran.html, 2013年3月19日最終閲覧）
中央調査社（http://www.crs.or.jp/backno/, 2013年3月18日最終閲覧）
中央調査社（http://www.crs.or.jp/backno/old/index.html, 2013年3月18日最終閲覧）

第3章　専門性の政治過程
―― 現代政治における医療政策の位相

宗前　清貞

1　医療政治とは何か

　一般に医療とは，疾病の克服と治癒を目的とした技術的行為をさす（井上 1968：1）が，医療行為は社会的に規定される。医療が公的課題として政治の対象となったことを考えるにあたり，次の4点を認識する必要がある。
　第1に近代科学の発展で，医療は魔術や癒しではなく根拠に基づく科学的行為となった。[1]「死」は医療によって回避できるのに，治療費の有無や医師の存否による受診機会の格差が生死を分かつ。
　そこで第2に社会保障制度を整備し，国民の健康を維持することが求められた。人々は疾病によって容易に貧困に転落する。その予防のため社会保険を整備し早期の受診回復を可能とすることは，救貧対策としても労働政策としても必要であった（野村 2009：18-24, 54-57）。
　第3に医療機会の実質的保障のために供給体制の整備が不可欠だが，わが国のような後発国では国家以外にそうした整備を行う主体はなかった。[2]近代国家の医療は，医療の近代化・医師養成・衛生警察・薬務・保健（とくに兵士としての男子青年）など広範囲にわたって複数官公庁が分掌する。その帰結として，医療政策に複雑な省庁間関係に基づく政策バランスがもたらされる。
　第4に，先進国は普遍的健康保険制度を備えた結果，医療費負担が巨額になっている。負担を誰がどう行うか，医療行為を抑制するか否か。こうした論点が多数の政策的対立軸を生み，医療をめぐる政治的紛争は拡大し拡散する。医療

はもはや技術的・中立的存在ではなく，政治的妥協の結果として生じる社会的行為なのである。

本章は，こうした複雑性を有する医療政治はいかなる政治的紛争かを素描する。供給体制を含めた医療の総合的分析が学術的に行われた例は稀であり，現代政治において重要な争点である医療問題を叙述すること自体に意味があるからである。医療政策は福祉政策の一環と言うにははるかに政策的独自性が強い。その把握に必要な視点を提示し，政策学に理論上の貢献を果たすことも目的としている。

2 医療政治の焦点と変容——医療アクセスと医療経済

(1) 医療アクセスの拡大と向上

わが国の医療制度は明治維新後の近代化過程で，国家が主導して急ごしらえに構築された。江戸末期の医師は一定数がみられるものの，漢方医や蘭学医は体系的教育を受けた専門職ではなかった。

政府は1875年に発布した『医制』で，①西洋医学が正統②体系的医学教育の実施③医師免許制などを明らかにし，衛生行政に対する国家の関与を明確なものとした。ただし経過措置の一代開業が認められた2万人の従来医がおり，また増大する軍医需要に対応するため，国家は医師養成や医療機関整備を急ぎ，新旧医学の「代替わり」を促す必要があった。したがって近代日本の医療政策はアクセス拡大を基調としたのである。

その際医療アクセスの到達点は，関係者の認識に依存し，さらに「決定権者」の範囲も変動する。次節では戦後日本社会において医療アクセスの拡大がどう図られたかを描写する。

(i) **戦中期から戦後の医師拡大と医療の社会化** 医制制定後の医師養成は，従来開業・開業試験合格・医学校正規課程修了・外国医学校卒業が併存したが，大正に入って医学校整備が本格化した。帝国大学に加えて1920年代には官公立や私立の医学専門学校が旧制大学に昇格した。さらに医学専門学校が多数開設された結果，医師養成は2,900人程度（『医制百年史資料編』表21より1932-35年

平均値)となり,それ以前の年間1,500名から倍増した。しかし戦線拡大による軍医需要を考えるとさらに医師を養成する必要があった。軍は旧制中卒業で入学できる速修課程(医学専門部)増設を進め,その結果1945年の医学校入学定員は10,533人に及んだ(藤田 1995:200)。

　他方,当時の民間医療は偏在が激しかった。そこで経済的・地理的な医療アクセスを高める試みが「医療の社会化」であり,具体的には診療所開設や保険制度創設が挙げられる(鬼嶋 2008;川上・小坂 1992:1章;猪飼 2010:4章)。時局匡救事業や農山漁村経済更正運動の主因となった農村の疲弊は激しく,なかでも医療の窮乏は顕著だった(市川 2012:84-91)。自由診療に基づく報酬を期待する医師は中産層の少ない地域で開業しないので,診療所が都市に集中する。また都市部の「細民」は通常医療の対象ではない。つまり農村と都市貧民双方に対する救済の必要性は高く,当初はセツルメントなど社会主義系運動に関与する有志によって軽費診療所や利用組合が開設された。

　ところで医療組合は医療の経済・供給両面のリスクを軽減させる仕組みであり,普及は既存開業医の脅威となる。また軽費とはいえ一部負担のある本制度は,疲弊した農民の根本的救済として限度があったため,内務省は国民健康保険制度導入を検討し始めた(高岡 2011:78-101)。医療の社会化は,医療の公営を志向する面があり,やがて国家主義的な国民医療法制定と日本医療団の創設へ転位していった(厚生省医務局 1976:293-295;清水 1977)。このなかで病院整備は,中央病院(東西2ヶ所)—県中央病院(47)—地方総合病院(588。加えて地方診療所)という3層制ネットワークを構想する現代的なものだったが,資材や資本の不足と戦局悪化に伴い,この構想は実現せずに敗戦を迎えた。

　(ii)　**GHQの改革と新生医師会の誕生**　　第二次世界大戦後の衛生行政は大きく変化した。GHQは軍医のサムス准将を公衆衛生福祉局(PHW)長に充てた。サムスは科学的専門性を重視し,1946年11月には厚生省に長を医師とする衛生3局(公衆保健,医務,予防)を設置した(サムス 2007:173-174)。当時の厚生行政は混乱をきわめていたが,サムスは衛生実態の把握に務め予防医学を推進した。サムスはとくに医療者の資質向上を重視し,医師教育の格差を許容せず,看護師等についても資格の根拠法整備を進めた。[6] 医師養成は新制大学に一

本化され,実地修練の修了が国家試験前に義務づけられた。また保健婦助産婦看護婦法が制定され,医薬分業徹底を前提に薬剤師の地位を向上させる方策もとられた。

医療機関に関する制度も変化した。病院は最低でも20床以上とし旧法から倍増させた。医師数や施設基準などの要件も設定したほか,総合病院制度や,公的医療機関制度の規定も設けた。また政府系病院の改廃を進め,旧軍病院を国立病院へ移管,医療団施設は府県へ移譲された(厚生省医務局 1976：434-446)。

医療制度のアクターとして注目すべきは日本医師会(日医)の台頭である。戦時体制に関与した各種医療団体が解散を余儀なくされたが,日医も例外でなかった。1947年夏にGHQの意向で,旧医師会が排除される形で任意設立・任意加入の学術的団体として新生日医が結成された。体制を一新した日医で急浮上した若手幹部に理事・武見太郎がいた(有岡 1997：1章)。

新旧医師会における大きな機能差は健康保険の事務費徴収権である。戦前の医療は自由診療が中心であり,保険診療は医師個人の裁量による慈善医療(施療)として実施されていた。専門職(プロフェッショナル)である医師の職務裁量を浸食する保険の受容は本質的に歓迎されないものだった。そのため,戦前に内務省社会局が健保制度を推進する際,保険事務を医師会に委託し事務費を支払うことで保険契約を成立させた。ところが新生日医は任意加入の学術団体なので,全員加盟組織ゆえの公共性も経済事務に関与する必然性も欠くために,新設された支払基金に保険事務が委任されたのは自然な流れであった(中静 1998：160-167, 302-305；有岡 1997：25-30)。

健康保険は1950年前後から急速に普及したが,診療報酬自体が医師にとって安価であり,また戦後インフレは報酬と診療実態の乖離を広げた。新設の支払基金事務は停滞し入金は遅れがちだった。医師の不満は膨張し,1951年5月に日医が主催した保険医全国集会では既に保険医総辞退が主張された。その主たる関心は収入確保にあったが,同時に患者の権利も侵される医療のあり方は望ましくない,という社会的正当性も有していた。

健康保険が医療にとって不可欠となり,報酬をめぐる紛争は医師界最大の関

図表3-1　病床数変化

年	総病床	結核病床	シェア
1950	275,804	65,579	23.78%
1951	313,504	84,352	26.91%
1952	358,478	102,215	28.51%
1953	387,402	166,871	43.07%
1954	461,927	210,062	45.48%
1955	512,688	236,183	46.07%
1956	559,249	252,803	45.20%
1957	598,892	261,375	43.64%
1958	631,397	263,235	41.69%
1959	662,233	260,104	39.28%

出典：『医制百年史資料編』表10より筆者改変

図表3-2　死因の変化 (カッコ内は人口10万対死亡率)

年	1位	2位	3位	備考
1935	結核 (185.6)	脳血疾 (165.4)	全肺炎 (186.7)	
1940	結核 (212.9)	脳血疾 (177.7)	全肺炎 (185.8)	
1950	結核 (146.4)	脳血疾 (127.1)	胃腸炎 (82.4)	
1960	脳血疾 (160.7)	悪性物 (100.4)	心疾患 (73.2)	結核 (34.2)
1970	脳血疾 (175.8)	悪性物 (116.3)	心疾患 (86.7)	結核 (15.4)

注：脳血疾＝脳血管疾患，悪性物＝悪性新生物，全肺炎＝肺炎＋気管支炎

出典：『医制百年史資料編』表3より筆者改変

心事となった。しかし健保の普及は医師にとっては偶発的な事象であり，医師が圧力政治に関与することは，意図して起きた現象でも主観的に望ましい帰結でもなかった。

　(iii)　**病院整備計画と公営主義の破綻**　　健康保険は重要な医療機能を有し始めたが，他方で経済的医療アクセスを改善されたのは中企業以上の被用者だった。市町村を保険者とする国保は財政状態が悪く給付水準は低い。また国保は任意事務なので農民や零細企業従業員など国民の3分の1が無保険状態にあった(北山 2011：60-63)。そこで国保法を改正し1961年に皆保険体制が成立したので保険範囲の改善は図られたが，医療が具現化するには，疾病ニーズに対応した高い水準の医療機関が遍く存在せねばならない。そして医療機会の偏りという問題こそ皆保険達成後に顕在化した。

　20世紀初頭の日本医療では，結核に対応する呼吸器内科が重視された。軍関係施設は結核療養所として活用されるなど結核病床のシェアが高かった（図表3-1参照）。しかし栄養状態の改善や抗生物質によって呼吸器系疾患は劇的に克服される（図表3-2参照）。

　その結果，新たな医療需要であるガンや心疾患，脳卒中などへの外科需要が

相対的に浮上した。また自家用車の普及は交通外傷への対応を求めた[8]。こうした先進的医療需要には大規模病院や病院群で対応するのが妥当である。また、医療では医療技術の高度化が医療費を増大させる。医療供給を拡大して格差を埋めつつ医療費を統制するには、医療の公営化が必要だった。しかも軍病院等が国営移管された時点で、公有病床シェアは高かった。

そこで厚生省は医療公営化に向けて検討を開始し[9]、「医療機関整備計画（1950年）」や「基幹病院整備計画要綱（1951年）」の公表にいたる。一方、医師会は医療機関の開設支援策（医療法人制度整備や医療公庫開設）を政府に求め、増大する医療需要の獲得を狙った結果、都市部を中心に中小規模病院の開設ブームが生じた。さらに1962年に議員立法で公的病床が規制された。

この間、武見太郎の率いる日医は強力な政治的影響力を保持し、とくに診療報酬の政治過程では連戦連勝に近い「戦果」を収めた。日医は保険医総辞退戦術を効果的に用いて政府から妥協を引き出したうえ、薬剤師や看護婦、病院との潜在的対立を抑え込んで正統な医療代表の地位を独占した。かくして、診療報酬の政治における日医の圧倒的なプレゼンスの前に厚生省は妥協を余儀なくされ、医療供給公営主義は事実上破綻したのである。

(2) 医療経済思想の台頭

戦前の健康保険は人頭割請負だったので、総医療費が年初に固定され、さらに医師会自体が保険事務を受託し管理する。ところが支払基金方式には、こうしたスタビライザー機能がない。医療公営による供給量統制ができない以上、診療単価をめぐる紛争は開業医の死活問題である。本来は供給拡大を志向する厚生省内部にも、医療経済のバランスを重視する考え方が台頭した。診療報酬の政治とは、日医と厚生省が激しく衝突する過程であったが、本節はその経緯とそこに内在したアイディアを素描したい。

(i) **中医協における診療報酬の政治過程**　社会保険の診療報酬とは、診療単価と一点単価の積である。そのため、どの医療行為を何点にするか、一点単価はいくらかが紛争対象となるし、供給側と負担側の「相場」の乖離も生じる。既に戦前には物資不足による薬剤費の高騰が生じ、価格決定への仲裁的介入が必

要だった。そこで1944年に社会保険診療報酬算定協議会を発足させ，保険・医療・公益三者による「医療の標準価格決定」を制度化し，保険制度の安定を図った。

1950年には中央社会保険医療協議会が発足し，その委員構成は支払側を加えた四者（各6，計24名）であった。その後1961年の改正中医協法では，支払と医療は各8，公益4の構成に転じ医療側が巻き返した（有岡 1998：52；結城 2004：131-132）。

中医協発足時の医療側の要求は，物価上昇に対応する単価改定や新技術を単価表に編入し保険医療とする，といった相応に切実なものだった。そのため前節(ii)で言及した1951年保険医総辞退運動では，総評や生協連，農民組合など左派との共闘が可能だった。他方で支払側や保険側は料率アップを警戒し，委員総引き上げで医療側に対抗した。しかし単価上昇という「果実」を獲得したのは医療側，とくに日医であった。これまで①武見会長の有する政治家とのパイプ（保坂 2001）や②国政選挙での選別推薦は医師会の圧力を強めた（田口 1969）ことが日医の勝因とされてきた。確かに吉田茂との姻戚は武見の地位を補強したが，彼の政治力は吉田退陣後に強さを増したこと，日医は以前から総辞退戦術を採っていたこと，武見は会長就任まで日医主流派でなかったことを考えると，こうした解釈は不十分である。

むしろようやく完成した皆保険制度を維持・成長させるために医療供給は欠かせなかったという構造的要因に着目すべきである。具体的には自社両党が政治レベルで福祉社会建設の業績誇示競争をしていた（カルダー 1989：304-21）とも言えるし，地方政府の保険運用能力が上昇し，医療需要が安定的に拡大した制度レベル（北山 2011：70-74）で理解することもできるだろう。

皆保険発足から10年ほど前，医療は回復のためでなく死ぬために向かう場所だった（サムス 2007：224）。医師は年間1,500人しか増えない（『医制百年史資料編』表12，昭和30年代平均値）。だからこそ医療政治アリーナで多数でなかった開業医たちの総辞退・一斉休診という「拒否権」はリアリティがあったのである。

(ii) **日本医師会と圧力政治**　　前項(ii)で述べたように，医師会の圧力活動は本

来の機能ではなかったが,結果として強い影響力を行使した。本段では具体的「勝利」を概説し,日医の影響力が限定的だったことを明示する。

　日医の医療行政への関心は次の3点にある。第1に診療報酬の値上げ,第2に開業医利益の保持,第3に医師会自治の堅持である。診療報酬の値上げ自体は医療界共通の利益だが,大型病院と診療所では経営上の利害が異なり,日医は開業医の利益を代表していた。以上の2点を制度的に支える前提として医師会自治の保持がある。具体的には日医が医療界の中核であり医師全体を正統に代表するので,各種委員の推薦権や政策上の拒否権をもつことを指す。これら3点への挑戦があった場合,日医は強く反発しそれを封じ込めて開業医の利益を確保した。ここでは後2者に該当する事例を概観する。

　日本の医療では,診療所医師が近世以来の供給原型となっているので,医療原価は薬剤費と技術料,設備投資(減価償却)が渾然としていた。GHQのサムスは医師を科学的専門職に位置づけたから,医療費は技術への対価であり薬剤料は付随的だと考えた(サムス 2007：220-223)。厚生省はこれに対応して,技術とモノの分離に基づく報酬のあり方(いわゆる「マル単」)を1951年後半より検討し始めた(有岡 1997：64-72)。とくに1954年不況と健保財政の赤字を契機として,技術料中心の抜本改革をめざした。加えて1958年には岸政権下で国民皆保険導入が正式に決まった。この時点では前項(ⅲ)で言及した医療供給公営主義が生きており,診療報酬を「近代化」すれば,公的色彩の強い病院基軸の医療体制が構築された可能性は高い。

　1957年,武見太郎が日医会長に就いた。武見はそれまで,医薬分業をめぐる混乱(1950)や健保赤字による報酬抑制問題(1954)で副会長を2度更迭されており,若くして日医幹部となった武見の道のりは順風満帆ではなかった。そのため(本来は直言居士であった)武見は会員の意向に配慮した。たとえばマル単から医師会委員を引き上げ,新報酬体系の審議を拒絶した。医療・保険の双方が枠組を信頼できないマル単は事実上破綻した。

　そこで厚生省は2つの体系に基づく新旧二表を提示し,各医療機関に選択させた。技術と薬剤を分離した甲表は病院に採択され,従来方式の乙表では上げ幅が抑制されたので開業医は減収に直面した。また(甲表に好意的な)日病幹部

の中医協委員と甲表撤回を求める日医執行部が対立し，厚相も巻き込んだ紛争に発展した結果，日医は1963年まで中医協から離脱した。

この事例では医療費の分配をめぐる医療者間の利害対立が存在する場合，日医は開業医側に立つこと，医療内における日医自治に挑む動きには強硬な手段を躊躇わないことが理解できる。実際に武見と日医は，私立の中小規模病院を中心に全日本病院協会を設立し，さらに医師に限らない選別推薦を1958年総選挙で実施し，甲表撤回と日病の弱体化を狙った。[12]二表は1994年まで存続するが，甲表による経営好転がわかりづらく，日医の組織的妨害もあって甲表の命運は尽きていた。

この時期，報酬の政治過程における基調は，医師会による拒否権発動と保険診療の停滞を恐れる政府の妥協であった。交渉では日医が優位に立つような政治力は存在したが，医療経済の構造的課題（技術料の評価）を解決するよりも問題の先送りに活用したにすぎない。この問題は医療費高騰でいずれ顕在化し，医療価格の「合理化」を迫られたとき，連勝に慣れた日医会員は，保険医総辞退を実行することで課題を抑制するほかない。1971年の夏に保険医総辞退を実施したとき，専門職的な福祉の庇護者という正統性[13]は失われ，医師という既得権者への大衆的反発は大きなものとなった。[14]医療は実施されるから稀少性が認知される。医療の矛盾を手つかずにして診療を放棄した専門家集団への視線は当然ながら冷えていったのである。

(iii) 「医療費亡国論」と医療行政　71年夏の保険医総辞退により政府を大きく譲歩させた日医は，報酬物価スライド制を要求し医師所得の安定を求めたが，こうした状況は原油危機により一変した。物価は73年に15％，翌年は20％の上昇を記録し，政府は戦後初の特例公債を発行する。政府・雇用主とも医療費支出の財政的余力を失いつつあった。

加えて疾病構造の変化がさらなる抑制を必要とした。高度経済成長期には衛生・栄養状態が改善され診療アクセスも向上したことで，日本は少子高齢化傾向が明瞭となった。高齢者は本質的に慢性疾患や加齢疾患のリスクが高いが，回復のために医療資源を大量投入する急性期医療を老人医療に適用すれば，医療費負担が増すことは明白だった。とはいえ，老人医療は革新自治体に対抗す

る自民党の政治的決断で73年に無料化したばかりであり，再有料化で財政規律を回復させるのは困難である。そこで厚生省は当面，新規老人保健制度の検討を進め，抜本改革に向け関係者の合意形成する機会を待った（幸田ほか 2011：71-73，80-83）。問題を根本的に改善するには，医療機能を分担再編し，過剰供給を抑制する必要がある。そこで81年に医療法を改正し，計画に基づいて医療需給を総合管理する行政を府県レベルで導入した。90年には療養病床区分を新設し老人医療費の抑制を図る（吉原・和田 2008：27章）。

この時期の社会保障費は支出額が大きくなり，医療資源の管理を厳格化する医療経済派が省内で台頭した[15]。省内で医療畑を歩んだ吉村仁・元厚生事務次官（1984-86）の「医療費亡国論（吉村メモ）[16]」は典型的な立論だった。吉村メモは，マクロ経済と医療需給のバランスを強調し，価格メカニズムによる受診抑制，病院と診療所の連携による医療資源の最大活用など，現代的な（医師にとっては管理色の強い）医療供給アイディアが展開されている。

財政再建をめざす大平，鈴木，中曽根の各政権で医療経済派の着想は主流となった。その制約内で医療福祉の具体策作成能力を有し，前提となる知識と問題意識をもっていたのは厚生省だった。診療報酬の政治とは対照的に，「歳入の政治」という新たな局面で厚生省がゲームを支配したのであった。

3 医療問題の多面性

前節では，日医と厚生省の対立関係を通じ医療の拡大と抑制を描いた。しかし医療政治とは医療経済の紛争にとどまらない。実際の「問題／課題」は多面的であり，関与者も多元的である。本節では医療をめぐる紛争と調整の変容を概説し，そのメカニズムを明らかにする。

(1) 80年代以後の医療問題

前節で述べた日医と厚生省の対立は，医療費用をめぐる政治過程である。しかし医療に関連する問題はそれ以外に広く存在する。とくに2000年代からは，主として現場から医療供給の疲弊を告発し，医療崩壊を憂慮する問題提起が続

いた。他方，国民（患者）からみた医療は情報の非対称性が大きく，「消費者」は品質管理・価格設定の双方で構造的劣位に立つ不条理を排除できない。具体的には医療の満足度（三分診療，薬漬け医療）や安全性（医事紛争）に関して国民は強い関心を抱いた。小説家山崎豊子の作品『白い巨塔』は大学医局の閉鎖性や医療事故に対する救済の不在を描くが，こうした関心は今日でも大きい。医師と患者の関係は切実な問題であるだけに，古くから人類学や社会学など多彩な分野の研究対象であった。医学界内部でも，社会的文脈で医療を捉える試みが蓄積された。1980年代に浮上した医療上の問題点は，概ね次の3点を挙げることができる。

　第1に，医療の安全性である。医療は応用生命科学に基づく「不安定な技術」なので，予期せぬ帰結が必ず生じる。そのため，医療水準を向上させるには，治療過程を検証し再発リスクを不断に減少させる必要がある。いわば「犯人追及」に代えて「原因を追究」するのである。具体的には航空機事故調査委員会の枠組を援用し，死因分析活動のモデル事業が2005年から厚労省および新設の日本医療安全調査機構で実施され，本格的な医療事故調査委員会の設立を射程に入れている。さらに医療訟務を迅速化するため，裁判所は2001年以後，東京・大阪をはじめとする都市部の地方裁判所に医療訴訟集中部を置いた。ただし原因となる技量の低い医師を制度的に排除できないことは一般患者の不安を解消していない。

　第2に患者主権である。これまで医師は，患者に（致死的な）病名告知をせず，最善の治療を当然に行うとするパターナルな存在とされていた。しかし現代では情報の主体は患者であり，たとえばセカンドオピニオンが保険点数化されるほど診療情報の位置づけは変化した。「患者さま」という呼称はとくに象徴的である。この言葉は90年代後半に登場し，当初は患者中心主義を体現する認知が主だった。従来の急性期医療では，ごく短期の入院で回復するので当面の不便はやむを得ないものと捉えていた。これに対し患者主権はQOL（生活の質）を重視する。サービスを受ける側からあるべき医療を発想することは，医療競争が厳しい現代医療で供給側に不可欠の視点となったのである。

　第3に消費者意識の医療への流入である。つまり国民はサービス消費者・納

税者として医療に対峙するのである。発端は健保制度改革だった。医療経済規律の保持に向け,80年代以後の健保法改正では加入者負担が増大し,医師の「言い値」を受容する余裕は失われていった。患者の負担を軽減するため,薬価改定や後発薬導入による薬剤費低減や医薬分業による薬量抑制が進められた。またかつてはへき地医療や高度特殊医療に伴う当然の処理だとされた一般会計の公立病院赤字補填に対して,厳しい批判が生じるようになった(宗前 2011)。公立病院は経営努力の不在によって赤字を生じさせる面があり,2000年代には病院事業の企業化を進め経営力の向上を図ろうとした。[34]

ところで以上の3点は,主として大規模病院に関係するため,医療の政治を日医と厚生省のゼロサム関係として理解するのは局所的であって,構造的/歴史的に「医療の中心」が診療所から病院に移動したことを理解しなければならない。病院は「大きな診療所」ではない固有の組織である。そこで次項では病院という機能が現代医療に及ぼす影響を考察する。

(2) 病院の世紀とその終焉

総医療費は,多くが病院で消費され,その傾向は長期にわたる(図表3-3参照)。つまり医療費は,診療所よりも病院で,とくに入院が長期化しやすい老人の「社会的入院」を抑制することが重要だった(猪飼 2010:233;印南 2009:とくに6章)。

歴史的にみれば医学は病院を基盤に発展したが,病院と医師の関係は医療発展の経路によって各国で大きく異なる。[25] 経済史家の猪飼周平はこうした経路を「病院の世紀の理論」として説明した。第1に医療供給は医師身分と病床開放性の組み合わせで規定される(図表3-4参照)。次に医師身分のあり方が医師養成過程を規定する。第3に病床の開放性は医師の開業意欲を規定する。日本の医師は専門医として養成され,また病床は内部メンバーのみに提供されるので医師は未来の開業を動機づけられる(猪飼 2010:1章)。2節(1)項で医療公営主義破綻の政治過程を素描したが,このように考えると多くの開業医が自前の病医院開設に向かうなかで公的医療機関シェアを高止まりさせることはそもそも困難だった。ただ,猪飼の理論は射程が長く,病院をめぐる政治的紛争を実証的に解明するのに活用しづらい。筆者はまず,病院という組織の特性を分析し

図表3-3　2011年度医療費構造（単位兆円）

総　計			37.8	
診　療 82.6%	医　科 91.50%		28.5	75.4%
		病　院	20.1	53.3%
		診療所	8.3	22.1%
	歯　科		2.66	7.0%
保険薬局			6.56	17.4%

出典：厚生労働省『平成23年度　医療費の動向』

図表3-4　医療供給タイプ

	身分原理	所有原理	開放原理
地　域	イギリス	日　本	アメリカ
身　分	専門医／一般医	専門医	専門医
病　床	closed	closed	open
病診機能	分　離	曖　昧	明　確

出典：猪飼（2010：図1-5）

たい。

　病院は診療，病棟，管理で構成される組織である。人的には医師が診察・手術cureし，看護師が病棟で看護careを行う。両者は異なる機能で，上下の関係にない。また両者とも排他的専門資格に基づく。このほか薬剤師や理学／作業療法士（PT／OT），放射線検査技師など多くの専門職が院内に勤務する。こうした資格職の「院内地位」は，社会的文脈に拠る。高度な薬学専門職としての病院薬剤師は，院外で同等の業務を行う場が少ないので，処遇に関する交渉力は低い。また，PTらは高齢者医療での収益確保に不可欠であるが，供給過剰で待遇は悪化している。いずれにせよ，疾病の複雑化は，病院組織がもはや医師を頂点としたピラミッド構造でないことを意味している。

　さらに病院経営環境の変化に対応するため病院管理部門の重要性が高まっている。[26] 院内の多様な専門職を管理する人事労務は，一般企業と大きく異なるし，診療報酬は装備と単価が比例するため，高収益に向けて人件費を高くするか否かは病院経営上重要な決断となる。また近年の新しい報酬体系として包括払いが開始されたが，これは院内の治療を標準化する必要があり，[27] 医療専門知の多寡と異なる経営のリーダーシップが求められる。

　総じて院内における組織権力の分散は多元化しつつ，調整機能の重要性も高まっている（宗前 2011：104-111）。また地域内で医療機能を相互補完するような「地域完結型医療」が推奨されており（島崎 2011：312-318），病院間交渉な

いしは地域内医療管理を可能とするマネジメントも必要性が増している。

しかしそうした人材養成は公式にも非公式にも未構築である。医師が院内管理職にいたる標準的な職務経路(キャリアパス)はなく，また地域医療マネジメントの主体は全く定まっていない。再び猪飼に従えば，「今日の医療は……解体する過程のそれ（猪飼 2010：1）」であるが，そうした混乱と不透明感は，院長や政策管理者という「担い手の不在」として表出していると言える。

(3) 医療という専門性の本質

前項では医療的専門性の変容（と社会の期待値変化）を描いたが，従来医療政策は閉鎖的で政策共同体の典型例として描かれることが多かった（新川 2005：261-266）。また医療経済指向の浸透を新自由主義的福祉改革という「アイディアの政治」で描く大嶽秀夫の分析でも，族議員と厚生省の視野が同期することを重視する点で政策環境の閉鎖性を強調している（大嶽 1994：158-161）。

福祉政策の管理は規範的価値に関連するだけに複雑であり，基礎的価値観を共有しないものを排除しやすい傾向をもつのは事実であろう。しかしこれまでの筆者の分析で明らかなように，「医療の専門性」とは医学知識それ自体と同一視できない。現代医療の専門性には制度設計（厚生省）や経営ないしリスク管理（院長），地域の医療資源管理（自治体官僚）も含まれる。そもそもそのような多面性を有する医療の専門性は誰が有する何をさすのか，という基本的外縁すら明瞭でない。だから医療をめぐる専門性の政治過程とは，個々の専門性を価値付けするメタ専門性の過程であったと言い換えることができる。そもそも医療政策とは何なのか。高齢者や障害者に対する生活支援を提供するのと同じ意味での「福祉」政策なのか。分析をまとめるにあたり，終節でこの問いをあらためて考えてみたい。

4 福祉国家における医療政策の位置づけ

これまで述べたように，医療政治とは診療報酬の紛争と供給体制の構築から成る。そうだとすると，医療政治とは，所得の再分配によって多数の厚生を向

上させる意味で「福祉」政治の一環と言えるだろうか。

　社会保険制度は疾病リスクを社会化するために存在し，徴収した保険料をプールして支払に備えるが，その料率設定は累進的ではない。日本の保険では制度間財政調整や一定の国庫補助があるため再分配性がなくはないが，その規模は大きなものではない。[29]

　医療供給体制の整備とは，医療機関をどこにどの程度配置し，そのマンパワーである医療職をどう育成し処遇するかということである。国民が負担可能な医療費に限度がある以上，雇用状況の影響力が大きい医療保険制度に総額が規定されるとはいえ，医療政治過程の大部分はそうした雇用福祉レジームの枠外で形成される。たとえば敗戦後の医療公営主義の破綻は「費用の政治」の帰結でなく，長期的には医療システム原理（前掲図表3-4の「所有原理」）の影響によって，短期的には1950年代の保健衛生環境が公営主義を許容しなかったことに起因する。[30]

　医療政策は，福祉国家の理解に用いられる福祉雇用レジームの理解（宮本2008：12-34。医療に関して同書：42-44）に適さない。診療報酬や保険料率の設定は労賃水準と関連するため雇用レジームとの整合性があるけれども，他方で日本では組織化されない中小企業（協会けんぽ）や農民・自営（国保）の比重が高く，雇用者／雇用主の意向が健保制度に反映する必然性がない。また，医師養成や病院開設については，雇用レジーム，福祉レジームともにその射程に収まらない。[31]

　次に診療報酬政治の言説に着目する大嶽の分析は医療政治の解明に有意義だろうか。大嶽は，82年健保法改正では，社民主義的勢力である労組と医師が分断され，厚生省と族議員の連合が医師会の影響力を医療経済言説で克服する「アイディアの政治」として描いた。この法改正過程だけを対象とすれば大嶽の分析に問題はない。しかし，繰り返し述べたように報酬改定の政治は医療政治の一部にすぎない。医療経済と医療供給をバランスさせる厚生省の政策努力が結実しつつあった時期に，「厚生省アイディア」の勝利が部分的に存在したが，80年代の医療政治全体が新自由主義一色に染まったとは言えない。

　本章の結論を端的に言えば，医療政治とは福祉体系の一環ではあるが，「福

祉政治」を構成する下位概念でないということである。また，医療体制の構築は長期にわたる実践であるために，アイディアよりもさらに長期的な射程である医療環境変化に対し，ステークホルダーがどう対応するかという視野が重要であった。医療政治とは独立性が高い政策領域であり，その分析にも独自性が求められているのである。

【注】
1）　19世紀後半の科学的進歩においては，細菌学の発展で病理認知が深まったこと，安全な手術を可能とする麻酔学の発達という科学技術的な要因が大きい（アッカークネヒト 1983：13章，16章；李 2000：59-72）。
2）　ヨーロッパの医療整備は教会など非国家的主体が中心となった。また中世都市では公医が病院長に就いて公衆衛生と医療供給を推進した。いずれも近代国家直営による整備と異なる。
3）　19世紀中期の京都（人口30万）で317名の医師（産科14名）がおり，近世京都の医師は一定の充足をみていた（杉立 2002：184-186）。江戸では奥医師（江戸城詰め）と町医者に身分差があった（新村 2006：102-115）。町医者は自前の診療所で無償の医療行為を行い，調剤する漢方薬によって収入を得た。こうした就業形態が現代にいたる医療政策上の医師原型となっている。
4）　千葉・新潟・金沢・岡山・長崎・熊本ら官立医大のほか，京都府立，東京慈恵会，日本医科，慶応などが含まれる。
5）　大正5年9月に医術開業試験が終了し医師免許は医学校卒業生に限定された。
6）　サムスは教育水準の低い医専卒の医師を「二流の医者」と断じた。こうした医師は都市部に留まれず「都落ち」して地方で開業する。その結果生じる患者の受診格差を不公正と考えたからである（サムス 2007：195-210）。
7）　戦後に移管された国立146病院（72,000床）は，統廃合（35院）や地方移譲（10院），および療養所へ転換（40院）を経て昭和29年には74院となった（『病院』28巻1号［1969］：47-49）。また療養所は傷痍軍人療養所や医療団施設などを母体にしている（厚生省 1976：441-443）。
8）　具体的には1963年に消防法が改正され市町村消防での救急業務が法制化されたほか，翌64年には救急指定病院制度が導入された。
9）　とくに1947年ごろは移管施設を中核とした公営医療論が盛んで，厚相を会長とする医療制度審議会ではそうした論調が強かった（朝日新聞 1947／3／2，6／11）。
10）　ここで言う利益には診療報酬など経済的なものを主とするが，税制や医師養成の制限，准看護婦制度など開業医制度を総体的に保持するものも含める。
11）　1952年6月には閣議決定に基づき「臨時医療保険審議会」が発足した。単価のあり方を審議する委員会なので「マル単」と呼称された。公益・診療・保険の三者が6名ずつ

委員を選出したが，この後医師会の反対でマル単審議はたびたび中断する。
12) 日医推薦候補は自民党270名中214名（79%），社会党82名中70名（85%）が当選している（田口 1969：191-196）。田口富久治によれば，日医のロビイングはいわゆるボス交とは異なる組織的な活動であり，落選を恐れる政治家に対しては十分な圧力になったと指摘している。
13) 1961年に保険医総辞退直前まで紛糾した報酬問題において，武見会長は田中角栄・自民党政調会長と合意事項を結び，将来的な医療制度のあり方に関する方向性を明文化した（いわゆる武見四条件）。保険制度の抜本改正や資本主義下における診療報酬制度のあり方検討，医師患者関係の自律性保持などに加えて，医学の教育研究に厚みを持たせて国民福祉の向上を図ることが示され，医師の安定が医療の進歩と国民福祉の向上を生むという論理が示されている（吉原・和田 2008：244-246）。ただこの四条件に示された発想は医師の優位を前提とした伝統的な医療観であり，患者の視点に立つものでないという批判がある（保坂 2001：262-265）。
14) 当時の世論は政府や日医の双方に医療の抜本改革への取り組みが不十分だと批判する姿勢もある（朝日新聞1971年7月29日2面「成算あるか抜本改正」，同3面「改善の具体保障なし　医師会の圧力に屈した厚生省」）が，過剰投薬問題への批判や乱診乱療の放置，現場医師の徒労感など総じて圧力団体としての日医の行動を非難する論調が目立つ。
15) 吉村の後を襲った医療畑出身の次官幸田正孝は，省内の組織秩序において戦後当初は生活保護を扱う社会局が重視され，徐々に保険や年金担当部署の序列が上がっていった感覚を内部者として述べている（幸田ほか 2011：12-13）
16) 吉村仁（1983）「医療費をめぐる情勢と対応に関する私の考え方」社会保険旬報1424号。本文書は行政実務家が状況と選択肢を整理したメモと見るのが正当な評価であり，吉村が「日医の医療で国が破綻する」と積極的に主張していたものではない。ただし医療経済派を代表する吉村が実際に危機感を有していたことは間違いない。
17) 代表的な作品は，以下の通り：鈴木厚（2003）『日本の医療に未来はあるか』ちくま新書；本田宏（2007）『誰が日本の医療を殺すのか』洋泉社；小松秀樹（2007）『医療の限界』新潮社。著者らは政府が採った医療費抑制策が現場で（とくにマンパワーを中心に）限界に近づいていることを訴えている。また政策的価格設定による過剰需要の発生が医療崩壊を生むという経済学者の指摘は以下を参照：鈴木亘（2010）『財政危機と社会保障』講談社。
18) 医事紛争に関しては以下の通り：押田茂實（2005）『医療事故』祥伝社；貞友義典（2005）『リピーター医師』光文社；出河雅彦（2009）『ルポ医療事故』朝日新聞社。
19) 医療に関する根底的な問いにフーコー（1963＝1969）『臨床医学の誕生』みすず書房，神谷美恵子訳がある。またパーソンズは医療社会学の始祖と呼ばれる（高城和義［2002］『パーソンズ』岩波書店を参照）。
20) 在野の医療史家・川上武や大阪大学名誉教授の中川米造らが代表である。川上武(1961)『日本の医者』勁草書房や中川米造（1993）『素顔の医者』講談社を参照。

21) アメリカでは事故後，有責の医師に対する賠償責任保険料率が加算され，3回以上の事故で実質的に廃業を余儀なくされる。日本の医療賠償責任保険は日医が運営しており，事故と料率は連動性しないので保険によるスクリーニング機能がない（貞友，前掲，88-103頁）。
22) 医師の態度を批判的に考察するもの（中川，前掲，1章）に対して，近年は医師の発想法が患者に伝達不全を起こす主因だと考える関係概念的理解（尾藤誠司（2010）『「医師アタマ」との付き合い方』中央公論新社）が見られる。
23) 『朝日新聞データベース・聞蔵Ⅱビジュアル版』で筆者が「患者さま」「患者様」を検索した結果による。90年代初頭においては医療関係者のオピニオン欄投稿で患者に言及する場合に限られていた。そういう呼称に批判的な意見が生じるのは2005年ごろからである。この用語は近年，医療崩壊の原因である患者の要求過多を象徴する用語であるとして医療関係者からの評価はきわめて低い（里見清一［2009］『偽善の医療』新潮社，9-20頁）。他方で良質の医療で評価の高い亀田総合病院では現在でもこの呼称を徹底している。
24) 病院事業は公営企業会計だが事業管理者を置かない自治体が多かった。そこで公営企業法を全部適用して管理者を置くことが2000年代に一般化した。また病院事業の赤字は，納税者の代理人である知事（部局）が一般会計から病院会計に操出金を支出することで補填する。この際，厳しい説明責任を課し，事業健全化計画をはじめ諸改革を採ることを病院側に義務づける例が増加した（宗前 2011）。
25) 詳しくは注19のフーコー前掲書。臨床教育は患者収容所であった病院（ゲストハウス）に附設された医学校において16世紀ごろに開始された。
26) 日病は病院経営管理士資格を設定しバックオフィスの資質向上に注力している。東京大学では大学院レベルの有期プロジェクト（2004-2009）としてHSP／医療政策人材養成講座を設置した。また国際医療福祉大では恒常課程として大学院医療福祉経営専攻を設置している。
27) 定額払い（DPC／DRG）は標準治療経路を設定して適正な診断群分類（コーディング）を実施し，厳密な原価管理をする必要がある点で，医療技術と異なるマネジメントが必要となる。
28) たとえば県庁内医系官僚と保健師官僚の棲み分けが不十分で，一般行政職は専門知識に欠ける。議会に医療系「族議員」などおらず，政官両者が社会に介入するルートが事実上ない。
29) 市町村国保は総額10兆円のうち35％程度が，協会けんぽは総額5兆円のうち24％程度が国庫補助金であるが，組合健保や共済の場合は国庫負担がほぼ存在しない。また退職者や後期高齢者への現役世代（健保制度）による拠出や支援はあるが，高疾病リスクの年齢区分に対する負担の平準化ではあっても再分配とまでは言えない。
30) 医療機関への設備投資は国民病である結核対策を中心に行われ，またその他の公的医療機関との連携が不十分であった。医師養成（文部省）と医療機関計画（厚生省）の調整が十分でなかったために公営主義の前提が成熟しなかったことによる（宗前 2012：

119-120, 128-129)。
31) 猪飼は病院研究がエスピン・アンデルセンらの福祉レジーム論に対する有力な対抗理論となりうると明確に述べている。本文に筆者が示したように，医療システムの際は権力資源の動員と異なったところが発生しているからである（猪飼 2010：53）。

〔参考文献〕
アッカークネヒト，エルウィン・H（1983）『世界医療史』井上清恒・田中満智子訳，内田老鶴圃
有岡二郎（1997）『戦後医療の五十年』日本醫事新報社
猪飼周平（2010）『病院の世紀の理論』有斐閣
市川喜崇（2012）『日本の中央―地方関係』法律文化社
井上清恒（1968）『医学史概説』内田老鶴圃
印南一路（2009）『社会的入院の研究』東洋経済新報社
大嶽秀夫（1994）『自由主義的改革の時代――1980年代前期の日本政治』中央公論社
川上武・小坂富美子（1992）『戦後医療史序説』勁草書房
カルダー，ケント・E（1989）『自民党長期政権の研究――危機と補助金』カルダー，淑子訳，文藝春秋
鬼嶋淳（2008）「戦時・戦後保健医療問題と農村社会」民衆史研究75号
北山俊哉（2011）『福祉国家の制度発展と地方政府』有斐閣
厚生省医務局（1976）『医制百年史（記述編・資料編）』ぎょうせい
幸田正孝ほか（2011）『国民皆保険オーラル・ヒストリーⅠ』医療経済研究機構
サムス，C・R（2007）『GHQサムス准将の改革――戦後日本の医療福祉政策の原点』竹前栄治訳，桐書房
清水勝嘉（1977）「戦時体制下の公衆衛生（第1報　序説）」防衛医科大学校雑誌2巻1号
島崎謙治（2011）『日本の医療』東京大学出版会
新川敏光（2005）『日本型福祉レジームの発展と変容』ミネルヴァ書房
新村拓（2006）『日本医療史』吉川弘文館
杉立義一（2002）『お産の歴史』集英社
宗前清貞（2012）「自民党政権下における医療政策」『年報政治学2012-Ⅰ』木鐸社
宗前清貞（2011）「自治体における経営の限界と公共性」年報行政研究45
高岡裕之（2011）『総力戦体制と「福祉国家」』岩波書店
田口富久治（1969）「『圧力団体』としての医師会」田口富久治『社会集団の政治機能』未來社
中静未知（1998）『医療保険の行政と政治――1895～1954』吉川弘文館
野村拓（2009）『講座医療政策史』桐書房
藤田博之（1995）「医学教育の改革」中山茂『通史日本の科学技術　第1巻』学陽書房
保坂正康（2001）『天皇が十九人いた』角川書店
結城康博（2004）『福祉社会における医療と政治』本の泉社

吉原健二・和田勝（2008）『日本医療保険制度史〔増補改訂版〕』東洋経済新報社
李啓充（2000）『アメリカ医療の光と影』医学書院

第4章　都道府県知事選挙の構図

丹羽　功

1　候補者からみた都道府県知事選挙

　本章は都道府県知事選挙の候補者の属性の推移を検討し，そこに現れた知事選挙の構図と地方政治の特徴について考察する．一般に知事をはじめとする首長の経歴は，政党や有権者が候補者を認知し選択する際の重要な情報であり，政党や有権者がどのような首長を志向していたかの手がかりを提供する（河村 2008：15）．首長選挙の候補者がどのような経歴をもっていたかを集合的に検討することを通じて，日本の地方政治の一側面を理解しようというのが本章の意図である．

　地方選挙についてのこれまでの研究は主として首長選挙を対象とし，政党が地方選挙にどのように関与しているかという問題については，相乗り選挙の研究を中心にかなりの研究成果が存在する（佐藤 1997；石上 1999；辻 2010；馬渡 2010）．その一方で知事および知事選挙の候補者についての研究は，特定の時期を対象とした候補者の分析や，政党内部での候補者選考といったテーマを扱ってきた．

　都道府県知事の選挙が，知事当選者あるいは候補者の属性という面から注目を集めた時期は2つある．1度目は1970年代末の革新自治体の終焉期とされる時期であり，知事に就任した者の経歴や出身が関心の対象となった．2度目は1990年代後半の政界再編と選挙制度改革の時期であり，国会議員の地方政治への転出が注目されている．

　1979年の統一地方選挙においては，東京都・大阪府で革新政党に擁立され

た知事から自治官僚出身・与野党相乗りの知事への交代が生じ，神奈川県や島根県では革新系の知事が2期目を迎える際に自民党からの支持も受けるようになった。その前年には京都府で7期28年間知事を務めた蜷川虎三が引退し，自民党の参議院議員であった林田悠紀夫が府知事選で当選している。

　革新自治体の退潮と，中央省庁出身者の知事ポストへの進出を扱った同時代の研究は，「どのような者が知事に就任したか」を主な分析の対象としながら，官僚出身者が増加した理由を考察している。そこでは1970年代末の自治体財政の悪化を背景として，中央官僚出身者の実務能力，中央へのパイプ，党派からの中立性といった特性が評価されたことによって，官僚出身の知事が増加したと考えられていた（高寄 1981；居安 1983；佐々木 1984；大森 1986）。

　これらの研究は府県が直面する問題の性質が変化したことによって，中央官僚出身知事が増加してきたと考える。だが昭和30年代に5県が財政再建団体となるなど，全般的にみれば55年体制初期の方が府県財政はより深刻な状態にあったが，その時期には中央官僚出身の知事は増えていない。[1] 知事の経歴を官僚・政治家・学者という3類型に分類している点も含めて，80年代初期に行われた研究は，学者出身知事をトップとする革新自治体が衰退し，中央官僚出身知事による保守的な自治体行政に取って代わられているといった同時代的な認識を強く反映している。このために70年代末という特定の時代状況，および革新自治体が存在した大都市圏を前提とした説明となっており，それ以前の時代や大都市圏以外の状況を考慮した場合には妥当な説明とはなりにくいという問題をもっている。

　知事の経歴に再び注目が集まるのは1990年代半ばである。1993年以降の政界再編のなかで登場した新生党・新進党は，知事選挙においても自民党主導の相乗りに参加せず，独自の候補者を各地で擁立し，1995年には青森県・岩手県・三重県で新進党系の候補者が当選した。この時期から国会議員が首長選挙に転出する例が増え，その傾向は新進党解党後も続いている。

　90年代後半の知事選挙についての研究は，上のような現象を背景として，国会議員の地方政治への転出を分析するものであった。つまり革新自治体終焉期を対象とした研究とは異なる関心から，環境の変化の中での国会議員の転身

を中心とした行動に分析の焦点が合わせられている。白鳥浩（1998）は国会議員の知事選への転出を「長崎現象」と命名して政界再編の地方への波及を検討し，国政レベルでの政党の再編・選挙制度改革が候補者選択や代議士系列に及ぼす影響を観察している。また砂原庸介（2011）は国会議員の首長への転出について分析し，衆議院の選挙制度改革によって選挙競争が激しくなったことと分権改革によって首長の仕事が重要化したことが国会議員の志向を変化させ，その結果として主として市町村長への転出が増加したと主張している。これらの研究は90年代以降の地方政治への国会議員の進出について多くの知見を提供しているが，分析の対象と時期を限定しているために，この時期の地方政治におけるリクルートメントの全般的な傾向をみることには向いていない。

　本章では上で言及した先行研究を参考にしながら，知事選挙候補者の経歴についてより長期間の推移をみることを通じて，知事選挙の構図の推移を概観し，そこで観察される現象について従来の研究とは異なった解釈を提示する。

2　候補者の経歴の検討

(1)　知事候補者の経歴

　55年体制期以降の知事選挙を候補者の経歴という面から考えるために，以下の部分では1956年から2007年までに行われた知事選挙の主要候補者の経歴を分類し分析する。ただしいわゆる泡沫候補は対象から除外し，得票数が登録有権者数の10％をこえた候補者を分析の対象とした。首長選挙の投票率は30％台となることも珍しくなく，棄権も含めての有権者の意思ないし選択を把握するためには，投票数ではなく有権者を分母として得票をみる方が妥当と思われる。

　分析では知事の任期である4年を1つの期間として，その間に行われた選挙への立候補者の動向を検討する。分析のために候補者の経歴を以下のように分類した。

　①国家公務員　中央省庁に採用され，議員や首長といった公選職を経験せずに知事選挙に立候補した者。官選知事経験者，および中央省庁入省後に府県に

幹部として出向した者もここに含める。

　②地方公務員　都道府県職員として採用されて自治体内で昇進し，公選職を経験せずに知事選挙に立候補した者。なお，国会議員・地方議員を経て副知事に就任した例があるが，その場合は③または④に分類した。

　③国会議員　知事選挙立候補以前に国会議員に当選したことがある者。

　④地方議員　知事選立候補以前に地方議員に当選したことがある者。1人の候補者が地方議員と国会議員の両方を経験している場合には，国会議員として分類する。

　⑤首長　知事選挙立候補以前に市町村長に就任したことがある者。現職の知事が再選をめざして立候補した場合にはここには含めないが，知事経験者が他府県の知事選挙に立候補した場合にはこの分類に含めている。首長と国会議員の両方の経歴をもつ場合には，より新しい方の経歴を優先した。

　⑥政党役員　政党の中央・地方の組織において役職にある候補者で，上記の①〜⑤の分類に該当しない者。

　⑦団体役員　各種団体において役職にある候補者で，上記の①〜⑤の分類に該当しない者。ただし，県職員や教員の組合の役員は②や⑧でなくこの分類に含めている。

　⑧教員　教員および研究者の経歴をもち，上記の①〜⑤に該当しない者。

　⑨法曹　弁護士・裁判官・検察官の経歴をもち，上記の①〜⑤に該当しない者。

　⑩その他　企業経営者，マスメディア関係者，タレントなど，上記の分類に当てはまらない候補者。

　上記の分類に基づいて知事選挙の候補者と当選者の経歴の推移を示したものが図表4-1である。1956年から2007年の間に行われた知事選挙において絶対得票率が10％を上回った候補者のうち，経歴が判定できなかった者を除いた1,055名が分析の対象である。知事選挙の形態を詳細にみていくと府県ごとの特色や個別事情がかなり強く存在するが，その一方で時代ごとの全国的な傾向も相当程度観察できる[5]。

　より細かな区分ごとの分析は次節以降に行うが，全般的な傾向で注目すべき

図表4-1　知事候補者と当選者の経歴一覧

年	国家公務員	地方公務員	国会議員	地方議員	首長	政党役員	団体役員	教員	法曹	その他
1956-59	34	3	24	6	5	1	5	2	1	1
（当選者）	18	3	15	2	4	0	2	2	1	0
1960-63	27	7	27	10	6	1	1	1	4	4
（当選者）	20	3	16	2	3	0	0	1	2	1
1964-67	21	5	27	8	2	5	2	4	2	2
（当選者）	15	5	19	1	2	0	1	2	2	0
1968-71	23	8	28	4	4	7	3	5	2	0
（当選者）	17	7	14	1	2	0	1	3	2	0
1972-75	22	12	27	5	6	4	3	9	4	0
（当選者）	16	8	14	2	1	0	1	6	0	0
1976-79	23	10	22	10	5	4	6	6	1	0
（当選者）	19	7	12	5	2	0	1	3	0	0
1980-83	18	9	17	6	3	6	6	5	3	1
（当選者）	17	8	11	5	2	0	1	4	0	0
1984-87	21	13	10	8	3	4	3	3	2	2
（当選者）	20	10	9	4	1	0	0	2	0	1
1988-91	27	10	12	6	3	2	3	7	4	5
（当選者）	23	8	7	4	2	0	0	3	0	2
1992-95	28	12	17	4	4	0	2	6	1	3
（当選者）	25	9	8	0	2	0	0	1	0	3
1996-99	25	12	14	0	3	3	4	5	0	6
（当選者）	24	7	8	0	3	0	0	0	0	4
2000-03	31	8	16	6	7	0	5	6	2	12
（当選者）	25	4	10	1	5	0	0	0	0	7
2004-07	28	2	17	5	11	3	3	2	1	8
（当選者）	24	0	14	2	4	0	0	1	0	3

出典：筆者作成

点は次のようになる。図表4-1の対象期間は知事公選の開始から10年目，4回目の選挙から始まるが，その時点で候補者・当選者ともに公務員（国家公務

員＋地方公務員）と政治家（国会議員＋地方議員＋首長）がほぼ同数となっている。この状態は1970年代末まで続き，その後は候補者・当選者ともに公務員の比率が上昇するとともに，相乗り型選挙の拡大によって候補者数自体が80年代から90年代にかけての期間には減少している。

　またこれまではあまり強調されてこなかったが，55年体制初期から国会議員を中心とした政治家は知事選挙に進出していた。当時の地方自治は自治の未発達，中央による地方支配の持続といったような表現で語られていたが，少なくとも知事選挙の人的構成については，知事公選制施行から10年で知事のほぼ半数が公選職出身であるという点で大きな変化がみられる。

　全時期を通じた知事選挙の構図を概観すると，55年体制初期の知事選挙は公務員出身者と政治家出身者から構成される与党系候補者と，中央・地方の政治家から構成される野党系候補者によって展開された。そこでは地域開発と保革対立という本来的には次元の異なる問題が結びついて与野党間の争点となっていた（大嶽 1981）。革新自治体期には野党側の候補者で教員の比率が上昇したが，選挙の基本的な構図はそれ以前の時期と同じである。候補者の構成や選挙の図式に変化がみられるのは1970年代末と90年代後半であるが，そこで生じた変化については次節で検討する。

　なお図表4-1には共産党が単独で擁立した候補者の多くが含まれていない。これは低投票率の選挙，または野党系の候補が競合するような選挙において，共産党系候補が絶対得票率で10％以上という基準をクリアできない場合が多かったことによるものである。

(2) 党派別の候補者の経歴

　ここでは候補者を政党との関係に基づいて区分し，それぞれの政党がどのような候補者を擁立・支援しているかを検討する。地方選挙における政党と候補者の関係は相乗りや分裂選挙のために不規則な部分を含むが，本章では政党からの公認・推薦・支持の有無によって政党との関係を判断している。

　(i) **与党系候補者**　　与党系候補者とは自民党が支援する候補者であり，自民党が単独で支援する候補者だけでなく与野党相乗り候補も含めている[6]。与党

系候補者は1995年頃まではほぼすべての府県で立候補しているが、90年代後半から無党派候補の増加とともにその数が減少する傾向があり、2004年から07年の期間には32名まで減少している。

当選する確率が高いために、与党系候補者の経歴にみられる傾向は知事の経歴の傾向と類似したものとなる。1960年代から70年代には国家公務員と国会議員がそれぞれ候補者の4割前後を占めて主要なリクルート源であったが、80年代以降には国家公務員が各期間とも22名前後と半数を占めるのに対して国会議員は10名前後まで減少している。地方公務員は1980年代から90年代には全体の2割前後を占めているが、それ以外の期間は少ない。地方議員と首長は合計しても各期間に数名である。

(ii) **革新系候補者** 革新系候補者とは、主に社会党を中心とした55年体制期の野党が支援する候補者で、自民党の支援を受けていない者である。[7] 共産党単独候補を除いた革新系候補者は、1950年代後半から70年代までは24名前後であり、全府県の半数程度で立候補していることがわかる。ただし1972年から75年は38都道府県に革新系候補者がいることが、当時の革新自治体の勢いを示している。1980年代には相乗り選挙の進行に伴って候補者のいる府県は全体の4分の1程度に減少し、90年代以降には各期間の候補者数は一桁に減少している。[8]

候補者の経歴をみると、ほとんどの期間において中央・地方の政治家が候補者の半分以上を占めることと、地方政治家の割合が与党系候補者よりも高いことが注目される。逆に革新自治体期に注目された教員出身候補は数的には少数であり、大都市を中心とした一部の成功例のイメージが増幅されているといえる。

共産党が単独で擁立した候補者は、社会党や中道政党が相乗りに転じるのと並行して得票率の条件をクリアする候補者が増加する。その多くは共産党の地方組織の代表者であるが、近年では団体や市民運動の代表者が増加している。

(iii) **新党系候補者** 社会党をはじめとする55年体制下の野党は、1990年頃には自民党との相乗りを選択して知事選挙で独自の候補者の擁立を行わなくなり、政界再編による国政政党としての衰退も伴って、知事選挙における重要性

を失った。代わって90年代に登場した新生党・新進党・民主党などが知事選挙に参入する[9]。

　これら新党が自民党と相乗りせず独自に支援した候補者は20名である。経歴の内訳は国会議員8名，国家公務員5名，地方公務員・首長・教員が各2名，団体役員が1名であり，与党系候補者と類似したものとなっている。候補者に占める国会議員の多さは，新党は地方組織が発達していないために他のリクルート源が乏しいことが原因と考えられる[10]。

(ⅳ)　**無党派の候補者**　　政党の支援を受けていない候補者が相当数の得票を記録することは，55年体制期には保守分裂選挙のような例外的な場合に限られていた。だが1990年代後半から政党の支援を受けない候補者が大幅に増加し，そのなかには現職の知事も含まれていた。1996年から2007年までの期間には82名の無党派候補が観察されるが，この数は1956年から95年までの合計35名の2倍以上である。その内訳で最も多いのは国会議員23名，次に国家公務員18名であり，その一方で政治家・公務員以外の出身者も18名いる。無党派候補者には従来から存在した分裂選挙の当事者に加えて，政治家や官僚で党派色がつくことを嫌った者と，政治以外の世界から参入した者という3種類の候補者が含まれている。

(3)　初当選時期ごとの知事の経歴

　知事の経歴についての先行研究は，特定の時期に特定の経歴をもつ候補者が知事に就任していることに注目している。知事選挙では多選も多いため，すべての候補者を対象とした分析では，それぞれの時代においてどのような経歴を持つ者が候補者として政党に好まれ，有権者からの支持を受けたのかがわかりにくい。このために対象を時期ごとの初当選者に限定して，その経歴を示したものが図表4-2である。各時期の人数が少なく，また知事の交代が一定していないという問題はあるが，この図表から時代ごとの傾向は把握できると思われる。

　前述のように1979年の統一地方選挙の時期に官僚出身知事の増加が注目を集めたが，実際に初当選者に占める国家公務員出身者の比率はこの時期に最も

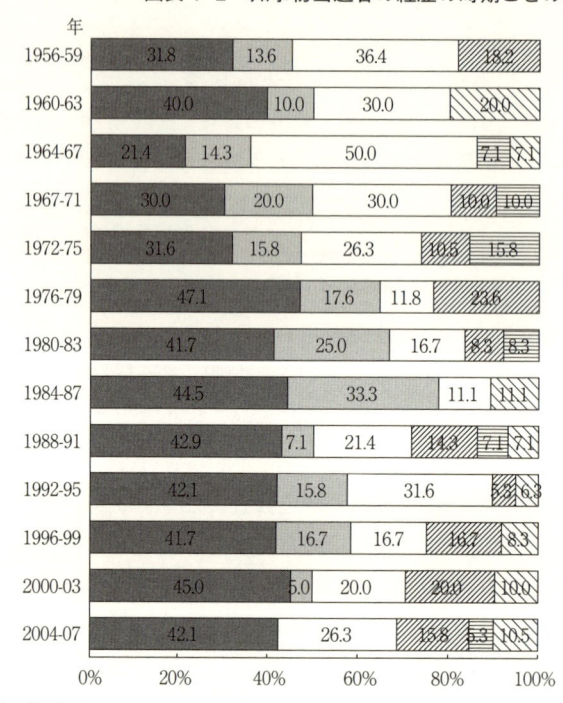

図表4-2 知事初当選者の経歴の時期ごとの推移

年	国家公務員	地方公務員	国会議員	地方議員+首長	教員	その他
1956-59	31.8	13.6	36.4	18.2		
1960-63	40.0	10.0	30.0	20.0		
1964-67	21.4	14.3	50.0	7.1	7.1	
1967-71	30.0	20.0	30.0	10.0	10.0	
1972-75	31.6	15.8	26.3	10.5	15.8	
1976-79	47.1		17.6	11.8	23.6	
1980-83	41.7	25.0	16.7	8.3	8.3	
1984-87	44.5	33.3		11.1	11.1	
1988-91	42.9	7.1	21.4	14.3	7.1	
1992-95	42.1	15.8	31.6	5.3	6.3	
1996-99	41.7	16.7	16.7	16.7	8.3	
2000-03	45.0	5.0	20.0	20.0	10.0	
2004-07	42.1		26.3	15.8	5.3	10.5

出典：筆者作成

高くなっている。その後1980年代以降も国家公務員出身者の比率は40％台が続いており，他の集団の動向にかかわりなく一定のシェアを保持している点は注目される。

　国会議員出身者は1960年代までは大きな割合を占めていたが，70年代後半には知事選挙への参入が減少し，90年代以降は各期間5名前後で推移している。90年代後半以降に国政から地方への転出が注目されたが，当選者数でみると国会議員出身者の増加はそれほど顕著ではない。地方公務員出身者は1980年代に増加したが，その後減少している。

3 候補者からみた知事選挙の転換点

どのような候補者によって選挙競争が行われるかという点から知事選挙をみた場合に，大きな変化が観察されるのは1970年代末と90年代後半である。地方政治における転換点という場合には，まず1960年代における革新自治体の台頭が想起される。だが候補者の経歴と選挙競争という面から考えた場合，1970年代後半までの革新自治体期の選挙競争は保革対立の図式が継続したものである。候補者構成の面でも，注目された学者出身者の数および割合は全国でみると小さく，それ以前の時期との連続性の方が強い。それと比較して70年代末と90年代後半の変化は，より全国規模で観察されるものであり，選挙競争という面からはより重要であると考えられる。

本節ではまず70年代末から90年代前半にみられる特徴を，政治家の退出とキャリアパスの地方化という2つの点について考察する。その後で90年代後半以降の知事候補者にみられる特性について，脱地方化という共通点があることを示す。

(1) 政治家出身者の減少

政治家出身の候補者と公務員出身の候補者の数の推移をみると，1960年代から70年代には政治家が公務員を上回っているが，1980年を転換点として，それ以降は公務員が政治家よりも多数となる（図表4-3）[11]。こうした候補者の出身構成の変化は，政治家が知事選挙に参加しなくなったことによって生じた。

政治家のなかでも知事候補者の中心となってきたのは国会議員である。本章が対象とする期間に国会議員出身の知事候補者は延べ258名おり，そのうち与党系の候補者が139名と半数強である。裏を返せばそれ以外が約半数ということであり，野党の候補者のリクルート源，あるいは保守分裂選挙の原因としても国会議員は重要であったということになる。だが図表4-1でみたように[12]，国会議員の知事選挙への転出は1980年代には減少し，その後90年代以降も70年代以前の数字には回復していない。

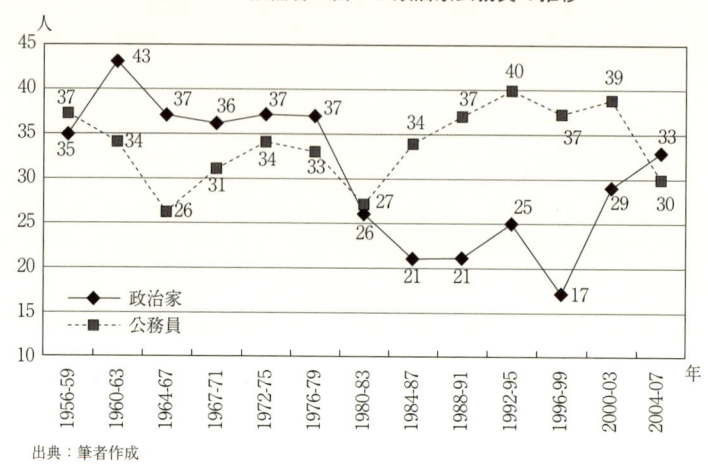

図表4-3 候補者に占める政治家公務員の推移

年	政治家	公務員
1956-59	35	37
1960-63	43	34
1964-67	37	26
1967-71	36	31
1972-75	37	34
1976-79	37	33
1980-83	26	27
1984-87	21	34
1988-91	21	37
1992-95	25	40
1996-99	17	37
2000-03	29	39
2004-07	33	30

出典：筆者作成

　国会議員から知事への転身についての研究はこれまでも行われており，知事に転身しようとする国会議員は府県全体を選挙区とする参議院議員が多いことが指摘されてきた（佐藤・松崎 1986：234-237）。また知事選挙に立候補して当選できた国会議員は，相対的に当選回数の多い議員であったことも観察されている（砂原 2011）。

　片岡正昭は自民党の知事候補者選定過程を検討し，政治家出身者の減少は相乗りの増加などの要因よりも自民党の国会議員が直面する誘因の変化によって規定されると主張した。この仮説では，自民党国会議員の昇進ルールとして当選回数主義が制度化されたことによって国会議員から知事へのキャリアコースの転換が抑制され，知事選挙からの政治家の退出が生じたとされる（片岡 1994a）。政治家の動機の変化による説明は自民党については説得力があるが，大臣ポストに無縁の野党の国会議員には当てはまらないという問題がある。

　野党の国家議員の場合を考えるために少し角度を変えて，知事選挙に立候補した者が国会議員に転身する場合について検討する。知事選挙に立候補した後，国政選挙で当選した者は1956年から2007年の間に76名おり，そのうち37名が社会党の国会議員となっている。これら社会党系の候補者には，多賀谷真稔・

田辺誠・久保亘といった落選中の有力議員が知事選挙に立候補した後すぐに国政に復帰するケースと，五十嵐広三のように地方政治家が知事選挙を通じて知名度を上げて国政に進出するケースの両方が含まれている。このような事実からは，国政選挙の合間に行われる知事選挙に立候補することで「次点バネ」と類似した効果が生じることが推測される。つまり野党側の政治家からみると，知事選挙に立候補することで当選できなくても国政選挙で有利になるという動機が存在していたといえる。だが国会における社会党の議席の減少に伴って，知事選挙を経由して国政に進出することは国会議員を目指す者にとって現実的ではなくなる。

　社会党系の候補者が減少した直接の原因は相乗りに参加することによって独自の候補者を擁立しなくなったことである。社会党が知事選挙で独自の候補者を擁立しない時には「人材難」がその理由とされてきたが，国政における社会党の衰退は候補者になりうる人材の供給を細めたと考えられる。

　以上のように，国会議員を中心とする政治家出身者が知事選挙において減少してきた理由は，地方政治レベルの原因よりも国政レベルの変化によって説明されるように思われる。与党議員の場合には知事に転出するメリットが少なくなり，野党の場合には国会議員の数自体が減少したといった要因がそこには存在していた。このように1980年代には，公選職という点では共通する知事と国会議員のキャリアコースの分化が進行したことが観察できる。

(2) キャリアパスの地方化

　1980年代以降には候補者・知事に占める公務員出身者の比率が上昇するが，そこでは2つの傾向が観察できる。1つは地方公務員出身者が最も多かったのは1980年代から90年代前半であることであり，もう1つは国家公務員出身者について，キャリアパスの地方化とも呼ぶべき現象がみられることである。

　中央省庁の幹部職員が知事を目指す場合に，知事選挙への立候補に至る経路は大きく分けて2種類が存在した。1つは国会議員を経て知事に転出する場合であり，この場合には国政選挙に立候補した時点で公務員から政治家へとキャリアが転換している。知事のなかでは1959年に町村金五（北海道）ほか4名が

このルートを経て知事に就任しており、ほかには竹内藤男（茨城）、林田悠紀夫（京都）などが該当する。もう1つの経路は中央省庁から府県に幹部職員として出向し、総務部長や副知事を経験した後にその府県で知事選挙に立候補するものである。キャリア官僚が知事をめざす場合には後者のコースが主要な経路であった。

　1956年から89年までの国家公務員出身の候補者のうち、立候補先の府県での勤務経験がある者とない者の数はほぼ同じである。だが当選者をみた場合に、立候補先で勤務した経験がない者は石破二朗（鳥取）、長野士郎（岡山）、宮沢弘（広島）、鎌田要人（鹿児島）といった事務次官経験者クラスに限られ、府県幹部を経験した者が約3分の2を占める。単に地元出身で中央省庁の幹部職員というだけでは候補者の条件としては不十分であったと、ここからは考えられる。

　国家公務員出身者のこうした経歴からみてとれるのは、キャリアパスの地方化ともいうべき現象である。知事候補となるためには、キャリア官僚であっても当該府県で幹部としての勤務を一定期間経験することを通じて、その地域や府県組織に特有の知識や熟練を身につけることが求められた。こうした傾向が強く観察されるのは1970年代末から90年代前半である。1979年から94年までの間に知事に新しく就任した者のなかで国家公務員出身者は25名であるが、そのうち当該府県での勤務経験があるのは19名と約4分の3に上る。経験したポストは副知事17名、総務部長9名、その他の部長ポスト7名である。

　またこの時期は、地方公務員出身の候補者および知事の数が最も多い時期でもある。地方公務員出身の候補者は分裂選挙の場合を除いて副知事経験者であり、大多数の者は総務部長や企画部長をそれ以前に経験している。国家公務員出身者と地方公務員出身者のキャリアパスは1980年代頃には類似したものとなったことが観察できる。そこからみてとれるのは、地域や府県組織の事情に精通し、様々な集団の間で利害を調整できる能力をもった者が知事の候補者として評価されていたということである。ただし、ここでその種の能力をもつ者を選好するのは候補者を選抜・擁立する政党その他のアクターであり、一般有権者ではなかった。知事が地域の調整者という性格をもつのに伴って知事選挙

の争点も希薄となり，一般有権者は選挙に参加しなくなる。低投票率が知事選挙の常態となるのもこの時期の特徴である。

(3) 90年代後半における変化

　上記のように，1980年代の知事選挙では政治家の退出とキャリアパスの地方化という現象がみられた。これに対して90年代後半以降に知事選挙をめぐって生じている様々な出来事は，脱地方化という言葉で表現できるように思われる。[14]この脱地方化という現象は，いくつかの要素から構成されている。

　第1に公務員出身者にみられる変化である。地方公務員出身の候補者・当選者はともに2000年代に入ると減少し，2004年から07年の期間には当選者も出ていない。地方公務員は知事選挙の候補者集団としての重要性を失ったといってよい。国家公務員についても，キャリアパスの地方化という特徴はみられなくなっている。1995年から2007年の期間に国家公務員出身で新しく知事に就任した者は24名であるが，そのうち同じ府県で幹部ポストに在職していた者は8名と全体の3分の1にすぎない。それ以前の時期とは逆に，知事に就任した府県での勤務経験のない者の方が多数派となっている。候補者・当選者に占める国家公務員の数は90年代後半以降安定的に推移しているが，その内部ではキャリアパスの大きな変化が生じている。

　第2の変化はいわゆる無党派現象である。それは単に政党の支援を受けない候補者が増加するというだけでなく，宮城県（1993年）や長野県（2000年）のように与野党相乗りで擁立された副知事が選挙で敗れるという事態を引き起こしている。[15]また2003年の統一地方選挙では岩手県や鳥取県で現職の知事が党派からの中立を標榜し，相乗りで支持を受けていた政党との関係を解消している。

　候補者の経歴にみられる変化と無党派候補の増加という2つの現象には，地域の政治との関係の薄さという共通点がある。1990年代後半以降，府県での勤務経験が候補者の条件としては重要ではなくなり，むしろ地域の政治にかかわりをもっていない者の方が候補者として政党や有権者から評価される場合も出てきた。また候補者の側も政党をはじめとする地方の政治アクターから距離

を置くようになるという変化が生じてきた。脱地方化とはこのように，地方政治や府県の行政組織と疎遠な候補者が増加したという現象をいう。

　このように知事選挙の構図は90年代後半に大きく転換するが，その背景に存在するのは利益政治への批判であると考えられる。大嶽秀夫は55年体制下における保革対立軸が形骸化するとともにその背後で利益政治が進展し，それに対して70年代後半以降に利益政治に対する反発が周期的に発生してきたと論じている（大嶽 1999）。

　地方政治の場合には，1990年代前半に各地でゼネコン汚職や談合などが問題となり，宮城や茨城では現職知事の逮捕を経て府県の幹部を経験していない知事が誕生している。90年代後半にも裏金作りや官官接待，高額の建設事業などの問題が発生する一方で，相乗りによらずに当選した知事が行政改革を行って成果を挙げる地域も存在した。このような地方政治の状況は有権者にとっては善悪二元論による理解を容易にするものであり，1980年代に定着した地方政治の調整者としての知事像は，府県政治におけるインサイダー集団を象徴するものとして拒否されるようになってきた。90年代後半以降に相乗り候補が無党派候補に敗れる事例がみられるようになったことは，有権者の変化を表していると考えられる。有権者の投票行動の変化は政党の候補者選定にも影響し，地方政治との接点が少なかった候補者が候補者として評価されるようになった。また現職の知事が党派からの中立を標榜するようになるのも，利益政治批判の文脈で理解することが可能である。[16]

　また90年代における政界再編も上のような変化に影響を及ぼしている。既存の政党から候補者として選択されない者も，新党の支援を受けて選挙に参入することが可能になり，それが候補者の構成の変化をもたらす一因になった。1980年代以降の地方政治でみられるようになった相乗りと総与党化とは府県行政に具体的な利害をもつ者による連合が形成されている状態であり，その状況のもとでは利益政治に対する批判者は容易に周辺化されてしまう。だが利益政治批判と改革がまず新党系の知事によって始められ，その後の選挙の構図の変化につながったことからみてとれるように，政界再編による機会構造の変化が従来とは異なった特徴をもつ候補者の参入を可能としたのである。

4 小　括

　本章では知事および知事選挙の候補者の長期的な動向をみることを通じて，地方政治の展開の一側面を考察してきた。一般に日本の地方政治の展開はいくつかの時期に区分されて理解されているが，時期の変化と並行して知事や候補者の人的構成も変化しているということができる。

　知事公選制が開始された時期にみられた官選知事や内務省出身者は高度成長期には姿を消し，公選職経験者が数的には多数を占める状態が出現した。高度成長期の地方政治については革新自治体が注目される一方で，それ以外の地域は「中央直結」の保守県政という観点から考えられてきた。そのためにこの時期の知事選挙において政治家が官僚出身者に対して優位を確立したことは見過ごされがちであるが，知事と議会の構成が政策に影響を与えているという最近の研究（曽我・待鳥 2007）をふまえるならば，地方政治における重要な変化とみなすべきである。

　1950年代から70年代には，知事選挙は保革対立の構図のなかで行われており，知事選挙と国政選挙の候補者の間の分化はそれほど進んでいなかった。1980年代には国政と地方の候補者の分化が進み，知事選挙では政治家出身者が減少するとともに府県組織での勤務経験をもつ公務員出身者が候補者のなかで多数派となった。候補者構成の変化は，国政と地方の分離が進行したことと，府県の知事が政治家ではなく行政組織の管理者とみなされるようになったことを示唆している。

　90年代後半からは国家公務員を中心として，地域の政治と接点をもっていない者が知事に就任する例が増えている。90年代後半以降の分権改革によって自治体の自律性が高まり，府県行政の方向性を決める要素として地方レベルの政治はより重要になったと考えられている[17]。そうした状況のもとで，地域の政治に不案内と思われるような経歴をもつ知事が増加しているのはやや不思議な現象ともいえる。

　本章では利益政治批判の高まりと，それに伴う知事候補者のキャリアの脱地

方化という時期までを分析の対象とした。だが分析の対象とした期間内にも，地方政治の部外者であった知事による改革から次の段階への移行がみられる地域もある。三重県や宮城県では知事の後継者が選挙で落選し，長野県でも田中康夫が再選に失敗している。これらの県では地方政治家に支持された候補者が当選しており，知事選挙の構図が変化している地域があることを示している。都道府県ごとに変動の時期に前後はあるものの，部外者による府県の改革という段階が一段落し，それが知事選挙の構図にも現れているように思われる。候補者の構成からみると，2000年代に入って地方政治家出身の候補者が増加しており，これからより明確な変化が生じてくるのではないかと思われる。

【注】
1) たとえば新川敏光（1995）による新潟県の事例研究からは，地域開発による財政の悪化と，それが国への依存をもたらして官僚出身知事を生み出すことは必ずしもつながらないことがみてとれる。
2) 一方でほぼ同じ時期に登場し，より大きな注目の対象となった無党派知事については，その政策や政治手法についての研究は存在する一方で，どのような者が政党の支援を受けずに選挙に参入し当選しているのかという問題は十分に検討されていない。
3) 対象期間を1956年からとしたのは，1955年内の知事選挙の大半は4月の統一地方選挙の時期に行われており，自民党の結党以降の選挙は高知県のみであることによる。
4) 候補者がどの分類に当てはまるかを判定する際には，『人事興信録』各版，日外アソシエーツ（2005），および新聞記事に依拠している。
　　分類に際しては，河村和徳（2008）の類型を参考にした。本章の分類の問題点としては2つが考えられる。1つは公務員出身者については最初の採用に従って分類しているのに対し，政治家出身者の場合は最も新しい経歴に基づいて分類していること，官僚出身の政治家は公務員ではなく政治家に分類していることである。公務員と政治家で分類基準が異なっているが，本章の分類方法は他の研究で用いられているものを踏襲しており，また一般的な感覚にも合致していると思われる。なお砂原（2008）の場合には国家公務員が地方に出向した際に，そのポストの重要度が低い場合には自治体出身と分類しているが，本章ではそのような場合分けは行わず採用時を基準として判断している。
　　もう1つの問題は，1人の候補者が政党役員・団体役員・教員または法曹といった複数の経歴を同時にもつ場合の分類である。この場合には選挙記録や新聞報道を参考として，どれを主要な経歴とみなすかを判断した。
5) 府県ごとの特徴については，曽我・待鳥（2007）を参照。
6) 与党が事実上支援している候補者でも，公認や推薦がない場合には与党系候補者ではなく無党派に分類した。

7) このなかには保守分裂選挙の一方の候補者が野党の支援を受けている場合も含まれている。
8) 政党別の候補者数の変動については辻（2010）を参照。
9) 1970年代の新党である新自由クラブは国政ではブームを引き起こしたが地方政治では独自の行動をとることができず，首長選挙での行動は当時増加しつつあった相乗りの一角に参加するにとどまっている。
10) 白鳥浩は1998年長崎県知事選挙についての研究で，野党の候補者擁立が中央主導で行われたとしている（白鳥 1998）。
11) 片岡正昭（1990）による知事候補者の研究では，1947年から1989年の期間に行われた知事選挙において，政治家出身者と官僚出身者の候補者数はほぼ同じであることが示されている。
12) 与党系の現職候補は1人が複数回カウントされていることを考えると，実人数でみた場合には国会議員出身者に占める与党系とそれ以外はほとんど同数と考えてよい。
13) 「地方化」という語は片岡正昭（1994b）で用いられているものを使用した。
14) 脱地方化という語が十分に洗練されておらず，ややミスリーディングな印象を与えることは筆者も承知しているが，2000年代の地方政治で生じた出来事を表現するより妥当な表現がないためにこの語を使用している。
15) 宮城県の浅野史郎は93年と97年の2度にわたって与野党相乗り候補に勝利している。初当選時には新生党や日本新党の支援を受けていたが，再選時には政党との関係を解消した。2000年の長野県知事選挙の候補者であった池田典隆は，形式的にはどの政党からも支援を受けない候補者であったが，実質的には相乗り候補であったことは周知の事実であるために，ここでは相乗り候補の例として言及している。
16) 無党派候補の台頭は地方政治レベルでのポピュリズムという文脈からも理解が可能であるが，本章では十分に検討できなかった。
17) 国会議員出身者の首長選挙への転出について言及される際には，こうした地方政治の重要化，あるいはそれに伴う首長職の魅力の上昇といったことが議論の前提となっている。

〔参考文献〕
居安正（1983）「地域組織と選挙」間場寿一編『地域政治の社会学』世界思想社，56-88頁
石上泰州（1999）「知事選挙の構図——相乗りと保守分裂を中心に」北陸法学6巻4号，105-132頁
大嶽秀夫（1981）「開発」日本政治学会編『年報政治学1979 政治学の基礎概念』岩波書店，167-177頁
大嶽秀夫（1999）『日本政治の対立軸 93年以降の政界再編の中で』中央公論新社
大森彌（1986）「『革新』と選挙連合——ローカル・オポジションの軌跡」大森彌・佐藤誠三郎編『日本の地方政府』東京大学出版会，209-240頁
片岡正昭（1990）「知事職をめぐる政治家と官僚——戦後知事のキャリアと政治競争」レヴァ

イアサン7号，156-176頁
片岡正昭（1994a）『知事職をめぐる官僚と政治家』木鐸社
片岡正昭（1994b）「知事職をめぐる中央官僚と地方官僚――県レベルの政府内におけるキャリア形成の変化」片岡寛光編『現代行政国家と政策過程』早稲田大学出版部，173-198頁
河村和徳（2008）『現代日本の地方選挙と住民意識』慶応義塾大学出版会
佐々木信夫（1984）「市民管理の構図――首長機能を中心に」飯坂良明・中邨章編『管理とデモクラシー』学陽書房，106-126頁
佐藤俊一（1997）『戦後日本の地域政治――終焉から新たな始まりへ』敬文堂
佐藤誠三郎・松崎哲久（1986）『自民党政権』中央公論社
白鳥浩（1998）「政界再編期の地方における政治過程――一九九八年長崎県知事選挙，長崎一区，四区補欠選挙」長崎県立大学論集32巻2号，39-100頁
新川敏光（1995）「新潟県における開発型政治の形成――初代民選知事岡田正平とその時代」法政理論27巻3・4号，145-185頁
砂原庸介（2008）「分権時代の二元代表制――議会の視点から」日本政治学会報告論文
砂原庸介（2011）「地方への道――国会議員と地方首長の選挙政治」日本政治学会編『政権交代期の「選挙区政治」』木鐸社，98-121頁
曽我謙悟・待鳥聡史（2007）『日本の地方政治』名古屋大学出版会
高寄昇三（1981）『地方政治の保守と革新』勁草書房
辻陽（2010）「日本の知事選挙にみる政党の中央地方関係」選挙研究26巻1号，38-52頁
日外アソシエーツ編（2005）『新訂 現代政治家人名事典』日外アソシエーツ
馬渡剛（2010）『戦後日本の地方議会――1955～2008』ミネルヴァ書房
村松岐夫（1988）『地方自治』東京大学出版会

第5章　ポピュリズムと地方政治
―学力テストの結果公表をめぐる橋下徹の政治手法を中心に

中井　歩

1　橋下徹とポピュリズム

「小泉劇場」とも称された小泉純一郎による改革政治が注目をされたことにより，また，脱官僚依存・政治主導を掲げた民主党への政権交代などへの注目から，日本政治におけるポピュリズムが，現実政治と学術研究の双方において，流行となった。また，地方政治においても石原慎太郎東京都知事や東国原英夫宮崎県知事，橋下徹大阪府知事（のちに大阪市長に転身）などの「人気のある政治家」が全国的な注目を浴びるようになり，彼らを「劇場型首長」（有馬 2011）や「自治体ポピュリズム」（榊原編 2012）として分析する研究が登場するようになった。政治学研究の概念として，または彼らを政治的に批判する用語として，ポピュリズムはきわめてポピュラーな概念となったのである。

本章ではポピュリズムを政治戦略の中心に置く地方自治体の首長，すなわち「ポピュリスト首長」の例として，橋下徹を取り上げる。橋下は，2010年代初頭の日本において，最も期待と批判を集める政治家の1人であり，典型的なポピュリスト首長の1人である。彼はテレビ番組で人気弁護士として有名になり，大阪府知事に当選することで政治の世界に入った。言わばテレビ政治時代のポピュリズムの申し子である。[1]その後，地域政党「大阪維新の会」を立ち上げた後，大阪都構想を掲げて大阪市長に転身し，さらには国政政党「日本維新の会」の中心メンバー（共同代表）として国政にも影響ある位置を占めるようになった。

小泉首相の「小泉劇場」と同様に，橋下も「橋下劇場」と表現される政治スタイルと特徴とする。「敵」をつくると同時に，小泉以上に過激で挑発的な発

言をすることで注目を集め，テレビとインターネットというメディアを駆使して，直接的に世論の支持を動員しようとするのである。

　また，橋下徹は，現代日本において最も「好き嫌い」の分かれる政治家の1人である。橋下のポピュリズムを実証的に分析する先行研究のほか，橋下の論敵となった者や「既得権益」とみなされた側を擁護する観点からの規範的な反論・批判や，個別の政策に関してその非合理性を批判するものも多くみられる。このことはポピュリズムがしばしば，争点を単純化したり，善悪二元論的な世界観を提示して相手・敵を「悪」として描き出して，道徳的な意味を付与したりすることとも関係していると言えよう。

　本章では，まず現代日本政治とくに地方政治におけるポピュリズム登場の背景を述べた後，橋下徹のポピュリズムの特徴を整理する。続く第2節では，政治的コミュニケーション戦略としてのポピュリズム概念を整理し，3つの要素から4つの類型に分類する。さらに，第3・4節では，「全国学力・学習状況調査」の市町村別正答率の公表をめぐる政治過程をみることで，橋下のポピュリスト的政治手法を検討する。本事例は，教育基本条例へとつながる，一連の橋下による教育政治の初期の事例であるからである。

(1) 現代日本政治・地方政治におけるポピュリズム

　(i) 現代日本政治とポピュリズム　　大嶽秀夫は政治学におけるポピュリズム概念について，歴史的には「上からの政治運動」，「下からの政治運動」の2つの流れがあったことを指摘したうえで，次のように定義する。すなわち，「普通の人々」と「エリート」，「善玉」と「悪玉」，「味方」と「敵」の二元論を前提として，リーダーが「普通の人々」の一員であることを強調すると同時に，「普通の人々」の側に立って「敵」に戦いを挑む「ヒーロー」の役割を演じてみせる，「劇場型」政治スタイルである。それは社会運動でなく，マスメディアを通じた上からの，政治的支持を調達する政治手法である。また，ポピュリズムは，イズム・主義と呼ぶほどの体系的理念をもたない。その意味では，政治において頻繁に登場する反エリート主義を総称したものであるとも言える。近年では，特定個人への信頼，政治家のアイドル化を特徴とし，マスメディアを背

景としているところが従来のポピュリズムとの違いである（大嶽 2003：118-120）。

現代のポピュリズムにおいて重要なのが，マスメディア，とりわけテレビとの関係であるが，テレビ報道には次のような特性がある。すなわち，①時間的制約のために単純化されること，②そのため善玉・悪玉二項対立で番組を構成する傾向があり，視聴者にもわかりやすいという理由で受け入れられること，③映像が命のために映像のない事柄はニュースとして放送されにくいことである。また，テレビ向きのキャラクターであることも取り上げられるためには重要である（草野 2006：66，101-103）。さらに1980年代以降は，政治報道と娯楽番組の垣根が低くなり，「インフォテイメント化」現象が進んだ（谷口 2008：149-159）。先に述べたポピュリズムの二元論的な認識は，複雑な政治現象をインフォテイメント化したテレビ報道のなかで表現されるために必要とされる，単純化と善悪二項対立の図式に非常に適合的である（大嶽 2003：114）。

(ii) **地方政治におけるポピュリズム登場の背景**　2000年代以降の日本の地方政治において，ポピュリズムとして分析の対象になる首長が続々と登場するようになった。彼らは，「無党派候補」であることを強調し，「しがらみ」のなさから大胆な改革をすることができると訴えて登場しているという共通点がある。それではポピュリスト首長が地方政治に登場する背景には，どのようなものがあるだろうか。

ポピュリスト首長が登場する背景として，有馬晋作は（「劇場型首長」について），①無党派層の増加による政党不信，②テレビ政治の浸透，③小泉政権以降における地方経済の低迷と地域社会の閉塞感，を挙げる（有馬 2011：15-16）。①の結果，政党組織は弱まり，改革と変化を訴えて登場した無党派首長は政党・議会に対して相対的に優位となった。また，90年代に国政レベルで導入された小選挙区制の影響で，とくに民主党が地方でも相乗りを避けるようになった結果，有力政党が「勝てる候補」を求めて知名度の高い人物を擁立したり，有名人が個人の判断で立候補した際に後から有力政党が応援するという動きがみられるようになった。選挙戦においては，ユニークな個人としての顔と，支持政党との連携を使い分けることで，既成政党の支持層を基盤として，無党派の支

持を上乗せさせているのである。(村上 2010：304-306；松谷 2011：136)。

②のテレビ政治の浸透により，劇的でわかりやすいという，テレビが好む要素をもつ首長がテレビに登場する機会が増えた（有馬 2011：21）。彼らはテレビを重視するととともに，ブログやツイッターなどのインターネットを積極的に活用する一方で，活字メディアに対しては慎重であり，ときには敵対的でさえある。そこには，自らが発する情報を直接に大衆に伝えたいという強い意思があり，そうした回路をもっているという自信を背景にして，結果的にメディアに対する強気の姿勢をも生み出してもいる（平井 2011b：247）。

このほかにも平井一臣は，90年代以降の地方分権改革により，地方自治体の首長の権限が強化されたことや，人々が「平等・不平等」の問題に不安定かつ鋭敏な意識をもつようになったことを，ポピュリスト首長登場の背景に挙げる（平井 2011a：126-127, 130）。

(2) 橋下のポピュリズム戦略の特徴

次に，橋下に関する先行研究や彼自身の著書などを元に，橋下の政治手法の特徴を整理する。

(i)「ケンカ」とみなす政治観　　まず第1に，権力闘争や「ケンカ」とみなす政治観である。有権者の支持を得るために，また既存の権力構造に対して「一点突破」を図るために，「橋下劇場」とも称される，派手なパフォーマンスを演じる。橋下は言う。「僕が知事になったとき，現行の体制を変えることが使命だと考えました。(中略)いまの権力構造を変えて，権力の再配置をする。これはもう戦争です」(橋下・堺屋 2011：74)。

こうした「ケンカ」は，有権者を観客にして展開される。そこでは，「中程度に強い相手」（村上 2010：303）すなわち，勝てそうな相手，大衆が橋下を応援してくれそうな相手が選ばれる。ケンカの相手とされるのは中央省庁や，「府民の税金を私物化している」とみなされる既得権益である。そうしたなかで，利権とは無関係な橋下が大衆の側に立って闘うという構図になる。そこでは，相手の意見に耳を傾けたり交渉したりはせず（村上 2010：303），わかりやすさと勝敗が決定的に重要である。また，権力闘争は観客に見せる必要があるため

に,「公開の場」でのやりとりが重視される。

　こうした「ケンカ」を得意とする橋下は,しばしば挑発的・感情的・過激な発言をしてメディアの注目を集めることで,自分に有利な展開を引き出そうする。そして,まるで話題になるために敵を探しているように,まず財政再建に関して職員組合と,その後,学力テスト結果の公開をめぐって教育委員会と,さらには大阪都構想をめぐって大阪市と,というように,次々と攻撃の相手が変化・拡大していったのである（有馬 2011：102, 190）。

　(ii) **政治と行政の役割の分離**　　第2の特徴は,政治と行政の役割分担と,政治による方向性の決定である。政治家の役割とは大きな方向性を示すことであり,その範囲内において政策は行政官に委ねられるべきであるとする。大きな方向性を示すのは選挙によって選ばれたという正統性をもつ政治家であるとし,幹部への一斉メールや,しばしば公開の場で行われる会議などを通じて,方向性の提示がなされる。

　そこでは,一般の人々や経営者にわかりやすい,企業経営と似た効率性,無駄の排除が掲げられる。橋下が重用するブレーンにも経済や経営分野が多いと指摘される（有馬 2011：97）のも,このためであろう。市民感覚の行政運営を重視し,住民の高い支持を背景に,いくつかの新たなことに取り組むのは,田中康夫長野県知事や東国原知事にも共通する特徴である（有馬 2011：124, 188）。

　(iii) **民意を受けた首長の正統性の強調**　　第3の特徴は,第2の点と関連して,選挙による民主的決定の重視と,民意を受けた政治家（橋下自身）の意思の正統性を強調していることである。選挙での勝利こそが,民主主義そのものであり,体制変革のエネルギーであるとする。たとえば,教育委員会制度を民意が反映されない仕組みであると批判し,教育の方向性についても選挙の審判を受けた政治を通じて民意が反映されるようにするべきであると主張する（橋下・堺屋 2011：149）。

　(iv) **直接的なコミュニケーションの重視**　　第4の特徴は,有権者に対する直接的なコミュニケーション重視の姿勢である。それはテレビやインターネットといったメディアを通じての,きわめて積極的な情報発信にみられる。毎日2回

（登庁時と退庁時）の「ぶら下がり」取材では質問がつきるまで対応し、朝30分、夜1時間にわたることも珍しくないほか、週1回の定例記者会見は2時間をこえることもある。会見では（小泉にもみられた）「ワンフレーズ」が多用され、強く印象的で短い発言がなされる。また、自分がどのように報じられているかに強くこだわり、主要新聞やニュース番組をチェックし、内容によってはツイッターで即座に反論して報道機関や記者を名指しでやり玉にあげることも多い（読売新聞大阪社会部 2012：190）。

　テレビについてはジャンルを問わず出演する機会も多い。こうして、大衆性や庶民性をアピールし、有権者との一体性を訴えているのである。また、ツイッターを駆使することも、橋下のコミュニケーションの特徴である。フォロワー（登録した読者）に対して直接かつ頻繁に、自らの主張を発信することが可能となり、持論や政策について自分の言葉で説明をするほか、マスメディアや学者に対する反論の道具としても活用している。さらには、ツイッターで橋下の発信した内容がニュースやワイドショーで取り上げられることを通じて、注目を集めることができるのである[2]。

2　ポピュリズムと民主制

(1)　ポピュリズムとリベラリズム

　まず、民主制と選挙に関するポピュリズムの特徴的な見方について検討しよう。

　ライカーは、制度として、そして価値としての民主主義の理論には、リベラリズムとポピュリズムという2つの異なる流れがあることを指摘する。両者は投票（選挙）を民主制の中心的な機能であるとしながらも、異なった解釈をする。リベラリズム的解釈によれば、選挙の機能は、選ばれる公職者を制御することであり、多数派による専制を抑制することである。これはマディソン流の民主制の理解である。それに対してポピュリズム解釈によれば、選挙は民衆（people）の意思を、公職者の行動に具現化されるための仕組みである。これはルソーに遡ることができる民主主義論ということになる。

こうした見解の違いは，民意の捉え方に表れる。ポピュリズムによれば多数派の意見は正しいはずであるし，尊重されなければならない。一方でリベラリズムにおいては，投票の結果はただの決定であり，特段の道徳的な性質はもたない。即ち，有権者の民意は常に正しいと前提されるのか，間違うこともありうると捉えるのか，の違いである（Riker 1982：8-14）。

(2) ポピュリズムと代議政治

(i) **ポピュリズムにおける「民衆」**　タガートは，ポピュリズムが言及する民衆にはいくつかの特徴があることを指摘する。第1に多数性である。多数を占める存在であるとすることで，正統性が与えられる。第2の特徴は，親近性である。ポピュリストは特定の価値や美徳をもっている人たちのことをさして「我々」と呼ぶ。しかしポピュリストの言う「民衆」は，多様性をもつものではなく，画一的，一体的なものである。そのため，第3の特徴は排除性である。誰が「民衆」であるかよりも，誰がそうでないかの方が重要であり，特定の社会階層・集団が排除されることになる。「敵」を明確にすることで，こちら側と相手側の両方において一体性が生まれるのである。また，ポピュリストによれば，「普通の人々」のなかにこそ美徳と智恵があるとされ，政治腐敗やエリート・専門家の愚かさに対置される。普通の人のもつ常識・単純さの方が，専門性や複雑さに勝るとされるのである（Taggart 2000：91-95）。

(ii) **代議政治におけるポピュリズムのジレンマ**　直感的で素朴なポピュリズムは時間が経過するにしたがって，自発性・内発性と組織化・制度化との間のジレンマが問題となる。ポピュリズムは代議政治（間接民主制や既成政党）に対する不満を推進力とするが，運動が成長するにしたがって，今度は自らが批判の対象としていた制度を利用していかなければならないからである。そのため，ポピュリズムは通常，ポピュリスト的な性質を薄めていくか，内部対立や分裂，もしくは崩壊をしていくことになり，短期間で終わる現象とされる（Taggart 2000：99-100）。

運動の自発性と，制度化・組織化の間のジレンマを克服する1つの方法は，リーダーの役割を強調することである。そのため，多くのポピュリズムではリー

ダーシップは個人化され，リーダーの人格のカリスマ性や超人性が強調されることになる。そして，制度化の代わりに，リーダーの意思が重視される。これにより，複雑な政治プロセスのなかに入ることを回避し，政治・制度の簡潔さを維持し，民衆との直接性を志向するのである。そのため，ポピュリズムの運動や組織は，しばしば高度に集権的であり，リーダーシップに対するチェックは減らされることになる。もう1つのジレンマの回避法が，直接民主制の強調である。民衆と直接につながることによって，政党を回避することができる。よってポピュリストはしばしば，直接民主制の制度を活用する（Taggart 2000：100-105）。

　(iii) **ポピュリズムが代議政治に与える影響**　現代においては，民主政治とは実際にはほぼ代議制である。それらを構成するものが，選挙された議会や政党などであり，その背景には，市民の権利，国家権力の抑制，法の支配などのリベラリズム的なアイディアがある。こうした代議政治への反応として，すなわち統治者に対する被治者の側からの根本的な反応として具現化したものが，ポピュリズムである。それは定まった形をとるものではなく，異なる文脈において異なる形で表れる。こうして登場してくるポピュリズムは，代議政治における政治的論争に対して3つの形で影響を与える（Taggart 2000：108-109）。

　第1に，政治争点の単純化である。ポピュリズムはわかりやすさをめざす。普通の人々の智恵を具現化するべきであるので，争点は単純であり，直接的であるべきであるとされる。こうしたポピュリストによる論争の設定によって，敵とされる相手側も単純化し，複雑でテクニカルな政策提案は脱正統化される。よってあいまいなシンボルが活用される。第2に，ポピュリズムは政治論争の語彙を定義しようとする。民意の名のもとに主張することで，たとえそれがあいまいなものであっても，正統性が付与されることになる。第3に，ポピュリズムは論争が賛成か反対かに強制的に分けることによって，二分化・二極化する効果をもつ。民衆が直接参加が可能になるよう，単純な，そしてしばしば，善悪の二元論的な図式で提示される（Taggart 2000：112-113）。

(3) ポピュリズムの 3 つの要素と 4 類型

ヤーヘルスとワルフラーフェ (Jagers and Walgrave 2007) は，ポピュリズムを単なる支持動員のための戦略であり，有権者に接近するためのコミュニケーションの手法であるとした上で，ポピュリズムを構成する「薄いポピュリズム」の 1 つの要素と，「厚いポピュリズム」の 2 つの要素の，あわせて 3 つの要素に整理する。

(i) **民衆への言及** 第 1 の薄いポピュリズムの要素とは，民衆に言及する，政治的アクターによるコミュニケーションのスタイルである (Jagers and Walgrave 2007: 322)。ポピュリズムとは民衆にアピールし，民衆と一体となり，民衆の名において語るコミュニケーションの枠組みである。こうした概念化によって，あらゆる種類の争点や政治的なカラー（左派・右派）を含むようにすることが可能であるし，ポピュリズムに対する侮蔑的な含意や権威主義的な要素を取り除くことができる。

具体的なコミュニケーションの形式としては，ポピュリズムは普通の市民との近さを表現しようとする。すなわちカジュアルで口語的な言葉を使い，非公式なドレスコードで装うことを通じて民衆にアピールし，民衆の主権性や民衆の意思（の正しさ）を強調する。

実際にみられる（歴史的にみられてきた）ポピュリズムには，こうした薄いポピュリズムだけではなく，「厚いポピュリズム」概念の 2 つの要素が追加されていることが多い。以下の 2 つの要素が付加されることによって，ポピュリズムの「空の殻」が埋められて，より伝統的で限定的なポピュリズム概念になる。

(ii) **反エリート主義** 厚いポピュリズム概念を構成する 1 つ目の要素は垂直的な，反エリート主義である。そこでは，民衆とエリート，エスタブリッシュメントとの間の距離と疎外が強調される。ポピュリズムは政治とエリートを広く定義するので，すべての失敗や問題は，政治の責任，すなわちエリートの責任とされる。また，エリートとされる範囲が広くなればなるほど，反エリート的ポピュリズムは急進的なものとなる。こうした見方も，特定のイデオロギーによるものというより，政治的コミュニケーションのスタイルからくる特徴である。

(iii) **同質性・排除性の強調**　厚いポピュリズムを構成する 2 つ目の要素は，水平的な，民衆の同質性の強調と，それと表裏をなす特定の集団の排除である。民衆は共通の利益をもち，共通の良き性質をもっている。それに対して，隔離されるべき集団は，こうした性質をもっていない。敵はエリートや支配層ではなく，民衆のなかにいるものとされ，彼らはスケープゴート化される。

(iv) **ポピュリズムの 4 類型**　こうしてヤーヘルスとワルフラーフェは，ポピュリズムを政治的アクターによるコミュニケーションのスタイルであるとし，最小限の定義として，レトリック的に民衆にアピールするものと概念化する。そして垂直的・水平的に分化することで，4 つのポピュリズムに分類する。垂直軸と水平軸は相関することが多いと示唆されるが，可能性としては，4 つの類型があり得るとされる（図表 5-1）。また，政治的アクターがポピュリズムを採用するかどうか，そしてどの類型のポピュリズムを採用するかは，政治的ゲームでの彼らの位置（たとえば，与党であるか，野党であるか）によって決まることがあるし，彼らがもっているイデオロギー（たとえば，分離独立を掲げる地域主義）によっても決まるのである。

図表 5-1　ポピュリズムの類型

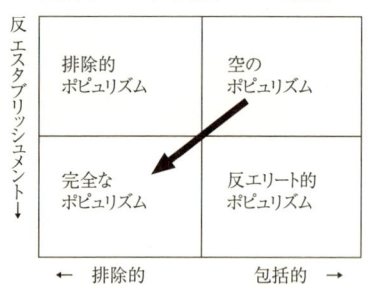

↑反エスタブリッシュメント↓	排除的ポピュリズム	空のポピュリズム
	完全なポピュリズム	反エリート的ポピュリズム

← 排除的　　　包括的 →

出典：Jagers and Walgrave（2007：335）

3　事例：学力テストの市町村別結果公表をめぐる政治過程

(1)　事例の意義

　本章で扱うのは，教育をめぐる橋下徹のポピュリスト的な政治過程の例である。橋下は，学力テストの市町村別結果の公表に反対をする教育委員会と学校現場および文部科学省を強く批判し，大阪の学力向上のためには学校教育においても情報公開（と競争）が必要であるとして，結果公表を求めた。そうしたなかで，教育行政を担ってきた機関に対して挑戦的な発言を繰り返した。その意味で，橋下のポピュリスト的な政治手法が最もよく表れた過程であるとみる

ことができるだろう。

　また，この事例のおよそ3年後，知事与党の「大阪維新の会」は，2011年9月議会に対して「教育基本条例案」と「職員基本条例案」を提出し，翌年3月に成立した。条例では知事が府立学校が実現すべき教育目標を教育委員会とともに設定することや，府立高校の学区制の廃止，職員評価や処分の厳格化などが盛り込まれた。学力テスト結果の公表をめぐる対立は，首長による教育行政への関与を拡大する，大きなきっかけとなったのである。

(2) 公表をめぐる政治過程[3]

　全国学力調査は1960年代にも，「全国中学校学力一斉調査」（全員調査）として実施されていた。だが「学力コンクール」化して地域間・学校間の過度の競争が問題となり，64年に廃止される。しかしながら，2003年に実施され2004年の12月に報告されたOECDの国際比較学力調査（PISA調査）の第2回の結果によって，第1回調査（2000年）から「読解力」「数学的リテラシー」「科学的リテラシー」などで順位が低下していることが指摘されるようになる。そこで調査による成果検証と課題把握，教育施策の改善の必要性が指摘され，43年ぶりに全国テストが復活することになった。[4]

　2007年に再開された「全国学力・学習状況調査」（全国学テ・文部科学省主催）は，小6と中3の全員参加が原則であった。愛知県犬山市教委は不参加を選択し，私立校もおよそ4割が不参加であった。調査内容は，国語と算数／数学の2科目で，それぞれの知識と応用力の2分野である。あわせて，生活習慣等に関する調査も行われた。文科省は当初方針として，過去に過度な競争の原因となったことの反省から，実施要領に「都道府県教育委員会は，域内の市町村及び学校の状況について個々の市町村名・学校名を明らかにした公表を行わないこと」と記し，その旨を通知していた。一方で文科省は都道府県別の平均正答率を公表し，都道府県間では順位づけがなされることになった。

　このような形で再開された学力テストについて橋下は，当選前は重視する姿勢をみせていなかった。選挙期間中は，「高校の学区撤廃」や「学力別クラス編成」を提唱し，学力上位層の競争力強化を図る教育改革に意欲を示していた。

知事就任後も，財政健全化の方針から学テ対策新規事業予算（教委が予定）を停止するなど，重視する様子はみえなかったのである。

　2008年8月29日には，4月に実施された全国学テの第2回の結果が公表され，大阪が昨年に引き続き全国平均を大きく下回ったことが明らかになった。橋下は激怒し，「教育委員会と教職員はもっとしっかりしろと言いたい」「2年連続でこのざまは何だ。最悪だ。民間なら減給は当たり前」と激しい口調で教育現場を批判した。また，9月から始まる府内の約半数の小中学校での習熟度別授業などを挙げ，「僕が全部提案したことだ。教委はなぜ自分たちで対策を考えないのか」と怒った。教育委員会への批判はさらにエスカレートし，翌日の子育てをめぐるシンポジウムでは「市町村の教育委員会は甘えている。結果が表に出ないから」と話し，「調査結果は皆さんのもの」として市町村に情報公開請求をしてチェックするよう，会場に呼びかけた。

　9月1日には府教委に対して，各市町村教委の平均正答率を公表するように電子メールで求めた。しかし府教委は，市教委の判断に委ねられているとして，文科省の通知などを理由に公表を拒否する。知事は「では市町村教委に要請を」と府教委にあらためて求める。「要請が無視されるようなら，府教委は要らない」と記者団に述べるなど強く迫った結果，府教委は市町村教委に対して公表を要請する方針に転換する。

　知事の攻勢はさらに勢いを増し，9月5日の定例会見で「教育非常事態」を宣言した。その内容は，①学力向上策を徹底する，②学校や教育委員会だけに任せず家庭や地域も教育に責任をもつ，③ダメ教員を排除し教員の頑張りをもっと引き出す，④「何でも自由」を改める，というものであった。この宣言の意味は，「財政非常事態宣言」がそうであったように，危機意識を共有してもらうことを通じて府民の支持を動員することで，行政委員会としての独立性を主張する府教委に対して，圧力をかけるというものであった。

　9月7日には地元FMラジオの公開生放送番組において，結果公表に消極的な市町村教委を指して「くそ教育委員会」と発言したほか，「公表しないのは市町村の自由だが，その代わり，府が35人学級の予算を出す必要はない」「公表・非公表は（市町村教委に）予算をつける重要な指標」と予算権を示唆して迫った。

しかし2日後には，くそ教育委員会という発言は，「オカンに怒られたので，言葉としては使わない」と表現があらためられる。
　こうした橋下の攻勢に対して，文科省は懸念を示した。9月9日には鈴木恒夫文科相が市町村別の結果公開について「不適切な競争の激化が進むと調査の意義が失われる」と語り，橋下が公表・非公表により予算に差をつける方針を示したことにも，「お金の問題にまで広げるべきではない」と釘を刺した。ただ一方で「国民の声が高まれば，データを開示して議論の材料を提供するのはレベルアップのためには望ましい」として，各市町村の判断による公開は歓迎の意向を示した。文科省の論理によれば，参加主体はあくまで市町村教委であり，都道府県教委や知事には市町村別の結果を公表する権限はない。そのため，「判断するのは市町村」と知事を牽制しつつ，自主的な公表については容認する姿勢を示したのである。
　橋下による府教委への圧力を受けて，9月10日に行われた府内43市町村の教育長を集めた会議の席で，府教委の綛山哲男教育長は，全国学テの市町村別平均正答率を自主的に「積極的に公表するように強く求める」と要請した。「強く」とは求めつつ，教育長は頭を下げて低姿勢であった。しかし，各市町村教育長からは，「結果を公表しないから市町村教委は甘えている，という知事発言には憤りを感じる」「府教委は（知事の）脅しともとれる主張に屈するのか」などと，次々に反発する発言があった。
　橋下は情報公開の枠組みによる公表の手段も模索する。予算編成のための参考資料として，府教委に対して市町村別の平均正答率のデータを提供するよう求め，9月17日にその一覧を受け取った。このことが報道されると，知事に対して情報公開請求をする府民が現れ，マスコミ各社も競って請求した。同日の記者会見では，市町村別データを府教委から入手したら公開を考えるかとの問いに対して，「情報公開請求が出れば，その枠組みで判断する。文部科学省，府教委，市町村教委の間には（市町村別の結果を公表しないよう定めた）実施要領があるのだから，趣旨をくんでいきなりどーんと出すことは控える。　正答率の公表にこだわるのは，政治家としての感覚。点数には生活習慣など，家庭や地域の課題が連動している。地域の人が『やらなきゃ』という思いになる，非

常にメッセージ力があると思う」と答えた。

　このような一連の流れを受けて，また世論の橋下への支持（ネット調査での公表支持が8割・日本経済新聞8月29日）を背景に，10月11日までに43市町村のうち8割の市町村が何らかの形での公表を決めた。こうしたなか，態度未定であった豊中市教育委員会が開いた保護者説明会（9月12日）に，橋下は「保護者の資格」で参加し，「公表のメリットとデメリットをしっかり説明すべきだ」などと発言した。さらに「説明会を開いたことは評価するが，非公表の方針ありきの説明だった。危険な議論だ」と批判した。

　開示期限の10月16日，橋下知事は市民団体や報道関係者らの情報公開請求者らに対して，市町村別・教科別の平均正答率データを開示した。都道府県単位で市町村名を明示して開示をしたのは全国初であった。橋下は「原則公開となっている情報公開条例の枠組みで判断した」と説明した。ただし開示したのは，平均正答率もしくは設問別正答率を「すでに公表」または「公表を決定」している市町村のデータのみであり，非公表・未決定の市町村については，開示によって今後の「教育に関する調査や施策に協力を得られなくなる」との判断から非開示とした。結局，知事が平均正答率を開示したのは，府下43市町村のうち，小学校は35，中学校は32の自治体であった。また，「予算を公開・非公開で差をつけることは今は考えていない」とし，その理由は「9割以上の生徒数が属する市町村が公表になった」からだと語った。

　会見翌日の全国紙の対応は分かれた。読売・産経の2紙が知事の開示した市長村別平均正答率の一覧表を掲載した一方で，朝日・毎日・日経の3紙は平均正答率が市町村別にわかる一覧表の形では載せなかった。掲載の仕方が分かれたことについて橋下は，「僕は情報公開条例に基づいて資料を渡した。あとはどう報じるか。過当競争や序列化が生じるとすれば，最大の原因はメディアだと思う」と語った。

　大阪の橋下知事をはじめ地方政府の首長が独自に結果公表を決める事態を受けて，文科省の有識者会議は，2008年12月15日に次年度の実施要領の素案をまとめた。成績開示のあり方については都道府県教委が市町村別の成績を開示しないという方針を維持し，過度な競争や序列化につながるような開示をしな

いように強く求めたほか，公表されないように管理の徹底を求める規定も盛り込んだ。さらには都道府県教委がテスト結果の一部を受け取らない選択ができるとした。これに対して橋下は，「都道府県教委に責任をなすりつけている。データ分析もせず，要らないなんて言うと思っているのか。文科省のバカさ加減に感心する」と批判した。

(3) 公表後の過程

　学力テストと橋下登場以前の大阪の教育では，「公正」が重視されてきた。学力問題は決して軽視されていたのではなく，むしろ「家庭状況などによる学力格差の拡大」が懸念され，社会経済的状況が不利な人々の教育権を保障することで格差を縮小することに注力されていた。しかしながら，学テとその後の橋下による教育行政への介入によって大阪の学力政策は大きく転換し，「公正」から「卓越性」が追求されるようになったのである（志水・高田編 2012：91-108）。たとえば，2009年1月に発表された10年間の中長期計画である「『大阪の教育力』向上プラン」では，掲げられた10の「基本方針」の冒頭で「小・中学校で，子どもたちの学力を最大限に伸ばします」とされ，2013年までに全国学テの各教科・区分で全国平均正答率を上回ることなどの数値目標が設定された。

　橋下は市町村別の結果公表を迫っただけではなく，予算や人事権も活用しながら，トップダウンで学力向上策に積極的に介入をしていく。「百マス計算」などの反復練習を提唱していることで有名であった陰山英男（立命館小学校副校長），小河勝（元中学校教諭）を府の教育委員に起用したほか，初の民間人校長であり，「よのなか科」や進学塾と連携した夜間の有料授業（夜スペシャル＝夜スペ）を始めるなど教育界で有名であった元リクルートの藤原和博（前・杉並区立和田中学校長）を府の特別顧問に招いた。

　また，府と府教委の連名で「『大阪の教育力』向上に向けた緊急対策」（08年10月16日）を発表した。その内容は，「反復学習メソッドの活用」「50の重点校への緊急支援」「定額交付金の創設」「携帯ゲーム機の活用」「『よのなか科』の普及」「地域による学校支援」「子どもたちの生活習慣・家庭学習習慣に向けた

取り組み」などであり，あわせて3年度で総額30億円の教育基金を創設することを発表した。

さらに，府教委が提唱する反復学習を実施しない市町村について，「やらない所の市町村長は選挙でどんどん落としてもらいたい。それしか教育が変わる方法はない」と発言（2009年6月23日）するなど，橋下の路線に従わない市町村の首長に対しては，政治的な圧力を行使することもためらわなかった。

人件費を含む教育予算は大きく削減する一方で，橋下は自分が重視する教育予算には予算をつけた。高校進学段階での自由な進路選択の機会を提供するために，私立高校授業料を実質無償化（2011年度には年収610万円以下の世帯までに拡大）したほか，中学校給食の拡大のための補助事業の予算を拡大させた。その背景には，中・低所得層の子どもたちにしっかり教育のサポートをすることで，大阪のワースト問題（少年の犯罪率，失業率，離婚率）を解決できるという橋下の認識があった（橋下・堺屋 2011：134）。

橋下は学テの市町村別結果の公表を皮切りに，人事権と予算権，情報公開の枠組みを駆使して世論を喚起するという方法で，学力政策を大きく転換させたのである。

4　分析：橋下政治のイデオロギー分析とポピュリズム分析

(1)　橋下政治のイデオロギー分析

ポピュリズムは「イズム・主義と呼ぶほどの体系的理念をもたないことこそがその特徴」（大嶽 2003：120）であるし，環境にあわせて色を変えるカメレオン的な性質をもつ（Taggart 2000：2）。それゆえに様々なイデオロギーとも結びつくことが可能である。橋下の学力政策にみられたポピュリズムには，どのようなイデオロギー的な特徴がみられるだろうか。

(i)　**経済的自由主義**　橋下は学力テストの結果が悪かったことを問題視し，テスト結果が公表されないことで教育委員会や学校現場が保護者の目の届かなくなっていること，また競争の原理が働いていないことで自発的な改善努力が行われていないことを批判した。橋下にはしばしば競争を善であるとする価値

観がみられ，有権者を消費者と見なして選択の自由を強調することがある。しかしそれらは，経済的自由主義といったイデオロギー的な裏打ちがされているというよりは，自らの実体験に基づくものであり（読売新聞大阪本社社会部 2012：217），専門知よりも経験知を重視するポピュリズムの表れとして見るべきであろう。たとえば，「僕はテレビから出ていた人間ですから，府民は視聴者だと考えていた。だから目の前の役所組織とか，業者とかじゃなく，府民にどう映るか，そこだけを重視した」と発言している（産経新聞大阪社会部 2009：93）。また学力テストをめぐっては，「僕は直観で，大阪府民は自分の地域の学力状況を知りたいはずだと感じていました」（橋下・堺屋 2011:77）と述べている。

　大阪の学力政策は，社会民主主義的な「公正」から経済的自由主義的な「卓越性」の追求へと政策転換されることになったが，経済的自由主義をもち込んだのが橋下であったということは正しくない。高田一宏は，学力政策の転換が「義務教育の構造改革」(中教審答申「新しい時代の義務教育を創造する」2005年10月)の流れに乗ったものであると指摘する（志水・高田編 2012：102）。橋下による教育改革は，それ以前からある改革動向と連続し，よりエリート志向の競争原理傾向を強めたにすぎないのである（高津 2011：107）。

　このように，橋下は思想的な背景に基づいて学校現場に競争を持ち込もうとしたというよりも，有権者の支持を得られるという見通しから，この問題を争点化したと見るべきであろう。競争を重視する一方で，私立高校の授業料の実質的無償化や中学校給食の拡大など，「公正」の要素を一部ではあるが見ることもできるからである。

　(ii)　**伝統的保守主義**　君が代の起立斉唱条例や教育基本条例などにおいて，その保守主義的な側面が指摘されることがある。しかしそれらは，同じく日の丸・君が代の強制に積極的であった石原慎太郎都知事とは異なり，ナショナリスティックな思想・信条に基づくものというよりも，政治と行政役割分担や組織の規律を重視してのことであった。橋下はナショナリズム的な発言も控える傾向があったし（村上 2010：303），君が代起立斉唱についても橋下は「教育だからと言って何でも自由にさせろというのは違う。（中略）最高意思決定機関である教育委員会が決定し，職務命令まで出されたにもかかわらず堂々と無視

する教員がいる。有権者から信を受けた大きな方向性には従ってもらわなければなりません」(橋下・堺屋 2011：150) と述べ、ナショナリズムよりも組織の規律と民意の正統性の方を重視していることがわかる。階層的秩序を重視するという点で保守主義的ではあるが、その正統性の源泉はあくまで有権者の民意であるとされる。

(iii) **参加民主主義**　政治と決定への参加を求める参加民主主義は、民主主義が一般に受け入れられた現代政治においては、テクノクラシーや代表(間接)民主主義と対抗することになる。そしてこの2つの背後には大衆の政治的無関心、私生活中心主義があるとされる (大嶽 1994：54-56)。その意味で、参加民主主義は反エリート的姿勢や民衆による決定の主権性を強調する点で、ポピュリズムと共通性をもつ。また、参加要求は常に広範囲にあるものではなく短期間で収束する。その結果、参加要求が高まる時期と、人々が個人生活に関心を集中する時期との循環・サイクルが生まれることになる (大嶽 1994：60-61)。この点でもポピュリズムが短期的であることと共通する。

橋下は有権者のことを消費者・視聴者と同一視し、彼独特の感性によって「ケンカ」を設定することを通じて、支持を維持・拡大してきた。その一方で、参加民主主義が重視するような、直接民主制的な住民参加制度の活用 (教育委員の公選制や脱原発の賛否についての住民投票など)については、非常に抑制的である。あくまで選挙によるリーダーの選出と委任を重視し、住民投票などの手段に訴えることはない。

(2) 橋下政治のポピュリズム分析

次に第2節で検討したポピュリズムの特徴や要素の観点から、この事例を検討する。

(i) **民衆への言及**　第1の要素に関して、まず橋下は民衆との一体性を強調する点が特徴的である。「クソ教育委員会」「文科省はバカ」などの上品とは言えない言葉遣いをすることで、「普通の人々」である保護者が「本来見ることができるはずの情報を隠されている」という「怒り」を表現し、有権者・府民との一体性をアピールした。

また，教育行政に首長がかかわれないことを批判し，主権をもつ民衆から選挙によって選ばれたことをその正統性の根拠として，教育への関与を正当化しようとした。

(ii) **反エリート主義**　第2の要素は，垂直軸としての反エスタブリッシュメント，反権威主義であった。テスト結果公表の事例では，文科省や教育委員会，教員たちという教育行政の専門家・権威機構への反抗という形で表現された。

橋下は本事例でもみられたように，発言をしばしば修正し謝罪もしている。これにより，正直な人という印象を与えることにも成功している。ただし，こうした意見変更の理由は，主に「オカン」や「嫁さん」に怒られたから，というものであって，一般人の常識に照らしての判断であるとの説明がなされる。その意味で反権威主義的ではあり続けているのである。

(iii) **排除主義**　第3の要素は，水平軸としての排除主義であった。テスト結果公表の事例で排除されたのは，教師・学校現場や教育行政を仕切る市町村教育委員会である。橋下は教師のことを「教育のプロ」とは認めつつも，「努力しない」「閉鎖的である」と非難し，「普通の人々」との感覚のズレを批判した。そして広く共有されており，それゆえに正面切って反論をすることが困難な，「情報公開」の論理と手法をもち込むことによって，こうした「閉鎖性」に切り込んだのである。

(3) 現実主義のポピュリズム

イデオロギーとポピュリズムの観点からの以上のような分析からみえてくるのは，橋下の現実主義的なポピュリズムである。垂直的・水平的な「敵」は，観客である有権者にとって「ケンカ」を面白くするために選ばれる。そしてあたかも弁護士間の交渉や商取引の時のように，高めにふっかける要求をしたうえで相手側の妥協を引き出し，その「成果」を誇らしく表明するというスタイルである。たとえば，市町村別の結果公表について，予算権をちらつかせながら市町村教委に強く迫った一方で，「自主的」に公表を決めた自治体についてのみ情報公開請求に応えて一部を非開示にするなど，一定の配慮をする姿勢もみせた。そして，府教委に自らの意向を反映させるために自らのブレーンを配

置する一方で，教育基本条例では彼らとでさえ対立することも辞さなかった。

また，橋下は政策的な主張を変更することも珍しくない。それは経済的自由主義やナショナリズムのような，イデオロギーの側面からポピュリズム的な主張をしているのではなく，「ポピュラー」であるためになされる政策の提示だからである。それゆえ，人気があるという限りにおいてではあるが，相当の柔軟性をもっているのである。

5　むすび

学力テスト公表をめぐる事例をみても，橋下はポピュリスト首長の典型例であると言える。「普通の人々」である保護者との一体性を強調し，垂直的・水平的な「敵」と戦うことで高い支持を得て，「民意」を実現する「成果」を挙げて，それをアピールする。ただし，こうした民意が移ろいやすいものであることは，橋下自身も認識している。自らが主催する「維新政治塾」第2期生の入塾式 (2012年6月23日) では，各種の団体に支えられている既成政党と対置し，自らを支持するものを「ふわっとした民意」と表現した。そして，テレビのチャンネルをザッピングする視聴者のように移ろいやすい民意をつかむべく，2012年末の衆議院選挙では「統治機構の抜本改革」を訴えたのである。

民主主義の制度が，多数派による専制の抑止と，民意の実現という2つの目的をもっているとき，現代政治においてはポピュリズム的な要素が入るのは不可避である。ただ，第2節にみたように，単純化・二極化など，民主政治に対して様々な影響を与える。

橋下の強みは「空のポピュリズム」とも言うべき現実的な柔軟性であるが，ポピュリズムは通常，制度化との緊張関係・ジレンマのために，短期的な現象である。ポピュリストは，民意の実現の側面を強調する。学力政策が（それ以前からの連続性があったものの）橋下の登場を契機として公正重視から競争重視へと転換したように，選挙で首長が交代するたびに政策の基本的な方向性が変わるようになるまで，「硬直した」システムは破壊されるのか[5]。すなわち，現代のポピュリズムがどのレベルまで既存のシステムを破壊するのか。そしてそ

れに代わる新しい「合意」を,「敵」をつくることで政治的影響力を維持・拡大するポピュリストが提示できるのか。地方政治のポピュリズムに関しては,今後こうした点が検討されるべきであろうと思われる。

【注】
1) 小泉が「思いがけず国民の『アイドル』になったこと」(大嶽 2006：5)からポピュリズム的な手法を採り,メディアの活用をするようになったこと対照的である。
2) ネットとテレビの共存関係,相互作用については,新井(2009)を参照。
3) この間の経緯については,星(2008),産経新聞大阪社会部(2009),高津(2011)のほか,『朝日新聞』,『日本経済新聞』などをもとに構成した。
4) テスト・調査を実施すること自体に,あるいは調査結果の分析に,政策的な意図や政治性,序列化や競争意識の涵養の機能が含まれているという指摘については,工藤(2009)や中嶋(2010)などを参照。
5) 学校教育は社会の変化のスピードに合わせるべきではないという,根本的な批判については,内田(2011)を参照。

〔参考文献〕
新井克弥(2009)『劇場型社会の構造「お祭り党」という視点』青弓社
有馬晋作(2011)『劇場型首長の戦略と功罪——地方分権時代に問われる議会』ミネルヴァ書房
内田樹ほか(2011)『橋下主義(ハシズム)を許すな!』ビジネス社
大嶽秀夫(1994)『自由主義的改革の時代——1980年代前期の日本政治』中央公論社
大嶽秀夫(2003)『日本型ポピュリズム——政治への期待と幻滅』中央公論新社
大嶽秀夫(2006)『小泉純一郎ポピュリズムの研究——その戦略と手法』東洋経済新報社
大嶽秀夫(2008)「ポピュリスト石原都知事の大学改革——東京都立大学から首都大学東京へ」レヴァイアサン42号,9-31頁
草野厚(2006)『テレビは政治を動かすか』NTT出版
工藤宏司(2009)「『全国学力・学習調査』がもたらすもの——『科学的な根拠』としての利用を抗うために」「学校と地域」研究委員会報告書『子どもの力を邪魔しないために——学校と地域のゆるやかなつながりを』19-38頁
産経新聞大阪社会部(2009)『橋下徹研究』産経新聞出版
榊原秀訓編著(2012)『自治体ポピュリズムを問う——大阪維新改革・河村流減税の投げかけるもの』自治体研究社
志水宏吉・高田一宏編著(2012)『学力政策の比較社会学【国内編】全国学力テストは都道府県に何をもたらしたか』明石書店

高津芳則（2011）「『教育行政の一般行政からの独立』再考――大阪の事例から」日本教育政策学会年報18号，100-109頁
谷口将紀（2008）「日本における変わるメディア，変わる政治　選挙・政策・政党」サミュエル・ポプキンほか編『メディアが変える政治』東京大学出版会，149-174頁
中嶋哲彦（2010）「全国学力テストと地方自治――全国学力テストによる教育行政改革とその行方」日本教育政策学会年報19号，97-105頁
浪本勝年（2010）「学力テスト政策の変遷とその法的問題点」日本教育政策学会年報18号，88-96頁
橋下徹・堺屋太一（2011）『体制維新――大阪都』文藝春秋
平井一臣（2011a）『首長の暴走　あくね問題の政治学』法律文化社
平井一臣（2011b）「劇場化し暴走する地方政治――阿久根から大阪へ」世界2011年11月号，245-253頁
星徹（2008）「橋下知事の教育介入が招く負のスパイラル」世界2008年12月号，162-172頁
松谷満（2011）「ポピュリズムの台頭とその源泉」世界2011年4月号，133-141頁
村上弘（2010）「『大阪都』の基礎研究――橋下知事による大阪市の廃止構想」立命館法学331号，241-332頁
読売新聞大阪本社社会部（2012）『橋下劇場』中央公論新社
Jagers, Jan and Walgrave, Stefaan(2007)"Populism as political communication style: An empirical study of political parties' discourse in Belgium", *European Journal of Political Research*, 46: 319-345.
Riker, William H.(1982)*Liberalism Against Populism: A Confrontation Between the Theory of Democracy and the Theory of Social Choice*, Prospect Heights: Waveland Press.
Taggart, Paul(2000)*Populism*, Buckingham: Open University Press.

第6章　衆議院小選挙区選挙における現職効果
――票は議席を与える，議席は票を与えるか

鈴木　創

1　小選挙区制と現職の優位性

　一般に，現職候補は，選挙を戦ううえで非現職候補にはない強みをもつ。議員に与えられる公的な金銭的・人的リソースの一部は，選挙区での支持を維持・拡大するために投入される。たとえば，文書通信費は選挙区との活発なコミュニケーションを可能にしているし，選挙区の事情を熟知した常勤のスタッフを公設秘書として保障されていることも大きな利点である。また，とくに与党議員が行う選挙区への利益誘導も，政策・予算に対する公式の発言権と省庁とのコネクションがあるからこそ，有効に展開できる活動である。

　さらに，議員だけに排他的に与えられるわけではないけれども，議員であることで獲得が容易になるリソースもある。たとえば，議員は日常的にマスメディアによる報道の対象でありうるため，多くのパブリシティを享受する。また，議員と利益団体との間にクライアンテリスティックな交換関係があるならば，現職候補は団体による集票支援や資金の面でも，非現職候補を圧倒するだろう。

　1990年代初めに衆議院の選挙制度改革が議論されていた当時，米国下院選挙での現職候補の再選率が90%をこえることを主要な論拠として，小選挙区制にすると現職有利になるとの論調が有力であった。実際，保守系の若手政治家の間でさえ，米国型の選挙に近づいてますます現職が有利になるとの認識から，小選挙区制の採用には抵抗が強かったという（大嶽 1997：17）。

　何人かの研究者たちも，小選挙区制は大（中）選挙区制よりも現職に有利に作用すると考えている。たとえば小林（1997：238）は，制度変更後間もなく，

小選挙区制では中央とのパイプが選挙区で唯一の議員に集約されるために，地元首長や経済界も現職を支援するようになり，現職が強くなると予想した。川人（2004：272）も同様に，小選挙区制では議員がただ1人の代表として有権者とのつながりを独占するため，現職候補が圧倒的に有利であると論じている。

　アシュワースとブエノ・デ・メスキータは，フォーマル・モデルを用いて，選挙区の有権者が利益誘導を唯一の議員の業績として認識することが容易な小選挙区制の方が，大選挙区制よりポークバレル政治を促進することを示した（Ashworth and Bueno de Mesquita 2006）[1]。このモデルは，現職の優位性を明示的に扱ってはいないが，利益誘導というシグナルに含まれるノイズが小さい小選挙区制の方が，より現職優位となることを示唆する。州によって一部に複数定数区を採用している米国州議会選挙の研究では，小選挙区のみを採用する州の方が現職の優位性が大きいとの指摘もある（Carey et al. 2000；Cox and Morgenstern 1995）。さらに有賀は，小選挙区制，非拘束名簿式比例代表制，単記非委譲式投票制の5ヶ国比較を通じて，政党内競争が生じる余地が小さい選挙制度ほど，現職の優位性を大きくするとしている（Ariga 2010：chap.4）。

　日本における現職の優位性に関する研究は，これまであまり行われてこなかった。中選挙区制期についてはいくつかの研究があるが，現職が有利だったか不利だったかということ自体に議論がある（Ariga 2010：chap.3；Hayama 1992；Reed 1994）。並立制の小選挙区部分に関しては，梅田が2005年選挙を分析している（Umeda 2011：chap.4）。彼は，競争的な選挙区においては，①前回小選挙区で当選した現職は，いわゆる比例復活当選した現職に対して優位性をもっていないこと，②比例現職は非現職に対して2～3パーセンテージ・ポイントの優位性をもつこと，の2点を示した。これらの結果から梅田は，重複立候補と惜敗率の制度は，競争力のある候補を比例現職として小選挙区現職に対峙させることで，現職の優位性を相殺して選挙を競争的にしていると主張する。

　現職の地位がどの程度選挙上の恩恵となるかということは，実証研究上の重要な問いであると同時に，規範的にも大きな意味をもつ。もしも選挙民の多くが自分たちの代表に不満を抱いても，その代表を交代させることが困難であるならば，選挙民に対する代表の応答性はますます損なわれ，そうした代表を介

した統治の正統性は大きく傷つく。もしも補助金や議員の公的なリソースが大きな利点となるならば，納税者の負担による公的支出が，結果的に現職個人の地位の維持を助けることになりかねない。そして，もしも小選挙区制が利益誘導の業績を唯一の議員に集中させることで，現職にあまりにも大きな恩恵を与えるならば，サービスと票の交換から政党と政策による選挙への転換を目指した選挙制度改革の本旨とは逆行する変化が生じることになる。

そこで本章は，冒頭で述べたような議員の地位（とリソース）自体が，近年の小選挙区選挙において，現職候補にどの程度得票上のプレミアムを与えているかを考察する。言いかえれば，同じ政党の現職候補と非現職候補が，その地位および地位から生じる政治活動上のリソースの違いを除いて同じ条件で立候補した場合に，前者が後者に比べてどれだけ多くの票を獲得するかを推定することが目的である。

現職の地位自体が得票率に与える効果を推定することは，地位の効果を選挙区の効果や候補者の効果から分離する作業でもある。第1に，現職と非現職は，出馬する選挙区によって異なる環境で選挙を戦う。たとえば，自民党に対する支持が強い選挙区からは（自民党候補が当選しやすいから）自民党現職候補が立候補する傾向がある。自民党が強い選挙区で自民党現職候補が高い得票率を誇り，自民党が弱い選挙区で自民党非現職候補の得票率が低かったとしても，それは主として選挙区の効果と考えるべきである。

第2に，候補者としての質において対立候補より優っている候補ほど多くの票を獲得すると思われるが，対立候補との質の差は，選挙による選別（electoral selection）と戦略的参入（strategic entry）の2つのメカニズムによって，地位の違いとも関係するだろう（Ashworth and Bueno de Mesquita 2008；Gowrisankaran et al. 2008）。選挙による選別とは，過去の選挙というふるいにかけられて現職となった者は，そうした選別の結果落選した（あるいは選別を受けたことがない）非現職候補に比べて，平均的に質が高い可能性があることをさす（Mondak 1995；Zaller 1998）。戦略的参入とは，現職の地位が得票のプレミアムを生むために，または現職が質の高い候補であるために，現職が立候補する選挙区では他党から質の高い非現職候補が立候補しなくなることをいう（Cox and Katz

1996；Jacobson and Kernell 1983：30)。強力な挑戦者の出現を抑止することに成功するなら，現職候補は自党の非現職が直面する対立候補よりも質の低い候補と戦う傾向をもつだろう。このように，選挙による選別と戦略的参入のどちらが働いても（両方が働けばなおのこと），相手候補に対する相対的な質という点では，現職が非現職よりも優位に立つことになる。

基底的な党派性を含む選挙区特性や候補者の質は，客観的に観測することが困難な変数である。これらの変数が欠落変数（omitted variables）となり，現職変数に内生性が生じるとき，横断的なデータで現職の地位，つまり議席をもつこと自体の効果を推定することは容易ではない。そこで本章は，連続する総選挙で二大政党から同じ候補者が立候補した選挙区のパネルデータによって，選挙区特性と候補者の質を統制することを試みる（Hirano and Snyder 2009；Levitt and Wolfram 1997)。2回の選挙において，同一の自民党候補と民主党候補のペアが同一の選挙区で争っているわけだから，このようなパネルデータでは，選挙区の特性も候補者の相対的な質もパネルごとに一定である。このことを利用して，地位自体の効果を推定するのである。

ただし，候補者の質に関する上の議論は，日本に関しては確立された経験的事実ではない。本章の主要な関心は，選挙区特性と候補者の質の両方を統制することによって，現職の地位自体の効果を推定することにあるが，現職の強さが候補者としての質と（部分的に）関係しているかということも興味深い問題である。そこで以下では，候補者の相対的な質を統制しない分析も行うことで試論を提示してみたい。次節では，候補者の質を統制しない場合と統制する場合のそれぞれについて，推定方法を示すことにしよう。

2　データと推定方法

本章が利用するデータは，2003年から2009年の3回の総選挙から得られた選挙区単位のパネルデータである。ただし，選挙区の再区画後初めての選挙で，境界が変化した選挙区に立候補した現職と，従来と同じ地理的範囲の選挙区に立候補した現職とを同列に扱うことには疑問が残る（Ansolabehere et al. 2000；

Desposato and Petrocik 2003)。そのため，2002年に新設された選挙区と境界に変更が生じた選挙区の2003年選挙の得票率は，以下のすべての分析から除外する。また，自民党と民主党の両方が候補者を擁立した選挙区の得票率のみを分析対象とする。

ここでは自民得票率を従属変数とする場合を例にとって推定方法を示すが，民主得票率の場合も考え方は同じである。選挙年 $t = 1，2，3$ の選挙区 i における自民党候補の得票率 Y_{it} について，次のようなモデルを考えよう。

$$Y_{it} = X_{it}\beta + I_{it}^L\Psi^L + I_{it}^D\Psi^D + Q_{it}\alpha + c_i + \varepsilon_{it} \qquad (1)$$

ただし，X_{it} は観測される統制変数，I_{it}^j は政党 $j = L$（自民党），D（民主党）から現職候補が立候補した場合に1の値をとるダミー変数，Q_{it} は二大政党候補の質の差（自民党候補の質−民主党候補の質），c_i は選挙区の基底的な党派性を含む選挙区効果，ε_{it} は誤差項である。

(1)式は，民主党候補に対する自民党候補の相対的な質が高いほど自民得票率が高くなることを想定しているが（$\alpha > 0$ と期待される），すでに指摘した通り，候補者の相対的な質自体も自民・民主各党候補の地位と関係していると考えられる。そこで，両者の間に次の関係が成り立つと仮定する。

$$Q_{it} = q_i + I_{it}^L\theta^L + I_{it}^D\theta^D + \eta_{it} \qquad (2)$$

ただし，q_i は選挙区 i において自民党と民主党がそれぞれ擁立することのできる平均的な非現職候補の質の差（自民党候補の質−民主党候補の質），η_{it} は誤差項である。Q_{it} は実際には観測されないから，(2)式を(1)式に代入し，1階の階差をとって個別効果を消去しよう。階差式は，$t = 2，3$ に対して，

$$\Delta Y_{it} = \Delta X_{it}\beta + \Delta I_{it}^L(\Psi^L + \theta^L\alpha) + \Delta I_{it}^D(\Psi^D + \theta^D\alpha) + \Delta\eta_{it}\alpha + \Delta\varepsilon_{it} \qquad (3)$$

である。個別効果が消えたことで，選挙区の基底的な党派性を含む時間不変的な選挙区特性を統制することができた。ところで，Y_{it} は二大政党の候補が立候補した場合の自民党候補の得票率だから，ΔY_{it} は t 期と $t-1$ 期の両方の選挙で二大政党がともに候補者を擁立した選挙区でのみ観測される。このような選

挙区を「自民・民主連続対戦区」と呼ぶことにしよう。自民・民主連続対戦区をサンプルとして(3)式を推定すれば，現職の階差ΔI_{it}^jの係数は，候補者の相対的な質を統制しない場合の現職効果全体を表す。つまり，①現職の地位そのものが得票率に直接与える地位効果（Ψ^j）と，②対立候補との質の差が現職と非現職で異なり（θ^j），質の差が得票率に影響する（α）ことを通じて，現職であることが得票率に与える間接的な効果，の和である。[5]

次に，選挙区特性だけでなく二大政党の候補者の相対的な質も統制して，得票率に対する地位自体の効果を推定するために，自民党と民主党の両方から前回と同じ候補者が再出馬した選挙区（以下，「同一候補連続対戦区」と呼ぶ）に注目する。前回選挙からの数年間で同一個人の候補者としての質は変化しないと仮定すれば，これらの選挙区では$Q_{it} = Q_{i, t-1}$が成り立つ。この場合，(1)式の階差をとると次の式となる。

$$\Delta Y_{it} = \Delta X_{it}\beta + \Delta I_{it}^L \Psi^L + \Delta I_{it}^D \Psi^D + \Delta \varepsilon_{it} \qquad (4)$$

つまり，サンプルを同一候補連続対戦区に限定すれば，現職の階差変数の係数は地位効果を表す。

以上のように自民・民主連続対戦区と同一候補連続対戦区のパネルデータを使用することで，方法論的には2つの問題に対処する必要が生じる。第1に，現職変数I_{it}^jは強外生性（strict exogeneity）を満たさないであろう。前回選挙で自民党の得票率が大きな正のショックを受けた選挙区ほど自民党候補が当選し，今回の選挙では自民党の現職候補が立候補している（そして民主党の現職候補がいない）傾向があると考えられる。そのため，(4)式の誤差項$\Delta\varepsilon_{it}$はΔI_{it}^Lとは負の相関関係，ΔI_{it}^Dとは正の相関関係にあるだろう。さらに，候補者の質の差が得票率に影響するなら，前回選挙で二大政党候補の質の差が自民党に有利なショックを受けた選挙区ほど，今回選挙では自民党候補が現職として立候補している（民主現職がいない）可能性がある。そしてαは正であることが期待されるから，全体として(3)式の誤差項$\Delta\eta_{it}\alpha + \Delta\varepsilon_{it}$も$\Delta I_{it}^L$とは負の相関を，$\Delta I_{it}^D$とは正の相関をもつと考えられる。こうした現職変数の内生性を考慮せずに(3)式・(4)式をOLS推定すると，自民得票率に対する自民現職効果には下方バイアス

が，民主現職効果には上方バイアスが働くことになる。

そこで以下では，一般化積率法（generalized method of moments, GMM）による推定を行う[6]。得票率の階差とは相関しないが，現職の階差とは相関するような除外操作変数（excluded instruments）を用意し，それらの変数と誤差項との直交条件を利用して，内生的説明変数である現職が得票率に与える効果の一致推定を得るのである。

第2に，自民・民主連続対戦区も同一候補連続対戦区もランダム・サンプルではないから，選択バイアスが生じうる。そこで，サンプルに含まれるか否かを従属変数とするプロビット・モデルを，t = 2，3に対して選挙年別にそれぞれ推定する。使用する説明変数は，観測される統制変数の階差変数（ΔX_{it}），除外操作変数，そして現職の変化にも得票率の変化にも相関しないが，サンプルに入るかどうかとは相関すると考えられる除外変数である。これら選挙年ごとの選択方程式の推定結果から逆ミルズ比の推定値を算出し，それと選挙年ダミーの交互作用項（2005年ダミーと2005年の逆ミルズ比の交互作用項，2009年ダミーと2009年の逆ミルズ比の交互作用項）を，得票率の階差式（(3)・(4)式）にも含まれる操作変数（included instruments）として加える。つまり，選択方程式と得票率の階差式の誤差項の相関が選挙年によって異なることを許容しつつ，ヘックマン流のサンプル選択モデルの二段階推定を行うのである[7]。

次節では，このように選択バイアスを修正したモデルと修正しないモデルの両方を推定し，前者において，選挙年ダミーと逆ミルズ比の2つの交互作用項の係数が同時に0であるとする帰無仮説について，ワルド検定を行う。この検定が帰無仮説を棄却した場合に，選択バイアスを修正したモデルを採用する。

分析に使用する変数を定義しよう。観測される統制変数X_{it}は，候補者数，保守分裂の状態にあったことを示すダミー変数[8]，選挙年ダミー，および選挙年ダミーとDID人口比率[9]の交互作用項である。

除外操作変数には，自民現職，民主現職，保守分裂の1期ラグを使用する。I_{it}^jは前回選挙における誤差とは相関するが，同時期および将来の誤差とは相関しないと考えられる。すなわち，現職変数は弱外生性（sequential exogeneity）を満たすとみなすことができるため，それ自身のラグを除外操作変数として用

いることが可能である。しかも，$\Delta I_{it}^j = I_{it}^j - I_{i,t-1}^j$であるから，$\Delta I_{it}^j$と$I_{i,t-1}^j$の間にはかなり強い負の相関があるはずである。また，本章は保守分裂に強外生性を仮定している。過去の得票率や候補者の質に対するショックが保守分裂するかどうかに体系的に影響したり，現在の保守分裂が将来の得票率や候補者の質に（将来の保守分裂の有無にかかわらず）ショックを与えたりするとは考えにくいからである。一方，前回選挙における強力な第3の候補の存在は，二大政党の候補の前回当選確率を低下させることによって，ΔI_{it}^jと相関するだろう。

最後に，サンプル選択モデルの推定のための除外制約（exclusion restrictions）が必要である。まず，境界線が変更された選挙区の2003年の得票率を分析から除く（階差式では2005年の観測を除く）ため，定数の増減または基準外選挙区の存在によって区割りを変更した県を示すダミー変数を用いる。次に，二大政党のいずれかが候補者を出さなかった選挙区の多くは，他党と選挙協力を行った選挙区であるから，前々回選挙において公明党，保守党，社民党候補のいずれかが2位以内に入った選挙区を表すダミー変数を用いる。以上の2つの変数は，自民党と民主党が連続対戦したか，同一候補が連続対戦したかを選挙年別に推定する計4本のプロビット・モデルのすべてに使用する。

同一候補連続対戦区のサンプルに入るかどうかは，二大政党の前回候補者がともに再出馬したかどうかによる。そこで上記の2変数に加え，前回の自民党候補と民主党候補のうち年長だった者の年齢を投入する。[10] また，再出馬する確率は中堅の候補において最大になると考えられるため，年齢の二乗項も含める。最後に自民党がコスタリカ方式を採用している選挙区の多くでは，前回とは別の自民党候補が小選挙区に立候補するだろう。したがって，前々回選挙までに当該選挙区に立候補したことのある候補が，前回選挙において自民党の比例単独かつ名簿上位で立候補した場合を1とするダミー変数を用いる。

区割りの変更があった県や自民党がコスタリカ方式を採る選挙区が，二大政党候補の地位の変化や得票率の変化に関して特別な傾向をもつと考える積極的な理由はない。協力政党と前回候補の年齢については，自民党の協力政党が2位以内に入った選挙区とか，民主党候補の年齢といったように政党別に変数を使用したならば，地位や得票率の変化と相関する可能性がある。しかしここで

用いるのは，どちらかの協力政党が2位以内に入った選挙区，自民党と民主党の候補のうち年長の者の年齢であるから，そうした可能性は低いだろう．

3 推定結果と考察

はじめに，現職変数と前回選挙でのショックとの相関を考慮せずに推定すると，(候補者の質を統制しない場合の) 現職効果全体についてどのような結果が得られるかみておきたい．図表6-1はパネルデータの回帰分析の基本的な推定法である，固定効果推定と階差推定による結果である．どちらの推定法も，自民党から現職候補が立候補すると，同じ選挙区から非現職候補が立候補した場合より自民得票率は高くなり，民主得票率は低くなることを示しているが，その程度はかなり小さい．一方，不思議なことに，民主党現職候補の存在は自民得票率を増加させ，民主得票率には統計的に有意な効果をもたない．こうした結果 (少なくとも民主現職効果に関する結果) は意外だが，現職変数の内生性のために自党の現職効果には下方の，他党の現職効果には上方のバイアスが生じているとすれば理解できる．

そこで，前節で示した方法を用いて内生性を考慮した推定を行った．自民・民主連続対戦区をサンプルとして，現職効果全体を推定した結果が図表6-2である．従属変数や選択バイアスの修正の有無にかかわらず，どのモデルでも，操作変数法に関する診断統計量は問題のない値を示している．過少識別は高度な水準で棄却されている．弱操作変数の検定統計量はStock-Yogoの限界値を大きく上回っており，除外操作変数と内生的説明変数との弱相関が懸念される値ではない．過剰識別制約検定では帰無仮説が棄却されておらず，自民現職，民主現職，保守分裂の3つのラグを除外操作変数として扱うのが妥当であることが示されている．内生性検定の結果は，2つの現職変数を内生変数とみなすべきであることを示唆している．一方，選択バイアスのワルド検定では，帰無仮説が棄却されなかった[11]．実際，推定結果は①の選択バイアスを修正しない場合と②の修正した場合とでほとんど違いがない．そこで，自民・民主連続対戦区では選択バイアスは生じていないと判断し，①の推定結果を採用する．

図表6-1　現職効果全体の固定効果および階差推定

	固定効果推定			階差推定	
	自民得票率	民主得票率		Δ自民得票率	Δ民主得票率
自民現職	0.017**	−0.018**	Δ自民現職	0.017**	−0.015**
	(0.006)	(0.005)		(0.006)	(0.005)
民主現職	0.015***	0.0003	Δ民主現職	0.018***	−0.005
	(0.004)	(0.004)		(0.004)	(0.005)
N	742(1)		N	455(2)	

注：(1)は自民党と民主党がともに候補者を擁立した選挙区，(2)は自民・民主連続対戦区。括弧内は選挙区をクラスターとする頑健標準誤差。***p<0.001；**p<0.01（両側検定）。統制変数の係数の推定結果は省略した。
出典：筆者作成

図表6-2　現職効果全体のGMM推定

	①選択バイアス修正なし		②選択バイアス修正あり	
	Δ自民得票率	Δ民主得票率	Δ自民得票率	Δ民主得票率
Δ自民現職	0.031***	−0.038***	0.030***	−0.038***
	(0.007)	(0.007)	(0.007)	(0.007)
Δ民主現職	−0.020*	0.043***	−0.021*	0.043***
	(0.010)	(0.010)	(0.010)	(0.010)
2005年×逆ミルズ比			0.007	−0.021
			(0.013)	(0.016)
2009年×逆ミルズ比			0.002	0.012
			(0.019)	(0.021)
過少識別の検定				
Kleibergen-Paap LM 統計量	91.025***		99.166***	
弱操作変数の検定				
Cragg-Donald F 統計量	54.949		50.124	
Kleibergen-Paap F 統計量	58.576		54.962	
過剰識別制約の検定				
Hansen J 統計量	0.541	0.577	0.519	0.270
p値	0.462	0.447	0.471	0.603
内生性の同時検定				
Sargan-Hansen統計量の差	20.782***	32.680***	19.776***	34.896***
選択バイアスの検定				
Wald 統計量	—	—	0.26	2.13
p値	—	—	0.876	0.344

注：サンプルは自民・民主連続対戦区（N=455）。括弧内は，①は選挙区をクラスターとする頑健標準誤差，②は選挙区をクラスターとした1000回の抽出によるブートストラップ標準誤差。***p<0.001；*p<0.05（両側検定）。弱操作変数の検定におけるStock-Yogoの限界値は10%IVサイズに対して13.43である（Stock and Yogo 2005）。統制変数の係数の推定結果は省略した。
出典：筆者作成

図表6-2の①から，現職効果全体は次のように推定される。自民党の現職候補が出馬すると，同じ選挙区から非現職候補が出馬した場合に比べ，（民主党候補の地位と統制変数の値が一定ならば）自民得票率が3.1ポイント大きく，民主得票率が3.8ポイント小さくなる。民主党の候補が現職であることは，民主得票率を4.3ポイント引き上げ，自民得票率を2.0ポイント引き下げる。これらは，いずれも統計的に有意である。現職変数の内生性を考慮した推定結果（図表6-2の①）と考慮しない推定結果（図表6-1）とを比較すると，自党現職の係数の推定値は前者においてより大きく，他党現職のそれはより小さい。やはり，図表6-1の結果には予想された方向へのバイアスが生じていたと考えるべきだろう。とくに民主現職の係数の変化は著しい。

次に，同一候補連続対戦区をサンプルとして候補者の相対的な質も統制し，地位効果を推定した。その結果は図表6-3に要約されている。過少識別，弱操作変数，過剰識別制約の検定統計量は問題のない値であり，現職変数の内生性も検定によって支持されている。また，自民・民主連続対戦区の場合とは異なり，自民得票率モデルでも民主得票率モデルでも選択バイアスの存在が示唆されている。したがって，ここでは選択バイアスを修正した②の結果を採用する。

図表6-3の②は，得票率に対する現職の地位効果について，以下のことを示している。同じ選挙区において，自民党から現職候補が立候補した場合と，この人物が非現職候補として立候補し，同じ民主党候補と争った場合とでは，（民主党候補の地位と統制変数の値が一定であれば）現職として立候補した場合の方が3.0ポイント多くの票を獲得する。またこの場合，自民党候補が現職である方が，民主党候補の得票率は2.8ポイント小さくなる。同様に，同じ選挙区で同じ二大政党候補が対戦するとき，民主党候補が現職である場合の方が民主得票率は3.0ポイント大きく，自民得票率は1.9ポイント小さくなる。ただし，自民得票率に対する民主現職の地位効果は，10％水準でのみ有意である。

要するに，自民党の現職も民主党の現職も，現職の地位自体から3ポイントのボーナスを受け取っている。一方で相手候補の得票率を減少させる点では，自民現職の地位効果の方が民主現職のそれよりもやや大きい。しかし，自民得

票率に対する民主地位効果が10％水準でしか有意でないという点では留保がつくものの，全体として自民党と民主党の地位効果の規模にさほど大きな違いはないと言ってよいだろう。一党優位政党制のもとで長年にわたって業界団体などとの緊密な関係を築き，分析対象期間においても与党であった自民党の現職は，社会的な浸透度も低く当時野党であった民主党の現職よりも，団体からの支援を受けたり選挙区サービスを提供したりするうえで格段に有利な立場にあったはずである。それにもかかわらず，両党の現職が得る恩恵が同程度であるという点は興味深い。[12]

現職候補の強さは，地位自体から得られる恩恵以外にも，対立候補と比べた質が非現職候補より高いことからも生じているだろうか。図表6-2の①と図表6-3の②を比べると，自民得票率に対する現職の効果はほとんど変化していない。しかし民主得票率に対しては，自民現職の効果も民主現職の効果も，候補者の質を統制すると絶対値がやや縮小する。したがって，候補者としての質と現職候補の強さの間には，（自民党の場合は対立候補の得票を減らすという意味で，民主党の場合は自己の得票率を増やすという意味で）一定の関係があると思われる。もっとも，候補者の質を統制することによる現職効果の縮小幅は，民主得票率に対しても1ポイント強であり，そうした関係はあまり大きくはない。

現職効果全体と地位効果の差が比較的小さい場合，それは対立候補との質の差が現職候補と非現職候補の間であまり変わらない（θ^jが0に近い）か，候補者の質の差が得票率に与える影響が小さい（αが0に近い）か，その両方であることを意味する。したがって，この結果に対しては（相互に排他的でない）複数の解釈がありえる。1つの可能性は，並立制の導入後，選挙の全国化・政党化（濱本・根元 2011；平野 2007；2008）が進んだために，得票率に対する候補者の効果があまり大きくないというものである。得票率が候補者の質によって大きくは左右されないなら，選挙による選別が強く働くとは考えにくいし，仮に現職が強力な挑戦者の出現を抑止することに成功していたとしても，そのことは得票率における優位にはあまりつながらない。

もう1つの可能性は，挑戦者の戦略的参入が働いていないというものである。近年の総選挙のスウィングの大きさからすれば，（自党に有利なムードがあれば）

図表6-3　地位効果のGMM推定

	①選択バイアス修正なし		②選択バイアス修正あり	
	Δ自民得票率	Δ民主得票率	Δ自民得票率	Δ民主得票率
Δ自民現職	0.033***	−0.033***	0.030***	−0.028***
	(0.007)	(0.007)	(0.007)	(0.007)
Δ民主現職	−0.022*	0.032*	−0.019†	0.030*
	(0.011)	(0.013)	(0.012)	(0.014)
2005年×逆ミルズ比			0.029†	−0.040†
			(0.015)	(0.022)
2009年×逆ミルズ比			−0.025	0.039*
			(0.017)	(0.020)
過少識別の検定				
Kleibergen-Paap LM統計量	56.549***		54.669***	
弱操作変数の検定				
Cragg-Donald F統計量	42.166		35.275	
Kleibergen-Paap F統計量	36.771		34.519	
過剰識別制約の検定				
Hansen J統計量	0.645	1.040	1.113	0.790
p値	0.422	0.308	0.291	0.374
内生性の同時検定				
Sargan-Hansen統計量の差	27.220***	26.530***	26.442***	27.788***
選択バイアスの検定				
Wald 統計量	—	—	6.24	7.79
p値	—	—	0.044	0.020

注：サンプルは同一候補連続対戦区（N = 248）。括弧内は，①は選挙区をクラスターとする頑健標準誤差，②は選挙区をクラスターとした1000回の抽出によるブートストラップ標準誤差。***p＜0.001；*p＜0.05；†p＜0.1（両側検定）。弱操作変数の検定におけるStock-Yogoの限界値は10%IVサイズに対して13.43である（Stock and Yogo 2005）。統制変数の係数の推定結果は省略した。

出典：筆者作成

現職に挑戦して勝利する見込みも小さくないし，重複立候補を伴う並立制では，たとえ小選挙区で現職に敗れても，善戦すれば比例当選というセイフティー・ネットが機能する。その結果，質の高い潜在的候補が戦略的な行動をとる誘因

は小さいのかもしれない（Scheiner 2006：139-140）。戦略的参入が働かなければ，相対的な質における現職の優位性は，選挙による選別からしか生じないから，得票率への影響も比較的穏健なものにとどまると考えられる。

　さて，以上のように推定された地位効果は，サブスタンティブな意味で大きいと言えるだろうか。小選挙区で当選するうえで，多くの現職候補にとって地位効果が決定的な助けとなっているかを検討することで，この問題にアプローチしてみたい。分析対象の3回の総選挙において，自民党と民主党の両方が候補者を出した選挙区で，他の候補が2位以内に入った選挙区は例外的だと言ってよい。したがってほとんどの選挙区では，自民党と民主党の得票率のどちらが大きかったかによって小選挙区の勝者が決まっている。そこでまず，自民党候補と民主党候補の得票率差に対する地位効果を推定した。図表6-4は，同一候補連続対戦区をサンプルとし，得票率差（自民得票率－民主得票率）の階差を従属変数にとって，これまでと同様の定式化で分析した結果である。選択バイアスが示唆されたため，バイアスを修正した結果を掲載した。推定結果は，自民現職が二大政党の得票率差を自民党側に5.8ポイント，民主現職が民主党側に4.9ポイント動かすことを示している。この結果は，各党得票率に対する地位効果をそれぞれ推定した結果とも整合的である。また，自民党と民主党の地位効果の絶対値に有意な差はなかった（p = 0.715）。

　この推定結果をもとに，現職の地位にあることで得た票の上積み（および相手候補の票の減少）を現職候補が仮に得ていなかったら，小選挙区での当落がどの程度変わっていたかを考えてみよう。ただし，推定に伴う不確実性を分析に取り入れるために，次のようなシミュレーションを行う。

①図表6-4のモデルにおける自民現職と民主現職の係数の推定値と分散共分散をもとに，二変量正規分布から10,000組の乱数を発生させて，10,000通りの自民地位効果と民主地位効果の推定値を得る。
②2003年から2009年選挙で自民党候補と民主党候補が上位2位を占めた選挙区を対象として，得票率差の観測値から現職候補が立候補した政党の地位効果を引き，地位効果が存在しない場合の仮想の得票率差とする。

③観測された得票率差と仮想の得票率差の符号が異なる選挙区を，地位効果がなかったならば自民党候補と民主党候補の間で当選者が入れ替わっただろう選挙区とみなし，そのような選挙区の割合を算出する。

④10,000組の地位効果から算出された10,000個の割合の分布を考察する。

つまり，地位効果がなければ現職が負けていたけれども，実際には地位効果のおかげで現職が当選した選挙区がどのくらいあったかに着目するのである。

図表6-5の①は，自民党と民主党の候補が上位2位を占めた全選挙区のうち，地位効果が決定的な役割を演じた選挙区の割合について，シミュレーション結果の平均値とパーセンタイルによる95%信頼区間を示したものである。3回の総選挙を全体としてみると，そのような選挙区の割合は平均値で8.7%であり，推定の不確実性を考慮しても，大きく見積もって13%程度だと考えられる。したがって，地位が現職候補に与える恩恵は，ごく一部の現職の当選を助けてはいるものの，小選挙区での勝者を規定する主要な要因の1つであるとは言い難い。また，この割合の分布に選挙年による変化はほとんどみられない。

地位効果によって選挙結果が左右された選挙区の割合には，現職候補の所属政党によって，何か特徴がみられるだろうか。まず，自民党からも民主党から

図表6-4　得票率差に対する地位効果

	Δ自民・民主得票率差
Δ自民現職	0.058^{***}
	(0.013)
Δ民主現職	-0.049^{*}
	(0.023)
2005年×逆ミルズ比	0.065^{*}
	(0.033)
2009年×逆ミルズ比	$-0.062^{\dagger}$
	(0.033)
過剰識別制約の検定	
Hansen J 統計量	0.002
p値	0.962
内生性の同時検定	
Sargan-Hansen 統計量の差	34.385^{***}
選択バイアスの検定	
Wald 統計量	7.66
p値	0.022

注：サンプルは同一候補連続対戦区（N = 248）。括弧内は選挙区をクラスターとした1000回の抽出によるブートストラップ標準誤差。$^{***}p<0.001$; $^{*}p<0.05$; $^{\dagger}p<0.1$（両側検定）。統制変数の係数の推定結果は省略した。

出典：筆者作成

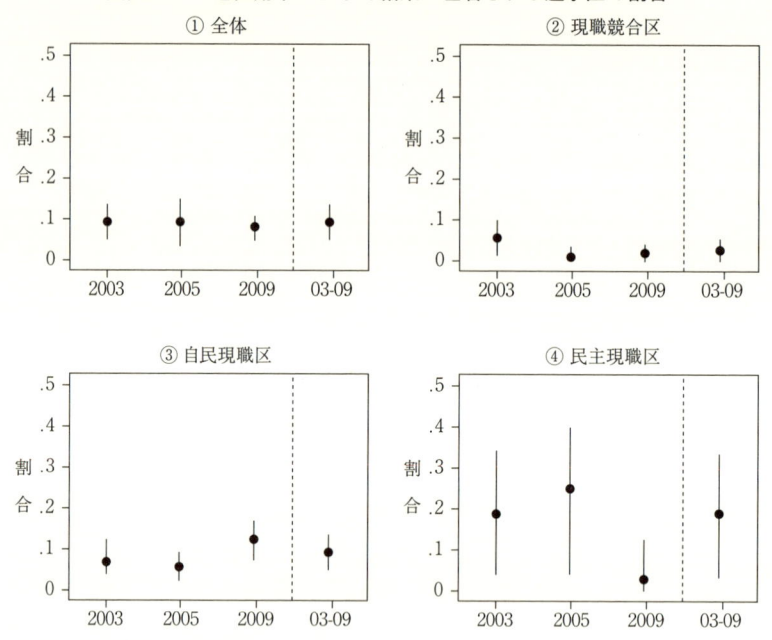

図表 6-5　地位効果によって結果が左右される選挙区の割合

① 全体　　② 現職競合区
③ 自民現職区　　④ 民主現職区

注：●は平均，実線は95％信頼区間を表す。
出典：筆者作成

も現職候補が出馬した現職競合区に限って，地位効果が結果を左右した選挙区の割合を示したのが，図表 6-5 の②である。自民地位効果と民主地位効果の規模には大差がなく，このような選挙区では両者が相殺しあっているため，地位効果がなくなっても当選者が変化する選挙区はほとんどない。

　特徴的なのは，自民党の現職候補と民主党の非現職候補が争った自民現職区（③）と，民主現職と自民非現職が対戦した民主現職区（④）である。自民現職区のうち地位効果があって初めて現職が当選できた選挙区の割合は，2003年と2005年にはごく限られていた。一方，民主現職区におけるシミュレーション結果は分散が大きく，確たる評価を下すことはできない。しかし平均値でみれば，2003年には民主現職区の18.4％，2005年には25.0％において，現職が地位の恩恵に依存して当選したと考えられる。自民現職区と民主現職区の間で

このような違いがみられるのは、2005年選挙までは小選挙区で自民党候補が当選する場合には得票に差がつく傾向があり、民主党候補が勝利する場合には僅差になる傾向があったからである（水崎・森 2007：147-148, 191；田中 2005：243-244）。したがって、2009年に民主党に非常に強い追い風が吹いて、自民現職の多くが（負けるか）僅差で勝利し、民主現職の多くが大差で当選したとき、この傾向にも逆転が生じたことが図からみてとれる。2009年には自民現職区における割合が（2003・2005年の民主現職区ほどではないものの）倍増し、地位効果が結果を左右した民主現職区はほぼ皆無だったのである。[14]

4　結　語

本章は、3回の総選挙のパネルデータを利用して、小選挙区における現職の優位性について分析を行ってきた。とりわけ、連続する選挙で自民党からも民主党からも同じ候補者が出馬した選挙区に注目し、議席をもつこと自体が小選挙区得票率に与える効果を推定した。推定結果からは、自民党の現職候補も民主党の現職候補も、その地位から得票率にして3ポイントのプレミアムを得ていることが示された。

選挙制度が変わったことで、現職の優位性が拡大したかどうかを即断することは難しい。中選挙区制期の現職の優位性に関してコンセンサスが得られていないうえに、ここでの分析も含め研究によって推定方法が大きく異なり、単純な比較はできないからである。しかし本章の分析結果は、少なくとも現状において、現職候補が（選挙区のローカルな条件、全国的なムード、自分と対立候補の実力などから）本来期待される以上の票を獲得していることを示している。そうだとすれば、検討すべき問題は、小選挙区制下で現職が享受している得票率3ポイントの優位性が、どれほどの意味をもつかということである。

こうした地位による恩恵は、辛うじて小選挙区での勝利を手中にした現職候補にとっては決定的な助けとなったと思われるから、小選挙区での当落に一定の影響を及ぼしていると言えるだろう。しかし、そうした選挙区は全体としては少数に限られており、現職という要因が勝敗に影響する余地は、かなり小さ

いと考えられる。しかも，地位効果の規模は比較的小さいため，それが現職候補の当選を決定的に助けた少数の選挙区は，かなりの接戦の末に勝敗が決した選挙区である。したがって，これらの選挙区では非現職である相手候補も比例当選し，次回は同等の恩恵を享受する可能性が高い。つまり，地位の恩恵に依存して現職候補が当選した選挙区とは，勝利した現職候補が，次回はそうした助けがないことを覚悟しなければならない選挙区なのである。重複立候補制は，現職の恩恵が特定の候補を助け続けて小選挙区での勝者が固定化されるのを妨げ，マージナルな現職候補の再選をより不確実にしていると思われる。

　現職候補の強さが，選挙による選別や戦略的参入から生じる候補者としての質の優位性とも関係しているかを検討するために，本章は現職効果全体と地位効果の比較を行った。その結果，そうした関係がうかがえるものの，その程度はあまり大きくはないことが示唆された。その理由は本章の射程をこえる問題だが，ここで強調しておきたいのは，対立候補との質の差における優位を通じた得票への効果が小さいならば，現職の優位性の大部分は地位とリソースの違いから生じているということである。そして，これまで述べてきたように，地位とリソースの効果は，圧倒的と言えるようなものではない。こうしたことを総合的に考えれば，近年の小選挙区選挙において，現職候補は無視できない優位性をもつが，その程度は控えめなものであるというのが本章の主張である。

　もっとも，本章は，候補者の質と現職の優位性との関係については試論を提示するにとどまった。また本章では，どの現職候補もその地位から（所属政党による違いを除けば）同規模の恩恵を受けているという前提に立って，それが小選挙区での勝敗を左右したかを評価した。しかし，現職の地位が与える効果は候補者によって多様であるかもしれないし（Gelman and Huang 2008），選挙年によって異なる可能性もある。地位自体の効果だけでなく候補者としての質を通じた効果を分析する研究や，現職効果のバリエーションも考慮したよりニュアンスのある研究を進めることは，現職の優位性の規模はもちろん，その源泉を明らかにするうえでも重要な手掛かりとなるだろう。

　＊本章の執筆に際して，竹中佳彦氏，濱本真輔氏，松下幸敏氏から有益な助言・コメ

ントをいただいた。記して謝意を表したい。もっとも，本章に残る誤りは，言うまでもなく筆者の責に帰するものである。

【注】

1) ただし彼らは，中選挙区制下の日本の自民党議員は，後援会組織を通じて縄張りを形成したために，利益誘導に熱心だったと述べている。
2) 得票率データは水崎節文と森裕城によるJED-Mデータを利用した。
3) 本章における現職とは前職候補をさす。ただし，選挙区の境界が変化した現職候補をほかの現職候補と同列に論じられないなら，国替えして新しい選挙区で初めての選挙に臨む前職候補についても，考慮する必要があるかもしれない。しかしそのような候補はごく少数であるため，非現職とみなしてコード化しても，サンプルから除外しても，推定結果はほとんど変化しなかった。
4) 平均的非現職候補の質の差の効果を含む$q_i\alpha + c_i$がトータルの個別効果である。
5) この全体を現職の「効果」と呼ぶのはミスリーディングかもしれない。θ^jが選挙による選別から生じているならば，それは現職の因果的効果とは言えないからである。しかし，この点に留意したうえで表現の冗長さを避けるために，以下では$\psi^j + \theta^j\alpha$を便宜的に「現職効果全体」と呼ぶ。また，地位自体が与える効果を「地位効果」と呼ぶ。
6) より具体的には，直交条件の共分散行列と選挙区ごとのクラスタリングから導かれる最適ウェイト行列を用いた二段階有効GMM（two-step efficient GMM）推定である。
7) 逆ミルズ比は生成された説明変数（generated regressors）であるため，選択バイアスを修正したモデルではブートストラップ標準誤差を用いる。
8) ここでは，①自民党公認候補に加えて，自民党系または自民党出身の候補が自民・民主以外の政党から，または無所属で立候補した選挙区，および②自民党候補と他の与党候補が競合した選挙区，を保守分裂の選挙区とみなした。
9) DID人口比率は，すべての選挙年について，菅原（2004）が公開している2000年の国勢調査に基づくデータを使用した。
10) 前回選挙で自民党候補も民主党候補も立候補しなかった選挙区については，全体の平均値を代入した。もっともそのような選挙区は，2005年の場合2選挙区，2009年の場合1選挙区にすぎない。
11) 紙幅の関係で詳細は省略するが，二大政党が連続して対戦したか，また同一候補が連続して対戦したかを選挙年別に推定した計4本のプロビット・モデルのうち，区割り変更県は2005年の自民・民主連続対戦と2005年の同一候補連続対戦において（ただし後者は10％水準），協力政党は4本すべてにおいて有意だった。また，同一候補連続対戦のモデルのうち，前回候補の年齢とその二乗は2005年において，比例単独上位候補は2009年において有意だった。係数の符号はいずれも期待された通りだった。
12) このような二大政党間の地位効果の対称性が，選挙区サービスや利益団体からの支援は地位効果の主たる源泉ではないことを意味しているのか，それとも，自民党の地位効

果と民主党の地位効果は異なる源泉から生じていることを意味しているのかを論じる用意は，筆者にはない。しかし少なくとも，自民党の議席が生むプレミアムが民主党の議席のそれよりも大きいという傾向が見出せないということは，それ自体，政権交代前の段階での政治過程における自民党優位の喪失の一側面を示しているのではないだろうか。

13) 現職の地位の恩恵は，小選挙区で敗れた場合でも現職候補の惜敗率を押し上げ，比例当選の確率を高めると思われるが，ここでは小選挙区での当落に分析を限定する。

14) また割合ではなく実数でみると，こうした選挙区の数は，2005年と2009年には逆風に直面した政党の現職区に大きく偏っている。2009年には自民現職区と民主現職区の数自体に極端な偏りがあったことも一因だが，現職の地位の恩恵がなかったなら，2005年には自民党が，2009年には民主党が実際よりもさらに大勝していただろう。その意味で，地位効果は全国的な風を幾分和らげるように働いていると思われる。

〔参考文献〕

大嶽秀夫（1997）「政治改革をめざした二つの政治勢力――自民党若手改革派と小沢グループ」大嶽秀夫編『政界再編の研究――新選挙制度による総選挙』有斐閣，3-33頁

川人貞史（2004）『選挙制度と政党システム』木鐸社

小林良彰（1997）『日本人の投票行動と政治意識』木鐸社

菅原琢（2004）「2003年衆議院選挙区別都市度」(http://freett.com/sugawara_taku/data/2003did.html，2012年6月18日最終閲覧）

田中善一郎（2005）『日本の総選挙――1946-2003』東京大学出版会

濱本真輔・根元邦明（2011）「個人中心の再選戦略とその有効性――選挙区活動は票に結び付くのか？」日本政治学会編『政権交代期の「選挙区政治」』木鐸社，70-97頁

平野浩（2007）『変容する日本の社会と投票行動』木鐸社

平野浩（2008）「投票行動から見た『執政部－有権者関係』の変容」日本比較政治学会編『リーダーシップの比較政治学』早稲田大学出版部，19-38頁

水崎節文・森裕城（2007）『総選挙の得票分析――1958-2005』木鐸社

Ansolabehere, Stephen, Snyder, Jr., James M. and Stewart, Ⅲ, Charles(2000)"Old Voters, New Voters, and the Personal Vote: Using Redistricting to Measure the Incumbency Advantage", *American Journal of Political Science*, 44(1): 17-34.

Ariga, Kenichi(2010)*Entrenched Incumbents, Irresponsible Parties? Comparative Analysis of Incumbency Advantage across Different Electoral Systems*, Ph.D. dissertation, University of Michigan.(http://hdl.handle.net/2027.42/77907, Retrieved on May 26, 2012 from Deep Blue)

Ashworth, Scott and Bueno de Mesquita, Ethan(2006)"Delivering the Goods: Legislative Particularism in Different Electoral and Institutional Settings", *Journal of Politics*, 68(1): 168-179.

Ashworth, Scott and Bueno de Mesquita, Ethan(2008)"Electoral Selection, Strategic

Challenger Entry, and the Incumbency Advantage", *Journal of Politics*, 70(4): 1006-1025.

Carey, John M., Niemi, Richard G. and Powell, Lynda W. (2000) "Incumbency and the Probability of Reelection in State Legislative Elections", *Journal of Politics*, 62(3): 671-700.

Cox, Gary W. and Katz, Jonathan N. (1996) "Why Did the Incumbency Advantage in U.S. House Elections Grow?", *American Journal of Political Science*, 40(2): 478-497.

Cox, Gary W. and Morgenstern, Scott(1995) "The Incumbency Advantage in Multimember Districts: Evidence from the U.S. States", *Legislative Studies Quarterly*, 20(3): 329-349.

Desposato, Scott W. and Petrocik, John R. (2003) "The Variable Incumbency Advantage: New Voters, Redistricting, and the Personal Vote", *American Journal of Political Science*, 47(1): 18-32.

Gelman, Andrew and Huang, Zaiying(2008) "Estimating Incumbency Advantage and Its Variation, as an Example of a Before-After Study", *Journal of the American Statistical Association*, 103(482): 437-446.

Gowrisankaran, Gautam, Mitchell, Matthew F. and Moro, Andrea(2008) "Electoral Design and Voter Welfare from the US Senate: Evidence from a Dynamic Selection Model", *Review of Economic Dynamics*, 11(1): 1-17.

Hayama, Akira(1992) "Incumbency Advantage in Japanese Elections", *Electoral Studies*, 11(1): 46-57.

Hirano, Shigeo and Snyder, Jr., James(2009) "Using Multimember District Elections to Estimate the Sources of the Incumbency Advantage", *American Journal of Political Science*, 53(2): 292-306.

Jacobson, Gary C. and Kernell, Samuel(1983)*Strategy and Choice in Congressional Elections*[2nd ed.], New Haven: Yale University Press.

Levitt, Steven D. and Wolfram, Catherine D. (1997) "Decomposing the Sources of Incumbency Advantage in the U.S. House", *Legislative Studies Quarterly*, 22(1): 45-60.

Mondak, Jeffrey J. (1995) "Competence, Integrity, and the Electoral Success of Congressional Incumbents", *Journal of Politics*, 57(4): 1043-1069.

Reed, Steven R. (1994) "The Incumbency Advantage in Japan", in Albert Somit *et al.* eds., *The Victorious Incumbent: A Threat to Democracy?*, Aldershot：Dartmouth, pp. 278-303.

Scheiner, Ethan(2006)*Democracy without Competition in Japan: Opposition Failure in a One-Party Dominant State*, Cambridge: Cambridge University Press.

Stock, James H. and Yogo, Motohiro (2005) "Testing for Weak Instruments in Linear IV Regression", in Donald W. K. Andrews and James H. Stock eds., *Identification and*

Inference for Econometric Models: Essays in Honor of Thomas Rothenberg, Cambridge: Cambridge University Press, pp. 80-108.

Umeda, Michio (2011) *Three Essays on the Party Strategies under the Mixed-Member Electoral System*, Ph.D. dissertation, University of Michigan. (http://hdl.handle.net/2027.42/86305, Retrieved on November 24, 2012 from Deep Blue)

Zaller, John (1998) "Politicians as Prize Fighters: Electoral Selection and Incumbency Advantage", in John G. Geer ed., *Politicians and Party Politics*, Baltimore: Johns Hopkins University Press, pp. 125-185.

第7章　憲法改正をめぐる世論

鹿毛利枝子

1　憲法改正と世論——背景

　憲法改正を支持する人々は，どのような人々だろうか。またその人々はどのような投票行動をとるのだろうか。冷戦期には，憲法改正は自衛隊の合憲性などと並び，左右の対立軸を形づくる重要なイシューであった。この時期には，農業従事者・自営業者を中心に，比較的年齢が高く，初等中等教育を受けた層で憲法改正への支持が高く，また保守指向も自民党に投票する傾向も強く，他方年齢が比較的若く，高等教育を受け，管理職・専門職などに就く人々は左派指向が強く，また憲法改正にも否定的であり，自民党以外の政党に投票する傾向が強いとされてきた（綿貫 1982など）。冷戦終結後も防衛・安全保障領域をめぐる対立は政党レベルでは一定程度残存しているとされる（品田 2000；Taniguchi *et al.* 2010）。

　世論のレベルではどうだろうか。憲法改正が実現するか否かは究極的には世論にあることを考えると，どのような人々が憲法改正を支持し，その人々がどのような投票行動をとるのかは重要な問題である。本章は，JES Ⅲ調査（「21世紀初頭の投票行動の全国的・時系列的調査研究」，2001～2005年）を用いて，憲法改正を支持する人々の属性を明らかにしたうえで，その投票行動へのインパクトを検討する。既存の世論調査の多くは一度限りのサーヴェイであるが，JES Ⅲはパネル調査であり，同じ回答者が複数回回答しているため，サーヴェイの中で表明された立場の安定性を明らかにしたり，立場の変化があった場合にはその要因を探ることが可能である。また調査の行われた2000年代半ば頃は，

2004年の読売新聞社の調査で憲法改正を支持する人の比率が過去最高の65％に上るなど，多くの世論調査において憲法改正支持率がピークに達した時期でもあった。このような時期に，どのような層が憲法改正を支持したり，あるいは反対したりしたのか，またそれらの人々がどのような投票行動をとったのかを探ることは，今後の憲法改正の展望を考えるうえでも有益であると思われる。[1]

本章の構成は以下の通りである。次節では，憲法改正に対する態度とその変動を概観する。次いで，憲法改正に対する態度の時間的安定性を検討する。第4節では，憲法改正に対する態度と保革自己イメージの間の関係を探り，第5節では憲法改正に対する態度と，他の政策イシューに対する態度の間の連関を検討する。第6節では憲法改正に対する態度と投票行動との間の関係を検証する。最後に第7節では本章において得られた知見を総括する。

2 憲法改正への態度と社会的属性── JESⅢ調査より

そもそも憲法改正に対する支持はどの程度あるのか。憲法改正の支持者・不支持者にはどういった属性の人々が多いのか。JESⅢ調査では，以下の質問項目を用いて，憲法改正に対する支持・不支持を聞いている。

憲法改正について，次のA，Bのような意見があります。
A．今の憲法は時代に合わなくなってきているので，早い時期に改憲した方がよい
B．今の憲法は大筋において立派な憲法であるから，現在は改憲しない方がよい
あなたの意見はどちらに近いですか。この中ではどれにあたりますか。
1）Aに近い，2）どちらかといえばA，3）どちらかといえばB，4）Bに近い，5）わからない，6）答えない

3回の調査を通して，憲法改正を支持する者（回答1か2を選んだ者）の比率とその内訳は，図表7-1の通りである。

いずれの調査でも，早い時期の憲法改正を支持する者が5割をこえ，支持しない者の比率を上回る。読売新聞社の調査では，2004年が憲法改正支持のピークであり，2005年以降に下降を始めるが，JESⅢ調査ではすでに2003年調査

第7章 憲法改正をめぐる世論

図表7-1 憲法改正を支持する回答者の比率（％）

調査年	全体（％）	男性（％）	女性（％）	新中学・旧小・旧高小	新高校・旧中学	高専・短大・専修学校	大学・大学院
2001	55.1	56.9	53.2	52.1	55.8	53.8	58.8
2003	54.4	55.2	53.5	54.9	53.6	52.6	59.3
2004	54.1	54.5	53.8	51.2	55.7	57.4	50.8

注：学歴の表記は最終学歴。中退・在学中は卒業とみなす。各種学校は含まない。
出典：JESⅢ調査

から低下が始まっているのがわかる。

　男女別には，どの年も男性の憲法改正支持率の方が女性よりも高い。もっとも男性における支持率は3度の調査で減少し続けているのに対して，女性の間では逆に増え続けており，3度の調査を通して男女の差は縮まっている。

　学歴別には2003年と2004年調査の間で興味深い変化がみられる。2001・2003年調査では大卒以上の比較的高学歴層がそれ未満の層に比べて憲法改正支持率の高い傾向があったが，2004年調査ではこれが逆転し，とくに大卒以上の層では憲法改正支持率が10％近く減少，新中学・旧小・旧高小卒者よりも低くなった。

　2000年代には「若年層の保守化」をめぐる議論が活発に展開された（香山 2002；高原 2006；菅原 2009など）。若年層の憲法をめぐる態度も「保守化」の証左とされた。憲法改正をめぐる態度と，世代との間には，どのような関係があるのだろうか。JESⅢデータを，1916-25年生まれ，1926-35年生まれ，というように生年を10年ごとに分けて分析してみた。図表7-2は，設問に対する1から4までの選択肢を選んだ者（「わからない」「答えない」を選んだ者を除外）の回答の平均値とその分散を示す。

　図表7-2からは，1976-86年生まれ，1966-75年生まれの比較的若年層で憲法改正に対する支持が高い（平均値が低い）傾向がみられる。とくに2001・2004年調査では，1976-85年世代における憲法改正支持率が全世代のなかで最も高い。

　ただしこの表の解釈には注意も必要である。というのも，従来日本では比較的学歴の高い層ほど革新指向が強く，低い方ほど保守指向が強いとされてきた

図表 7-2　憲法改正への態度と世代，2001-2004年調査

生まれ年	2001年調査			2003年調査			2004年調査		
	平均値	標準偏差	N	平均値	標準偏差	N	平均値	標準偏差	N
1916-25	2.02	1.14	89	2.14	1.14	93	2.24	1.09	79
1926-35	2.11	1.15	246	2.21	1.14	312	2.28	1.09	242
1936-45	2.17	1.20	358	2.06	1.19	459	2.13	1.13	357
1946-55	2.20	1.20	300	2.28	1.21	395	2.32	1.10	380
1956-65	2.10	1.17	251	2.13	1.12	264	2.15	1.12	275
1966-75	2.02	1.15	273	2.03	1.09	200	2.19	1.20	291
1976-85	2.01	1.12	155	2.10	1.19	80	2.10	1.08	124
平　均	2.10	1.17	1686	2.15	1.16	1809	2.21	1.12	1758

出典：JES Ⅲ調査

が（綿貫 1982など），2004年JESⅢ調査の20代の回答者サンプルのうち大卒者はわずか11.7%，30代の12.9%しか含まれていない。2003年調査でも20代大卒者は11.8%である。この年齢層が大学進学年齢を迎えていた1990年代前半から2000年代前半にかけて既に大学進学率が3割をこえていたことを考えると，2003・2004年調査の20歳代回答者のサンプルは明らかに大卒者が少ない。2001年調査では20代サンプルに大卒者が31.9%含まれるので，2003・2004年調査の倍以上である。図表7-1の示すように，とりわけ2004年調査では大卒以上の回答者の間で憲法改正に対して否定的な回答者が大幅に増えているので，大卒以上の回答者がもう少し多かったならば，20歳代層の憲法改正への態度も全般により消極的になっていた可能性も否定できない。

　憲法改正と世代の関係についてもう1点興味深いのは，いずれの調査においても1946-55年生まれ世代が憲法改正に最も消極的である点である。この世代はいわゆる「団塊」世代を含み，しかも学生運動世代とも重なる。ただこの1946-55年生まれ世代がまた，比較的「豊かな世代」でもある点は注意が必要である。たとえば2004年時点でいえば，この世代は49-58歳であり，所得水準としては他世代と比較しても最も高い水準に到達しているはずである。つまり，この世代が比較的「革新的」であるとして，それが「世代効果」によるものか，あるいは所得の効果によるものかは別途，検証が必要である。

3　憲法改正への態度の時間的安定性

既述のように，JES Ⅲ調査はパネル調査であり，同じ回答者が複数回回答している。そこで3回の調査データを用いて，憲法改正についての態度の安定性を探ることができる。図表7-3は，回答の選択肢のうち「Aに近い」「どちらかといえばA」を選んだ者を「憲法改正支持」，「Bに近い」「どちらかといえばB」を選んだ者を「憲法改正反対」と分類したうえで，各調査年ごとの推移を示す。

全般的に憲法改正を支持する人々の方が，反対する人々に比べて，態度が安定的であるのがわかる。たとえば2001年調査と2004年調査の双方に答えた回答者のうち，二度とも憲法改正を支持すると答えた回答者は74.0％に上ったが，憲法改正反対派の間の「歩留まり率」は59.8％にとどまった。つまり2001年に憲法改正に反対すると答え，かつ2004年調査にも答えた回答者のうち，4割は憲法改正に賛成すると答えたことになる。しかも3回の調査を通して憲法改正を支持すると回答した者は，全3回の調査にすべて答えた回答者の41.3％，いずれの調査でも憲法改正に反対すると回答した者は16.4％と，憲法改正に対する反対態度はきわめて不安定なのをみてとることができる。

ここには憲法改正をめぐる，左右の微妙な非対称性が浮かび上がる。憲法改正支持派は，どちらかというと「信念ある」憲法改正支持者であり，3回の調

図表7-3　憲法改正への態度の安定性

(％)

2001年・2003年ともに憲法改正を支持	78.0
2003年・2004年ともに憲法改正を支持	79.8
2001年・2004年ともに憲法改正を支持	74.0
2001年・2003年・2004年ともに憲法改正を支持	41.3
2001年・2003年ともに憲法改正に反対	63.1
2003年・2004年ともに憲法改正に反対	60.8
2001年・2004年ともに憲法改正に反対	59.8
2001年・2003年・2004年ともに憲法改正に反対	16.4

出典：JES Ⅲ調査

図表7-4　2001年調査で「Aに近い」「Bに近い」を選んだ者の2003年調査の回答

	(2001年回答)	
	Aに近い (%)	Bに近い (%)
(2003年回答)		
Aに近い	58.6	16.5
どちらかといえばA	20.6	17.0
どちらかといえばB	9.6	19.8
Bに近い	11.2	46.7
合　計	100.0	100.0

出典：JES Ⅲ調査

査の間でも見解のブレが比較的小さいのに対して，憲法改正反対派は，「迷いのある」反対派で，3回の調査の間での立場のブレが比較的大きい。もっとも，憲法改正支持者の方が比較的3回の調査を通した「歩留まり率」は高いものの，3回の調査とも憲法改正支持を表明した者は3回とも回答した者のうち半数に満たない。

各年の調査で憲法改正を支持，あるいは不支持すると答えた回答者は，以降の調査では憲法改正に対してどのような態度を表明しているのであろうか。

図表7-4の示すように，2001年調査において憲法改正に対して強い支持を打ち出し（「Aに近い」を選択），かつ2003年調査にも回答した回答者のうち，6割近くは2003年調査でも同じ回答を，4割は別の回答を選択している。このうち2割は憲法改正に賛成するという，反対の立場を選択している。また2001年に憲法改正に対して強い反対を示した（「Bに近い」を選択）回答者のうち，2003年調査にも回答し，かつ2003年調査でも同じ回答を選んだ回答者は46.7%にとどまり，残りは別の回答に流れている。とりわけ，3割以上の回答者が2003年調査では憲法改正賛成に廻っており，かつその半数が強い憲法改正支持派（「Aに近い」を選択）となっているのは興味深い。

図表7-5では2001年調査と2004年調査を比較する。2001年調査で「Aに近い」を選び，かつ2004年にも回答をした回答者の回答の内訳である。

2001年と2004年を比較すると，2回の調査でいずれも「Aに近い」を選んだ回答者は半分以下の47.2%にとどまった。ただ，「Aに近い」「どちらかとい

図表7-5　2001年調査で「Aに近い」「Bに近い」を選んだ者の2004年調査の回答

	(2001年回答)	
	Aに近い (%)	Bに近い (%)
(2004年回答)		
Aに近い	47.2	14.4
どちらかといえばA	29.7	19.2
どちらかといえばB	12.2	21.2
Bに近い	10.8	45.2
合　計	99.9	100.0

出典：JES Ⅲ 調査

えばA」という，早い時期の憲法改正に賛成する選択肢を選んだ回答者を併せると75％をこえる。２割強の回答者が「Aに近い」から「どちらかといえばB」「Bに近い」という，憲法改正に反対する態度に変わっている。

　2001年調査で「Bに近い」を選んだ回答者のうち，2004年調査でも「Bに近い」という選択肢を選んだ者は45.2％であり，２回の調査で同じ選択肢を選んだ回答者の比率としては「Aに近い」の場合とほぼ同水準である。ただ，2001年に「Bに近い」を選んだ後，2004年に早い時期の憲法改正賛成の選択肢を選んだ（「Aに近い」もしくは「どちらかといえばA」）回答者の比率は33.6％に上り，2001年に「Aに近い」を選んだ後で2004年に憲法改正反対に変わった回答者の比率よりもやや高い。

　それでは，「Aに近い」「Bに近い」といった，両極の選択肢を選ぶ人々と比較して，「どちらかといえばA」「どちらかといえばB」といった穏健な選択肢を選ぶ人々の方がむしろ態度は安定的なのだろうか。

　図表7-6の示すように，2001年調査において「どちらかといえばA」という，弱いながら改憲を支持する選択肢を選んだ回答者のうち，2004年にも同じ「どちらかといえばA」を選んだのは44.6％である。また「Aに近い」という，より強い改憲支持の選択肢を選んだのは23.7％となり，合わせると2001年・2004年ともに改憲支持を表明したのは68.2％となる。2001年の「どちらかといえばA」から，2004年には「どちらかといえばB」「Bに近い」という，改憲に反対する立場に変わった回答者は31.8％である。

図表7-6 2001年に「どちらかといえばA」「どちらかといえばB」を選んだ回答者の2004年の回答

	(2001年回答)	
	どちらかといえばA (%)	どちらかといえばB (%)
(2004年回答)		
Aに近い	23.7	12.1
どちらかといえばA	44.6	39.8
どちらかといえばB	16.2	19.3
Bに近い	15.5	28.9
合　計	100.0	100.1

出典：JES Ⅲ 調査

　また2001年調査で「どちらかといえばB」という，弱いながら改憲に反対する選択肢を選んだ回答者のうち，2004年にも同じ回答を選んだ者は19.3%にとどまる。最も多くの回答者は「どちらかといえばA」の弱い改憲支持に廻っている（39.8%）。他方，より強い改憲反対の「Bに近い」に廻った回答者も3割近くいる。しかし全体として，2001年に「どちらかといえばB」を選んだ回答者の5割以上が2004年には「Aに近い」もしくは「どちらかといえばA」の「改憲賛成」に廻っており，この層の回答者の「迷いの深さ」をみてとることができる。ただ2001年に「どちらかといえばB」を選び，かつ2004年調査にも回答した者は83名と少ないため，これらの結果の解釈にはやや注意が必要である。総じて，憲法改正への賛否にかかわらず，より極端な立場を選んだ回答者の方が，穏健な態度を選んだ者に比べて，立場の安定性が高い傾向がみられる。

　読売新聞調査などでも，憲法改正に対する支持・不支持は年ごとの変動はあるが，JES Ⅲ 調査の設問は「早い時期」の憲法改正に賛成するか否かを聞いているので，早い時期ではなく憲法改正を支持する者などが回答に迷い，さらに変動幅が大きくなっている可能性がある点は注意が必要である。

4　憲法改正と保革対立軸

　既述のように，冷戦期には，憲法改正に対する態度は，保革の対立を規定す

図表7-7　保革自己イメージと各政策領域に対する態度

政策領域	憲法改正		集団安保		財政再建	
保革スコア	5未満 (革新)	6以上 (保守)	5未満 (革新)	6以上 (保守)	5未満 (革新)	6以上 (保守)
2001年調査	2.279	2.082	2.652	2.346	2.273	2.346
2003年調査	2.392	1.976	2.805	2.283	2.281	2.187
2004年調査	2.493	2.099	2.888	2.430	2.337	2.306

出典：JESⅢ調査

る重要なイシューであった。しかし近年では，保革を分けるイシューとしての憲法問題の重要性は低下したともいわれる。実際はどうだろうか。

　JESⅢ調査では，以下の設問で回答者の保革自己イメージを聞いている。

　　ところで，よく保守的とか革新とかという言葉が使われていますが，あなたの政治的な立場は，この中の番号のどれにあたりますか。0が革新的で，10が保守的です。1～9の数字は，5を中間に，左によるほど革新的，右によるほど保守的，という意味です。

　図表7-7は，自らを「保守寄り」「革新寄り」であるとする人々について，それぞれ憲法改正・集団安全保障への態度を比べ，また参考までに財政再建に対する態度と比較したものである。[2]

　図表7-7からは，自らを「保守」「革新」と規定する人々の間で，憲法改正・集団安全保障に対する態度に顕著な差がみられる。「保守寄り」の人々は憲法改正も集団安全保障の行使も支持する傾向が強い。他方，財政再建と景気対策のどちらを優先すべきかという論点については，保革間の立場の違いはほとんどなく，差はあっても憲法改正や集団安全保障といった政策領域に比べるとわずかである。むろん菅原（2009）の指摘するように，憲法改正を支持する回答者が9条の改正も支持するとは限らず，むしろ環境権やプライバシー権の明記など，他の条項の新設・改正を支持している可能性もある。しかしそれでも憲法改正への態度と保革自己イメージの間に一定の関係がみられるのは興味深い。少なくともJESⅢ調査からは，憲法改正に対する態度は，集団安全保障への態度と並び，依然として保革を分けるイシューであると位置づけることがで

きる。

5 他政策領域との関係

従来,憲法改正は集団的自衛権に対する態度などと高い相関関係があるとされてきた(蒲島・竹中 1996；三宅 1998)。しかし菅原(2009)の示すように,近年では憲法改正に対する支持の多くが憲法9条以外の部分の改正への期待に根ざしているのだとすれば,憲法改正に対する態度と,集団安全保障など,他のイデオロギー的色彩の強いイシューに対する態度は連動しなくなっている可能性もある。JES Ⅲ調査からはどのような傾向がみられるだろうか。

JES Ⅲ調査には,憲法改正のみならず,他の様々な政策領域についても質問項目が含まれているので,この点を検証することができる。[3]

図表7-8では,憲法改正に対する立場と,集団的自衛権の行使に対する立場(注3参照)が比較的強く結びついており,3回の調査を経てその結びつきはやや強まる傾向がみられる。具体的には,憲法改正に賛成する回答者は集団的自衛権の行使を認めるべきであると回答する傾向が強く,逆に憲法改正に反対する回答者は集団的自衛権の行使を認めることに消極的な傾向が強い。同様に,やはりイデオロギー的色彩の強いイシューである,首相の靖国神社公式参拝についても,憲法改正に対する態度との間に強い連関がみられる。憲法改正

図表7-8 政策領域の間の関係

	2001		2003		2004	
	第一因子	第二因子	第一因子	第二因子	第一因子	第二因子
憲法改正	0.477	−0.099	0.564	−0.044	0.522	−0.066
財政再建か景気対策か	0.063	0.280	0.063	−0.003	0.169	0.232
増税か福祉か	−0.004	0.068	0.124	0.204	0.052	−0.002
中央地方関係	0.032	0.276	0.024	0.190	0.081	0.245
集団安全保障	0.492	−0.036	0.521	0.087	0.540	−0.045
靖国神社参拝	0.455	0.085	0.477	−0.106	設問なし	
N	974		1247		1237	

出典：JES Ⅲ調査

図表7-9　政策領域の間の関係（41歳以上）

	2001		2003		2004	
	第一因子	第二因子	第一因子	第二因子	第一因子	第二因子
憲法改正	**0.487**	−0.109	**0.587**	−0.036	**0.496**	−0.046
財政再建か景気対策か	0.061	0.283	0.054	0.000	0.087	0.209
増税か福祉か	−0.046	0.103	0.116	0.210	0.058	0.069
中央地方関係	0.058	0.276	0.028	0.178	0.038	0.224
集団安全保障	**0.528**	−0.026	**0.535**	0.071	**0.508**	−0.015
靖国神社参拝	**0.487**	0.079	**0.494**	−0.094	設問なし	
N	634		1007		888	

出典：JES Ⅲ調査

図表7-10　政策領域の間の関係（40歳以下）

	2001		2003		2004	
	第一因子	第二因子	第一因子	第二因子	第一因子	第二因子
憲法改正	**0.452**	−0.068	**0.475**	−0.032	**0.594**	−0.093
財政再建か景気対策か	0.062	0.278	0.110	0.018	**0.340**	0.221
増税か福祉か	0.092	0.009	0.157	0.162	0.010	−0.110
中央地方関係	−0.032	0.283	−0.083	0.283	0.192	0.269
集団安全保障	**0.426**	−0.050	**0.434**	0.191	**0.617**	−0.114
靖国神社参拝	**0.385**	0.112	**0.381**	−0.189	設問なし	
N	340		240		368	

出典：JES Ⅲ調査

を支持する回答者は首相の公式参拝を支持する傾向が強く，逆に憲法改正に対して否定的な態度をとる回答者は公式参拝にも否定的な者が多い。残念ながら2004年調査では靖国神社参拝についての設問はない。他方，憲法改正や集団安全保障といった外交・防衛領域への立場と，財政再建・福祉・中央地方関係に対する立場の間には，ほとんど連関が見出せない。憲法改正・集団安全保障・靖国神社参拝の間の関係は，たとえば冷戦期に比較すると弱まっているのかもしれないが，少なくとも本章の分析からは，日本においてイデオロギーをめぐるイシュー対立が依然として強く結びついて意識されていることがわかる。

しかしこの結果は，冷戦期の記憶をまだ残しており，またサンプルの大部分を占めると思われる，中高年齢層に引きずられている可能性もある。この点を

検証するため，サンプルを若年層と中高年層に分けて再度因子分析を行った。

図表7-10は，40歳以下の回答者の間でも憲法改正・集団安全保障・靖国神社参拝への態度に間には，比較的強い連関がみられることを示す。2001・2003年調査では憲法改正・集団安全保障・靖国神社参拝の間の負荷量は41歳以上層の方が大きく，図表7-8の結果は，図表7-9に示される結果に大きく影響を受けていることが分かる。2004年の負荷量はむしろ40歳以下層の方が大きい。つまり2004年分に限ってみれば，図表7-8の分析結果は，ただ単に中高年齢層に引っ張られているともいえなさそうである。ここには示さないが，サンプルを40歳以下の大卒以上層に限れば負荷量はさらに高いので，2004年調査では大卒以上の層が過少に代表されていることを考慮すると，憲法改正・集団安全保障・靖国神社参拝の間の連関は，図表7-10に示されるよりも実際にはさらに高い可能性がある。[4]

また2004年調査では，40歳以下の層において，憲法改正・靖国神社参拝だけでなく，財政再建についても一定の連関が検出されている。いわゆる新自由主義的な経済政策を支持しつつ，新保守主義的な外交・防衛政策を支持するという，レーガン・サッチャー・中曽根型の政策指向（大嶽 1994；1995）が，弱いながら観察される。むろんこれは一時的な現象であった可能性もある。今後さらに検証が必要である。

6　投票行動へのインパクト

保革イデオロギーは長らく投票行動を規定する重要な要素とされてきた。1960年代・70年代の選挙を分析した三宅（1985）や，1980年代から90年代にかけての選挙を分析した蒲島・竹中（1996）は，保革イデオロギーが有権者の投票先選択を規定する重要な要因であることを示した。また1989年から2005年までの明推協調査を分析した竹中（2008）も，保革イデオロギーが，1990年以降も弱いながらも有権者の投票政党の選択に影響を及ぼし続けていると主張する。むろん，憲法改正に対する態度は保革イデオロギーと完全に重複するわけではないが，既述のように，世論のレベルにおいては，依然としてかなりの

部分重複するものとして捉えられているので，その投票行動へのインパクトを検討する意義は十分にあるものと思われる。[5]

JESⅢ調査では2001年と2004年の参議院選挙と2003年総選挙について，それぞれどの候補者・政党に投票したかを聞いているので，このデータをもとに分析を行う。従属変数としては，いずれの選挙についても，比例区部分で自民党に投票したか否かを用いる（自民党に投票していれば1，他の政党に投票していれば0）。参議院選挙の比例区部分で候補者に投票した回答者については，その候補者の所属政党を用いる。2001年参議院選挙，2003年総選挙，2004年参議院選挙での自民党の比例区での得票率はそれぞれ38.6%，35.0%，30.0%であったが，JESⅢ調査では34.5%，41.2%，33.8%と，実際の自民党得票率の間に多少のズレがあるものの，さほど大きなズレではない。

憲法改正に対する態度は，①賛成か反対か（「Aに近い」，「どちらかといえばA」，「どちらかといえばB」，「Bに近い」，の4項目で測定した場合と，「Aに近い」と「どちらかといえばA」を憲法改正賛成，「Bに近い」と「どちらかといえばB」を憲法改正反対，の2項目で測定した場合に分けて分析する）と，②憲法改正の重要性に対する認識の双方をモデルに含めて分析する。

その他投票先の選択に影響を与える要因として，大学を卒業したか否か，性別，年齢層（21-30歳，31-40歳，41-50歳，51-60歳，61-70歳，70歳以上），持ち家に居住か否か，自営業か否か，世帯収入（200万円未満，200万〜400万未満……2000万円以上と9段階で分類），市郡規模（13大都市，20万人以上，10万人以上，10万未満，町村の5分類）をコントロールする。

分析の結果は図表7-11の通りである。従属変数が自民党に投票したか否かの2項をとるので，ロジスティック回帰分析を用いる。モデル1は憲法改正への支持を2項目（支持・不支持）で投入し，モデル2では4項目（Aに近い，どちらかといえばA，どちらかといえばB，Bに近い）で投入している。

モデル1では憲法改正への賛否が自民党への投票と5%水準で有意な関係を示している。しかしモデル2が示すように，これは「どちらかといえばB」（現在は改憲しない方がよい）の結果に引っ張られている可能性がある。この「どちらかといえばB」を選ぶ回答者がなぜ自民党に比較的高い確率で投票している

図表 7-11　2001年参議院選挙：憲法改正への態度と自民党への投票

	モデル1		モデル2	
	係　数	標準誤差	係　数	標準誤差
憲法改正への支持：				
どちらかといえばA（賛成）			.084	.524
どちらかといえばB（反対）			1.108	.557**
Bに近い（反対）			.435	.513
憲法改正への賛否	−.671	.384*		
憲法改正の重要性	.030	.216	−.004	.225
市郡規模：20万人以上	.478	.685	.417	.690
10万人以上	1.860	.674***	1.826	.675***
10万人未満	.398	.758	.382	.756
町村	1.319	.639**	1.220	.643*
大卒以上か否か	.259	.542	.252	.544
性　別	.389	.401	.375	.402
持ち家か否か	.684	.579	.715	.584
自営業か否か	−2.010	1.058*	−1.996	1.053*
年齢層：31-40歳	.216	.722	.259	.732
41-50歳	−.389	.760	−.386	.762
51-60歳	−.580	.717	−.551	.719
61-70歳	−.894	.749	−.978	.759
70歳以上	−.583	.828	−.615	.833
世帯収入	−.074	.121	−.075	.123
定数項	−3.103	1.261**	−3.677	1.277***
疑似R^2	0.1061		0.1113	
N	366		366	

*** $p \leq .01$, ** $p \leq .05$, * $p \leq .1$。
出典：JESⅢ調査

のかは必ずしも定かではない。

　図表7-12は2003年総選挙についての分析結果を示す。図表7-11に比べると，図表7-12の結果は従来の選挙研究の知見に比較的近いものとなっている。たとえば持ち家居住者は自民党に投票する傾向が強く，また大卒者が自民党に投票しない傾向が強いのも従来の研究と整合的である。

　憲法改正に対する態度が，改正に反対する者の間では投票先に強い影響を与えている一方で，改正に賛成する者の間では投票先に有意な影響がみられない点は興味深い。つまり左右で憲法改正に対する態度のインパクトに違いがみら

図表7-12　2003年総選挙：憲法改正への態度と自民党への投票

	モデル1		モデル2	
	係　数	標準誤差	係　数	標準誤差
憲法改正への支持：				
どちらかといえばA（賛成）			-.165	.169
どちらかといえばB（反対）			-.437	.205**
Bに近い（反対）			-1.060	.192***
憲法改正への賛否	.729	.144***		
憲法改正の重要性	.062	.080	.046	.081
市郡規模：20万人以上	.300	.193	.297	.193
10万人以上	-.055	.231	-.050	.232
10万人未満	-.032	.216	-.048	.217
町村	.226	.199	.228	.199
大卒以上	-.431	.192**	-.413	.193**
性　別	-.071	.152	-.066	.152
持ち家か否か	.623	.225***	.606	.226***
自営業か否か	.540	.243**	.545	.244**
年齢層：31-40歳	-.343	.445	-.373	.446
41-50歳	-.417	.418	-.464	.420
51-60歳	-.102	.407	-.107	.409
61-70歳	.340	.406	.308	.408
70歳以上	.511	.423	.460	.425
世帯収入	.055	.043	.050	.043
定数項	-1.703	.526***	-.828	.524
疑似R^2	0.0663		0.0718	
N	1024		1024	

*** $p \leq .01$, ** $p \leq .05$, * $p \leq .1$。
出典：JESⅢ調査

れる。先にみたように，態度の安定性に関しては，憲法改正に賛成する者の方が反対する者に比べて経年的な態度変動が小さいことが示されたが，投票先への影響については，憲法改正に反対する態度の方が規定力が強いことがわかる。

　図表7-14は2004年参議院選挙についての分析結果を示す。2003年総選挙と同様，2004年参議院選挙においても，憲法改正反対派の方が自民党への投票を忌避する傾向がみられる。これは1％水準で有意である。憲法改正を「どちらかといえば」支持する人々が自民党へ投票する傾向もみられるが，これは10％水準で有意なだけである。2003年総選挙と同様，憲法改正賛成派・反対

図表7-13　2004年参議院選挙：憲法改正への態度と自民党への投票

	モデル1		モデル2	
	係数	標準誤差	係数	標準誤差
憲法改正への支持：				
どちらかといえばA（賛成）			-.316	.182*
どちらかといえばB（反対）			-1.089	.232***
Bに近い（反対）			-1.058	.207***
憲法改正への賛否	.933	.160***		
憲法改正の重要性	.238	.089***	.274	.091***
市郡規模：20万人以上	.259	.210	.232	.210
10万人以上	.058	.250	.037	.252
10万人未満	.119	.226	.082	.230
町村	.129	.223	.125	.225
大卒以上	-.441	.208**	-.436	.210**
性　別	-.027	.146	-.016	.148
持ち家か否か	.369	.216*	.352	.220*
自営業か否か	.449	.231*	.461	.234**
年齢層：31-40歳	.619	.328*	.605	.333*
41-50歳	.805	.330**	.834	.333**
51-60歳	.614	.311**	.628	.316**
61-70歳	.552	.316*	.550	.322*
70歳以上	.931	.325***	.963	.333***
世帯収入	.032	.029	.031	.029
定数項	-2.914	.470***	-1.911	.491***
疑似R^2	0.0662		0.0685	
N	930		930	

*** $p \leq .01$,　** $p \leq .05$,　* $p \leq .1$。
出典：JESⅢ調査

派で投票行動への影響に非対称性がみられる。

7　結　語

　本章では，JESⅢ調査をもとに憲法改正を支持する人々の属性を探ったうえで，憲法改正に対する態度の時間的安定性，保革イデオロギーとの関係，他政策領域に対する態度との関係を検討し，また投票行動との関係を分析した。本章の分析からは，憲法改正に対する支持は調査のうえではとくに20歳代にお

いて高いようにも見え,「若者の保守化」を裏付けるようにもみえるが，他方調査の20歳代サンプルには大卒者がかなり少ないので，この世代の実際の憲法改正への支持は調査に表れているよりもおそらくは弱いのではないかと推測される。また憲法改正への支持は全般に不安定で，調査年ごとの変動が大きいが，どちらかといえば憲法改正に賛成する人々よりも反対する人々の間で立場の変動が大きい。憲法改正に対する態度は，集団安全保障に対する態度とならび，保革自己イメージと連動していることが確認され，冷戦後も防衛・安保領域のイシューは保革の対立軸を構成していることが確認された。また財政再建に対する支持，福祉の拡大といった経済領域のイシューに対する態度とは強い連関がみられないことが示された。投票行動については，憲法改正反対派は自民党への投票を忌避する傾向が認められるが，憲法改正賛成派は自民党にも自民党以外の政党にも投票する顕著な傾向は認められず，憲法改正の賛成派・反対派で投票先政党の選択には異なるインパクトが及んでいることがわかった。

とりわけこの最後の点は興味深い。本章では憲法改正を4項目，あるいは2項目のダミーとして把握することによって，賛成派・反対派のインパクトの違いを浮き彫りにすることができた。投票行動へのインパクトを及ぼすという点では，憲法改正を支持するという選択は，憲法改正に反対するという選択よりも「重い」選択であることが示唆される。憲法改正反対派において，賛成派よりも，態度の変動が大きく，迷いがみられるのは，この選択の「重さ」による可能性もある（いわゆるsocial desirability biasなど，他の要因が関わっている可能性もあるが）。このことは，保革イデオロギーについても，左右で投票行動に対するインプリケーションに違いのある可能性を示唆しているし，またなぜ左右で異なるインパクトがみられるのかも重要な問題である。今後の研究課題としたい。

＊二次分析に当たり，東京大学社会科学研究所附属社会調査・データアーカイブ研究センターSSJデータアーカイブから「21世紀初頭の投票行動の全国的・時系列的調査研究（JESⅢ SSJDA版）」(2001-2005, JESⅢ研究会) の個票データの提供を受けた。記して感謝したい。

【注】
1） 憲法改正をめぐる1980年代以降の議論については，Winkler（2010）が詳細な分析を行っている。
2） 集団安全保障に関する設問は「集団的自衛権の問題について，次のA，Bのような意見があります。A日米安保体制を強化するためには，集団的自衛権の行使を認めるべきである。B国際紛争に巻き込まれることになるので，集団的自衛権の行使を認めるべきではない。あなたの意見はどちらに近いですか。この中ではどれにあたりますか。」財政再建については，「まず，財政再建と景気対策について次の二つの考えがあります。A. 今のように景気がよくない時には，財政再建が遅れることになっても景気対策を行うべきである。B. 今のように政府の借金が多い時には，景気対策が遅れることになっても財政再建を行うべきである。あなたの意見はどちらに近いですか。この中ではどれにあたりますか。」回答者は，「1. Aに近い」「2. どちらかといえばA」「3. どちらかといえばB」「4. Bに近い」「5. わからない」「6. 答えない」の中から1つを選択する。
3） 増税か福祉かに関する設問は「福祉と負担について，次のA, Bのような意見があります。A. 増税をしてでも，福祉などの公共サービスを充実させるべきである。B. 福祉などの公共サービスが低下しても，税負担を軽減すべきである。」中央地方関係に関する設問は「国と地方自治体の関係について，次のA, Bのような意見があります。A. 競争力の弱い地域を助けるためには，国が補助金などを配分するのは当然である。B. 国の補助金などを減らして，地方の自由な競争による活力のある社会を目指すべきである。」靖国神社参拝に関する設問は，「首相が靖国神社に公式参拝することについて，次の二つの意見があります。A. 戦争で亡くなった人の霊を弔うためには，首相が公式参拝をすべきである。B. 政治と宗教を分ける政教分離の原則から，首相が公式参拝をすべきではない。あなたの意見はどちらに近いですか。この中ではどれにあたりますか。」いずれも選択肢は注2と同じ6つである。
4） 政治的知識水準が高いほど争点態度間の結びつきが強いことを指摘した今井（2005, 竹中［2008］に引用）の知見に近い。
5） 憲法改正への態度が投票行動に及ぼすインパクトを分析するうえでは，そもそも憲法改正への態度が，有権者が投票に行くか否かの判断に影響を与えているのか否かの分析が必要である。JESⅢ調査も2001年参議院選挙・2003年総選挙・2004年参議院選挙という3度の選挙に有権者が投票に行ったかどうかを聞いている。ただ，いずれの選挙についても，調査上の投票率は実際の投票率を大きく上回っており，いわゆるsocial desirability biasが強く働いている点は注意が必要である。調査上の投票率は2001年89.0%，2003年89.2%，2004年86.2%。実際の投票率は選挙区部分で2001年56.4%, 2003年59.9%, 2004年56.6%である。とりわけ，調査上は20代・30代の投票率が7割をこすなど，若年層の投票率が過大に報告されており，筆者の能力では有権者が投票に行ったか否かの規定要因を正確に分析することが困難である。

〔参考文献〕
今井亮祐（2005）「政治的知識・態度形成・投票行動」東京大学法学部助手論文
大嶽秀夫（1994）『自由主義的改革の時代』中央公論社
大嶽秀夫（1995）『政治分析の手法』放送大学教育振興会
蒲島郁夫・竹中佳彦（1996）『現代日本人のイデオロギー』東京大学出版会
香山リカ（2002）『ぷちナショナリズム症候群──若者たちのニッポン主義』中央公論新社
菅原琢（2009）『世論の曲解──なぜ自民党は大敗したのか』光文社
品田裕（2000）「90年代日本の政党公約」水口憲人ほか編『変化をどう説明するか：政治篇』木鐸社，147-171頁
高原基彰（2006）『不安型ナショナリズムの時代』洋泉社
竹中佳彦（2008）「現代日本人のイデオロギー再考──対立・拘束力・規定力」論叢現代文化・公共政策7号，25-63頁
三宅一郎（1985）『政党支持の分析』創文社
三宅一郎（1998）『政党支持の構造』木鐸社
綿貫譲治（1982）「社会的属性と投票行動」綿貫譲治ほか『日本人の選挙行動』東京大学出版会
Taniguchi, Masaki, et al. (2010) "Who Ended the LDP's Reign?", *Japan Echo* 37(1) 1: 19-25.
Winkler, Christian G. (2010) *The Quest for Japan's New Constitution: An Analysis of Visions and Reform Proposals, 1980-2009,* Abingdon, Oxon: Routledge.

第8章　1990年代国会改革の政策過程論と新制度論

松本　俊太

1　はじめに——なぜ国会改革の過程を論じるのか？

　1980〜90年代の日本政治は制度改革の時代であり，日本政治のあり方が，一連の制度改革によって大きく変わったという見方も強い (e.g. 竹中 2006)。行財政改革や政治改革が成立した過程については大嶽 (1993；1996；大嶽編 1997) の一連の研究を筆頭に，既に多くの研究が登場している。しかし，同じく1990年代に行われた「国会改革」については，政治学的な分析は少ない[1]。この国会改革は，誰のどのような理念に基づいて推進され，それがどのように実現したのかを記述し，理論的に説明することが本章の課題である。

　この論文集において国会改革をとりあげるもう1つの理由は，この事例が，1980年代以降に，雑誌『レヴァイアサン』を発足させた世代の研究者が日本政治の分析に導入した「政策過程論」(本章では，政策決定過程の実証的分析全般をさすものとする) と，その下の世代による「新制度論」とが，交差するものであることである。つまり，この事例の分析を通じて，制度改革の分析における政策過程論と新制度論それぞれの意義と限界を指摘し，偶然的要因や制度の運用といった，アクターの「行動」を再考する意義を喚起することが，本章のもう1つの課題である。

　立法の制度は政治によって生まれる。日本の制度改革を論じた政策過程論において中心的な説明要因とされてきたものは，アクターが有する理念 (以下，本章では「アイデア」) であり，改革は，アイデアによって実現されるものである，あるいは少なくとも，アイデアの発生からそれが具体化した改革案の成立また

は失敗までの一連のながれとして理解されてきた。

　ところが，この時代に行われた国会改革については，少数派や議員個人による立法機能の強化と，与野党執行部による討議機能の強化という，異なる方向性の改革が同時に提案・実行されている。主に（広い意味での）合理的選択制度論に依拠する政治学者は，とくに与党において，立法と討議は矛盾するものと捉えている（e.g. 川人 2005；建林ほか 2008：第6章）。この認識は，この10年に出版された政治学や日本政治の教科書にも浸透しているようである（e.g. 伊藤 2000；松田 2009；久米 2011）。そればかりか，この時代の国会改革は互いの整合性を欠く改革であったとされており，国会改革の過程自体を理解するよりむしろ，改革，とりわけ立法機能の強化自体を頭から否定する見方にやや傾斜しているように思われる。

　はたして，①改革案を提示した当時の政治家等は，どのような意図に基づき（あるいは基づかずに）改革を論じ，改革にかかわったのか。②異なるアイデアはそれぞれどのように改革に結びついたのか。③そもそも，議員個人の立法能力の強化と，与野党執行部による討議能力の強化は矛盾するものなのか。

　以上のような問いを立て，本章は一連の国会改革が提案され，成立した過程を分析する。まず，次節において，制度改革の過程に関する理論動向を概観し，それを踏まえて，国会の立法能力を高める改革（第3節）と，討議能力を高める改革（第4節）のそれぞれについて，簡単な事例研究を行う。その結果，本章は，①国会改革を主導したアクターのアイデアは，個別には終始一貫していたこと，②異なるアイデアが共に実現した理由は，与党であった自由民主党（以下，自民党と略記）が，他党との連立という政治的な思惑によって改革を許容した，すなわち，国会改革の成立要因の説明には，政界再編の流れや選挙結果といった偶然的な要素を排除できないことを明らかにする。さらに，本章の要約を兼ねて，③両者の改革が矛盾するという認識は，立法機能の強化を唱えたアクターは有しておらず，両者が矛盾するか否かは，それ自体検討の対象としなければならないし，また制度の運用の面を論じなければならないことを論じる（第5節）。

2　国会改革に関する理論的説明

(1)　国会改革の政策過程論

　政策決定過程は，ホール (Hall 1986) によると，「3つのI」，すなわち，「利益：Interest」「制度：Institution」「アイデア：Idea」の相互作用によって説明されるとされる。[2] ただし，とりわけ初期の政策過程論においては，この利益・制度・アイデアは，「相互作用」というよりは，それぞれ，アクターが目的を達成するために用いることができるリソース（影響力資源）として，並列的に捉えられているといった方がより的確である。そして，どのように政策が決定されるかは，アクターのリソースの量はもちろん，その時々の争点の内容や，アクター間の流動的な連合の組まれ方といった偶然的な要素によっても説明される。こうした偶然的な要素は，政策過程論の最初期に登場した「グループ理論」(e.g. Truman 1951；Latham 1952) のほか，キングダン (Kingdon 1984) の「修正ゴミ缶モデル」がとくに強調するところである。

　日本における政治や行政の制度の改革について，その過程を分析する研究は，この「政策過程論」のなかから生まれてきた。ところが，こうした制度改革の研究は，大嶽 (1993；1996；大嶽編 1997：第1章) を筆頭に，改革を主導するアクターやそのアイデアの役割に力点を置く研究が主流である。つまり，「利益ではなくアイデア」という説明が為されることが多いのである。あるいは，アイデアを「独立変数」として捉えるのではなく，改革のアイデアが発生し，それが改革として結実するまでの過程を記述し説明する「アプローチ」と捉えてもよい。たとえば，1980年代の行政改革を分析した大嶽 (1993：12-17) は，改革の要因を，アイデア，すなわち経済的自由主義の復権に求め，さらにこのアイデアが復権した要因として，短期的な経済状況の変化や，長期的な世論の変化，あるいは世界的なながれが重要としている。ここで指摘されるべきことは，同書においては，アイデアが実現されることを論理必然的に説明することに主眼が置かれ，初期の政策過程論が指摘していた偶然的な要素は後景に退いている，あるいは少なくとも明示的にはモデルに組み込まれていないことである。

ところが，この説明に基づいて本章が対象としている国会改革を論じる際には，以下のような問題が残る。それは，同じ問題状況に対して，異なるアクターが異なる（あるいは競合する）アイデアを提示し，それが同時に実現されたような事例が与えられた場合，アイデアの説得力だけで事例を説明し尽くすことは難しいことである。つまり，個別のアイデアと，それを推進するアクターが有する他のリソースとの結びつきにまで踏み込んで考察を加えねばならないのである。

(2) 国会改革の新制度論

　以上のような，アクターが有する（アイデアを含む）リソースによって現象の説明を行う「政策過程論」に対して，1980年代頃からアメリカ政治学で登場し，1990年代頃から日本政治の分析にも応用されるようになったのが，「新制度論」と称する一連のアプローチである。新制度論は，個別の政策過程を説明するために制度的要因を強調することの他に，いくつかの点において，これまでの政策過程論とは一線を画すものである。ここでは本章の課題ととくに関連深い3点に絞って述べておく。[3]

　第1は，アクターが何らかの合理性を有しているという見方を前提としていることである。新制度論は，研究者がアクターの（多くは物質的な）利益を仮定して，演繹的に政治現象を説明する「合理的選択制度論」と，アクターがもつ合理性自体や，その形成の過程を問題にする「社会学的制度論」や「歴史的制度論」（以下，両者を統一して「歴史的制度論」）に大別される。両者の間の隔たりは大きいが，他方で，どちらの制度論も，アクターは何らかの合理性を有し，理にかなった行動をとると捉える。すなわち，新制度論においては，偶然性による説明は極力排除される傾向にある。

　この点に関連する第2の点は，複数の制度同士の関連である。これは，アクターが何らかの合理性を有して制度を設計しているならば，複数の制度が同じような意図に基づいて設計されているという発想である。

　第3は，各国の政治の相違点を制度の違いに求めることである。政策過程論が，アメリカ人によるアメリカ政治研究から生まれてきたことの含意は，各国

の政治はやがてアメリカのような民主的な政治に収斂してゆく，ということを暗黙の前提としていたことである[4]。ところが，1970年代以降，各国政治の情報の入手が容易になったことや，とりわけ石油危機に対する各国の対応やその後のパフォーマンスに顕著な相違がみられたことから，この前提は覆り，収斂論に対して，各国の相違点を説明する議論が登場したのである。

　以上の3点をまとめれば，「各国の政治制度は，国ごとに異なる何らかの合理性あるいはアイデアに基づいて，複数の制度が互いに整合的な形で設計されている」という議論が導かれる。とりわけ，制度の成り立ちや変化を説明する際には，国によって異なる理念が反映されていることが強調される。その代表的な研究であり，既存の新制度論的な研究を総合した研究ともいえる，レイプハルト（2005）によれば，各国の各種の政治制度の違いによって，各国の民主主義は，「コンセンサス型民主主義」と「多数決型民主主義」の両極の間のどこかに位置づけられる。前者は，大陸ヨーロッパに主にみられるものであり，（連立）与党間や与野党間の話し合いに基づいて国家が運営される形の民主主義である。後者は，「ウエストミンスター型民主主義」とも呼ばれるように，イギリスが代表的な国であり，（多くの場合単独）与党が強いリーダーシップを発揮して政権運営を担い，選挙を通じて野党との優劣を競うことで有権者に対して責任を負う仕組みである。さらに，各国の複数の制度要因の間には，高い整合性がみられる。レイプハルト（2005：第4-13章）は，先進民主主義諸国における10の制度要因を定量的な指標に置き換え，因子分析を用いた結果，この10個の指標は，「政府・政党次元」（執政への権力の集中の程度）と「連邦制次元」（中央政府の集権度の程度）の2つの次元に要約できることを明らかにしている（レイプハルト　2005：第14章）。

　この「コンセンサス型民主主義」と「多数決型民主主義」の分類は，本章の対象である議会においては，ポルスビー（2009）がいう「変換型議会」と「アリーナ型議会」にそれぞれ対応する。変換型議会は，議会が自律的に立法の役割を果たす議会であり，アリーナ型議会は，法案を作成したり修正したりするよりも，議会における討論により，政治的争点を国民に明示することが主な役割とされる議会である（水戸　2009：16-18）。それぞれを実現させるための制度は，

議院内閣制の議会に限っていえば，前者においては強い委員会制度や執政府に対する議会の自律性を担保する制度であり，後者においては，強い本会議や議会に対して執政府が介入できる権限等である。

　ここで問題となるのは，新制度論者は，両者はトレード・オフの関係にある，ということを，少なくとも暗黙の前提としていることである。なぜなら，変換型議会は野党や議員個人が，他方，アリーナ型議会は執政府や党の執行部が，よりつよい権力を有する制度であるからである。別の言い方をすれば，前者はより多くの民意を反映させる「代表性」を，後者は立法の生産性を意味する「効率性」を実現させる制度であり，いずれも十分に満たす制度は，これまで蓄積された知識・知見では難しい（松田 2009：72）とされる。

　以上のように，「1990年代の国会改革は，一貫性を欠いている」という議論は，新制度論というパースペクティヴに基づく見方であることがいえよう。では，なぜ「現実には」日本の国会は，立法機能と討議機能の双方を強化させるような改革を行ったのであろうか。新制度論は実証的な政治理論の一種であり，「現実」を「一貫的・整合的に」説明するためのものである。ところが，後者に重きを置くあまり，こういった，不整合な現実を捨象する，あるいは，頭ごなしに批判するような姿勢に傾斜していないだろうか。新制度論の最初期にライカー（Riker 1980）が批判しているように，新制度論の弱点は，制度が設計される際の政治性を十分に消化しきれていないことにある（同様の議論として，河野 2002）。新制度論は，国会改革の説明においても，この弱点を十分にカヴァーすることができていないのではないだろうか。

(3) 本章の視点──「制度」と「行動」の関係を問い直す

　以上述べたように，政策過程論と新制度論のどちらに依拠しても，国会改革のように，異なるアイデアがともに実現された事例を十分に説明できない。その理由は，どちらの議論も，アイデアや制度の一貫性に力点を置くあまり，認知心理学的な意味において非合理的な意思決定を行う様や，個別の事例に特有の，アクターあるいはアクター同士の政治的な「行動」を捨象してしまっていることによるのではないか。アクターが何らかの意図をもって制度を設計し，

それを運用しているのかどうかは，前提とされることではなく，それ自体実証的な検証の対象とされねばならない。もちろん，それは制度要因を全く無視して良いことを意味しない。制度に関する認識は，アクターをある程度は拘束するのである。重要なことは，制度やその背景にあるアイデアの一貫性とその限界の両方を，バランスよく観察し，分析することであろう。

この事例を説明するための本章の議論は2つである。第1に，日本の制度改革の研究において，アイデアを重視する政策過程論・新制度論ともに軽視していた，「偶然性」への回帰である。とりわけ制度改革の文脈で紹介されるべき概念は，「アメリカ政治発展論」（American Political Development）のなかで登場してきた，「併発」（intercurrence）という概念（Orren and Skowronek 2004）である。つまり，制度改革の過程においては，互いに無関係な，あるいは矛盾する改革が同時に行われたり，過去の制度に対する改革は完遂されず，古い制度と新しい制度が重層的に積み重なったりするものである。議会についても，アメリカ連邦議会の改革を論じたシックラー（Schickler 2001）が，その著書のタイトル *Disjointed Pluralism*（直訳：脈絡のない多元主義）に端的に表現しているように，複数の意図に基づいて改革が行われるものであり，その効果も必ずしも改革の意図どおりとなるとは限らない。そもそも，日本の国会は，明治以来の議院内閣制の上に，占領期にアメリカの意向を強く反映した，アメリカ型の委員会制度や議員立法を含む国会法を中心とする制度をつけ加えたものである。たしかに川人（2005）が論じるように，国会の制度は，占領改革以降，次第に内閣の権力を強化する方向へ変化した。しかし，制度の根幹は変化していないし，1990年代には変換型を志向する改革が主張され実現されている。

第2に，「制度の認識と運用」の問題である。政治制度は互いに矛盾する理念を内に含んでいたとしても，それだけで直ちに政治が機能不全に陥るわけではない。であれば，実証的な政治学にとってより重要な課題は，そもそも改革を行ったアクターが，他のアクターが掲げる改革アイデアとの矛盾を認識していたのか，もしそうだとすれば，それはどのように許容されたのか，さらには，アクターが矛盾を認識しているならば，その矛盾は制度の運用のレヴェルでどのように解消されるのか，といった事柄を実証的に明らかにすることであろう。

選挙制度改革においても，二党制を促す小選挙区制と多党制を促す比例代表制という矛盾する仕組みが同時に採用されたし，少なくとも改革直後については，改革が意図していたような選挙運動を候補者は行っていない（大嶽編 1997）。国会研究の文脈においても，福元（2007）は，制度は過程に影響するが，それは必ずしも設計者が意図した通りにならない，ということを論じている。この時代の国会改革の帰結についても同じようなことが言えないだろうか。

そこで，以下の2つの節では，この第1の点について，「変換型」を志向する改革と，「アリーナ型」を志向する改革それぞれのアイデアの発生から，そのアイデアを推進したアクターの行動を中心とした改革の実現までの過程を，簡単な事例研究によって記述する。[6] 第2の点である制度の運用については，最終節において，今後の研究課題の提示という形で言及する。

3　1990年代の国会改革 Part1 ──「変換型」を志向する改革

現在の日本の国会は十分な機能を果たしておらず，抜本的な改革が必要である，という議論は，既に1980年代前後から数多く出されていた。その際に暗黙のうちに念頭に置かれていた改革のモデルは，変換型の代表であるアメリカ連邦議会であり，したがって，この時期の国会改革の提言は，主に，アメリカのように議員が立法を行わないことに対する批判に主に基づいていた。政治家のレヴェルでも，リクルート事件に端を発する政治改革論議が本格化し，政治改革の一環として，国会についても何かを変えねばならないという議論が野党ばかりでなく，与党の自民党からも現れ始めた。

1990年代に入って，立法機能の強化を意図した改革が実現に移されるようになった。[7] アイデアの供給源となったのは，議院，とくに衆議院である。そのさきがけとなったのは，政策担当秘書制度の導入である。1991年10月日に，「国会議員の秘書に関する調査会」の答申が，桜内義雄衆議院議長に提出された。この答申は，国会改革推進の方策の1つとして，議員の政策立案・立法活動を補佐しうる能力と適性を備えた秘書を創設することを提言し，これが1993年5月の国会法改正による政策担当秘書制度導入の契機となった（武田 2006：

98)。

　「変換型」を志向する改革を最も全面的に提言したのは，1993年8月の政権交代に伴って衆議院の正副議長に就任した土井たか子と鯨岡兵輔を中心とする「国会改革に関する私的研究会」である。土井は，議長に就任する際の記者会見において，終戦当時大学生であった自らの体験に言及し，「戦後初めて民主主義に出合った（原文ママ）ときの感動を，今の若い人に」と語り（土井 1993：171），国民にとって身近な国会をめざす改革を行うことを言明した。その後直ちに組織された研究会のメンバーは，正副議長と新聞記者出身者1名を除き，議院の法制局・調査室・事務局・国会図書館のOBであり，議会事務局サイドの主導性の強い組織であった（谷 2003：126）。

　ここで，改革アイデアの起源と内容について，簡単に触れておく。まず，この改革を先導した土井は，護憲派の憲法学者である。憲法学者を一般化して論じることには慎重でなければならないが，少なくとも立法に関する土井の発想は，日本国憲法第41条「国会は国権の最高機関であり，国の唯一の立法機関である」，という文言を厳格に解釈するものである。つまり，土井（1998：2）によれば，「「唯一」ということになれば，初めから終わりまで，とにかく国会で責任をもって法律を制定していかなければならない[8]」のであり，それゆえ土井は，議員立法の件数が少ないことや，内閣提出法案を優先的に審議する国会の慣習に対して，かつてより問題意識をもっていた。議長に就任した際にも，その状況は悪化しており，国会が立法機関としての役割を果たさず，行政の下働き機関の色彩が強くなっている，という認識が与野党問わず広がっているとし，国対政治に対する批判（および細川内閣において国対政治を廃止したことへの評価）や，国会改革を行うことの重要性を述べている（土井 1993：30-34）。

　この改革アイデアのもう1つの特徴は，立法と討議の間にトレード・オフが生じるとは捉えていないことである。これは，政治学者の伊藤（2000：245）がいうような，比較議会研究の欠如によるものではない。憲法学者や実務家が批判の対象としているのは，官僚主導の立法過程や，それに伴う，国会での審議に消極的な与野党の姿勢である。その根底の問題意識は，戦前の強い官僚制の伝統が戦後の国会においても続いているというものである（これは，実は次節で

論じる小沢一郎の言説にもみられる)。たしかに，対官僚という点においては，立法機能と討議機能の拡充は矛盾しない。

ただ，立法機能の強化を主張する議論においても，議院内閣制と大統領制の違いを全く考慮せずにアメリカを理想とするようなナイーブな言説はさすがにみられない（ただし，それが十分に説得的であることとは別の問題である）。土井は，同じ議院内閣制の国であるイギリスやドイツと比較し，日本はイギリスと比べても議員立法の数が少ないことや，与党自民党の事前審査制といった日本特有の慣習を批判している（e.g. 土井・鯨岡 1997［下］)。より外国，とりわけアメリカとの比較を念頭に置いている議論は，上田・五十嵐（1997）や五十嵐（1994）に詳しい。紙幅の都合上，彼らの議論を網羅的に紹介できないが，2点ほど例示すれば，たとえば，次節で論じるアリーナ型を志向する改革の俎上に載せた政府委員制度は，立法機能にとっても有害なものであり，いかに官僚が有する情報を出させるかという観点から廃止が望ましいとされる（上田・五十嵐 1997：56-59)。あるいは，議院内閣制において党議拘束がかかることは否定せず，党議拘束がかかる時期，つまり法案提出前に党議拘束がかけられ，与党の事前審査や与野党間の国対政治といった，目に見えないところで立法が行われていないことを問題にしている（上田・五十嵐 1997：98-107)。

さて，この正副議長の私的研究会は，第8回までの議論をまとめた，「国会改革への一つの提言」（上田・五十嵐 1997：147-149）を，1994年6月3日に奥田敬和・衆議院議院運営委員長に提出した。その内容は，政治倫理の確立・国会審議の活性化・立法機能の充実・請願の取扱い・国会情報センターの設置を柱としたものであり，一般的な国会改革を論じ，総花的な提言を行うものであった。土井（1998：4）によれば，重点は議員立法による国会の立法機能の強化であった。しかし，この提言については，事務的に処理できるもの以外には進展はみられず（上田・五十嵐 1997：16-17)，その翌年の通常国会において，内閣提出法案が100％の成立率を誇ったのに対して，議員立法は向上もせず注目もされなかったことに，土井は不満を抱いた（土井 1998：4)。

そこで，議員立法というものの意味があまり理解されていないとの反省に基づき，土井・鯨岡正副議長のイニシアティヴによって，議員立法の拡充に論点

を絞った2回目の提言として，「議員立法の活性化に関する一つの提言」（上田・五十嵐 1997：149-152）が1996年6月14日に，続いて8月7日にはその内容を詳述した「議員立法の活性化についての指針」（上田・五十嵐 1997：152-159）が，それぞれ公表された。その内容は，政策立案機能の充実・強化，議員立法を提案しやすくする環境の整備，議員立法にかかわる国会審議の活性化の3つを柱とするものであった。

この研究会は，土井と鯨岡が正副議長を務めている間に，合計で22回にわたって開催された。しかし，この一連の提言は法的にはもちろん，政治的にも拘束力を持たないものであり，1996年9月から11月にかけての衆議院解散・総選挙・組閣の後に，衆議院の正副議長が交代したことに伴い，改革の推進力を失う（谷 2003：126）。確かに，次節で紹介するもう1つの改革と比べれば，その規模が小さいことは否めない。しかし，一連の改革案の提示により，事務的に対応し得る項目はもとより，党議拘束の緩和や，機関承認主義の見直し，議員立法の審査曜日の確保など政党・会派レヴェルの取扱いの変更で可能な部分については，各政党で，それぞれ見直しの方向がみられるようになった（谷 2003：126-127）。さらに，1997年に国会法の改正が行われ，衆議院に決算行政監視委員会が設置されたことや，衆議院に「予備的審査制度」が創設され，議院または委員会が持つ国政調査権を前提として，少数会派からの調査要請が，制度の運用において実際上反映されるシステムが導入された（谷 2003：145-149）。

この改革案がまとめられたことのもう1つの意義は，日本社会党（以下，社会党と略記。1996年に社会民主党に改名）および新党さきがけが，与党自民党と連立政権を形成・維持する過程で，この改革案に基づいた合意を要求し，自民党がそれを受け入れるようになったことである。国会改革は自民党にとっても呑める妥協であったばかりでなく，これまで野党の審議引き延ばしを批判していた立場からすれば，審議を活性化させる方向の改革に全面的に異議を唱えることは，これまでの野党批判と整合性がとれないものであった。この，「ラディカルな改革には消極的であるが，改革の要求には応じる」という自民党の姿勢は，次節でみるもう1つの改革にも共通してみられるものである。

4 1990年代の国会改革Part 2 ——「アリーナ型」を志向する改革

さて，1990年代のもう1つの国会改革は，「アリーナ型」を志向する改革である。これが具体的な形として結実したのは，1999年に行われた「国会審議活性化法」（正式名称：国会審議の活性化及び政治主導の政策決定システムの確立に関する法律）の成立である。その主な内容は，第1に，政府委員制度の廃止と，副大臣・政務官の導入である。第2に，「国家基本政策委員会」を設置し，いわゆる「党首討論」を行うものであり，そのかわりに，首相の外交日程に配慮し，首相の国会への出席義務を大幅に緩和するものである。[10]

この改革アイデアは，国会の現状の観察に基づいて提案されたという面よりも，イギリス型の「多数決型民主主義」を実現する諸改革の一環として提案・実現されたという面の方が強い。こうした発想の改革アイデアが登場してきたのは，リクルート事件に端を発する一連の政治改革の論議からであり，前項の立法機能の強化をめぐる議論より遅い。さらに，多数決型民主主義を徹底させる観点からすれば，議員立法を拡充させることや党議拘束を外すことは，議院内閣制という憲法上の体制を理解しない，誤解に基づいた改革案ということになる（e.g. 飯尾 1999）。

この一連の改革を主導した代表的人物は，自民党の権力の中心にありながら党を離脱し，その後，多くの新党の結成と運営にかかわった，小沢一郎であることはあらためて指摘するまでもないであろう。小沢は，1993年に『日本改造計画』を著し，イギリス型の仕組みに日本の政治を変えてゆくことを主張した。同書において，小沢は，「現行憲法では，本来の議院内閣制の趣旨に沿って，国会を国権の最高機関としたうえで，その信任を受けた内閣が統治するよう定めている。（中略）ところが，戦前からの官僚制を温存したため，権力の中枢は「官」であり，政治家は「民」の代表にすぎないという意識をそのまま引きずってきた。」（小沢 1993：55-56）と述べ，「民」の代表である政治家が直接立法にかかわることこそが民主主義の根幹であることを述べている。そのための手段は，前節の改革アイデアとは大きく異なり，与党と政府の一体化であり，

具体的な国会の改革案としては，政党の政策担当機関と内閣の一体化・150～160程度の政府ポストの新設とそのポストへの与党議員の参画・官僚の国会答弁の廃止・野党の「影の内閣」の制度化等を挙げている（小沢 1993：55-64）。
　もう1つ注目すべき事柄は，小沢の言説には，議員立法など，議員個人の立法機能を拡充させる方向の改革は，（後述する，民主党等との共闘路線を採っていた1997年頃を除き）明示的には出されていないことである。小沢の主張は，2006年に新たに執筆された著書でも概ね変わっておらず（小沢 2006），さらには，2009年に政権を獲得した民主党において幹事長として党務を取り仕切った小沢は，議員立法を原則禁止とした。小沢は，立法機能の拡充は彼の理念の実現にとって妨げとなることに一貫して自覚的であったといえよう。
　さて，この「アリーナ型」を志向する改革が，政治レヴェルで初めて明確に主張されたのは，1993年10月に，新生党代表幹事であった小沢が発表した「政府委員制度廃止の基本構想」である。その背景には，1992年のPKO法の審議過程において，政府委員，とくに内閣法制局長官が国家の基本的方向性について論じているとの認識を小沢がもち，それに強い抵抗を覚えたからである，ともいわれている（伊藤 2001：90）。後に小沢は，「細川連立政権を作った時，私は官僚が答弁する政府委員制度をなくし，大臣に加えて政治家が副大臣，政務次官として政府に参画し，国会で論戦するよう試みた。しかし，一部の自信のない議員が反対し，まとまらなかった」と述懐している（『読売新聞』1998年5月21日朝刊）。
　アリーナ型改革は，その後，1997年に新進党の内部で具体的な法案作成に向けての作業が進められるまで，（党内の政策文書のレヴェルを除き）目立ったうごきをみせなかった。それが再び小沢周辺のアジェンダにのぼった理由は，小沢が，先の1996年衆院選で新進党が自民党に敗れたことを受けて，新進党内の「純化路線」に方針を転換させたことである。新進党は，1997年8月に，後の自由党の綱領の祖形となる「国家再構築宣言」という政策文書を策定する。
　折しも，1996年に結党された民主党においても，国会改革は主要なアジェンダの1つであった。民主党は，社会党と新党さきがけ出身の議員を中心に結党されたため，その案は，「変換型」改革を中心とするものであったが，民主

党案にも，国会答弁を与党政治家が行うことを目的とした案が含まれていた。1997年11月20日に，新進・民主・太陽の野党3党は，新進党案と民主党案の両案を調整した案を，「国会における審議の活性化を図るための国会法及び国家行政組織法等の一部を改正する法律案」として国会に提出した。しかし，同案は付託されないまま審議未了・廃案となった。野党共闘はうまくゆかず，与党自民党を巻き込まなければ国会改革の実現は難しいことが確認される格好となった。

　その後程なく新進党は解党となり，96年衆院選後から始まった小沢の純化路線は，自由党の結党と，「保保連合」をめざして自民党へアプローチする姿勢への転換という形に収斂した。自民党内では，しばらくは加藤紘一や野中広務ら「自社さ」派と，自由党との連立への転換を訴える，梶山静六ら「保保派」の間の対立状況が続いた。しかし，1998年7月に自民党が参議院で過半数を失ったことにより，「自社さ」派が支える小渕恵三が総理・総裁の座に就いた後に，官房長官に就任した野中が自由党との連立へとシフトし，今度は自民党から小沢自由党へアプローチすることとなった。連立の協議は，11月19日の両党党首会談で小沢が提示した「いま直ちに実行する政策」に対して，小渕・小沢の両党首が協議し，それに両者が合意したことから，連立に向けての協議が始まった。この小沢の提案のなかには，「政治・行政改革」の項目に，政府委員制度の廃止と，与党と政府の一体化の2点が含まれており（武田　2006：101)，国会改革は，自自連立の中心的な案件となったのである。

　翌1999年1月の自自連立政権の発足に伴い，政府委員制度廃止と副大臣設置に関する自民・自由両党のプロジェクト・チームが発足し，協議が開始された。協議の中心は，政府委員の廃止と副大臣・政務官の問題について，よりラディカルな提案を行う自由党側と，本音では政府委員の廃止には消極的ながらも議員同士の議論の拡充には積極的な自民党側（伊藤　2001：92）の間で落としどころを探る作業であった。3月24日に両党の間で合意文書がまとまり，院外の組織である国会対策委員会のもとに「副大臣制度に関する協議会」が設けられ，衆参両院の与野党議員が参加する実務者協議へと移った。

　その過程で，実務者協議のメンバーによるイギリス議会の視察が行われ，こ

の視察以降，突如，イギリス議会の「クエスチョン・タイム」の導入が議題に上ることになった。とくに民主党がその導入に積極的であった（伊藤 1999：4）。この頃民主党は，旧新進党から派生した党の合併を経て野党第1党となっていた。したがって，民主党の思惑は，党首討論の様子がテレビ放映され，話題になることによって，政権の選択を国民に問うというイメージを出すことにあった（伊藤 2001：97）。この案に対しては，元よりアリーナ型改革をめざす自由党も賛成の立場であった。対して自民党は，週に1度の党首討論を受け入れる代わりに，国会への首相の出席を現状より緩和することを条件としてもち出した。これ以降は，首相の出席制限をめぐる駆け引きが協議の中心となった。

最終的に国会審議活性化法は，公明党も加わった4党が，中川秀直・衆議院議院運営委員長に法案起草の依頼を行い，議院運営委員長が法案を提出する形を採り，7月26日に成立，30日に公布された。

5　おわりに──「変換型」改革と「アリーナ型」改革は本当に矛盾するのか？

以上のように，1990年代の国会改革は，「変換型」を志向する改革から始まり，それにとってかわるのではなく，それと「併発」する形で，「アリーナ型」を志向する改革が実現した。この事例を，キングダン（Kingdon 1984）の「修正ゴミ缶モデル」の用語を用いて要約する。政策は，「問題の流れ」・「改革案の流れ」・「政治の流れ」という3つの流れが独立して展開し，これら3つの流れが結びつくことによって政策は実現する。「問題の流れ」は雑然とした形で1990年代以前から存在していた。「改革案の流れ」は，変換型の改革は，衆議院の事務局サイドと，55年体制期の与野党の国会運営に批判的な正副議長を中心に，アリーナ型の改革は，「多数決型民主主義」を実現するための制度改革の一環として，主に小沢一郎や小沢が率いた政党によって，それぞれ推進された。つまり，改革を提案していた個別のアクターのアイデアは，一貫していたのである。

この2つの流れが，最後の「政治の流れ」と結びついた決定的な要因は，改革案を成立させるためのリソースを有していた与党自民党が改革案を受け入

たことである。自民党は，概して他党と比べて改革に消極的であったが，「何らかの」改革を行わねばならないことについては，広く党内で認識されていた。その「何らか」は，どの党と連立を行うかをめぐる与野党間，あるいは党内の協調と対立によってその都度定められたのであった。改革全体の流れが雑然としていた理由は，こうした連立や政党の離合集散，さらにそれらを規定した，衆院選や参院選の結果に基づく衆参両院の議席の配分が，まさに流動的に変化していたからである。

以上のような本章の説明に対する代替的な説明は，「新制度論」に基づく説明であろう。つまり，「変換型」の改革は概ね失敗し，首相権力の強化を目指した他の改革と整合的な「アリーナ型」の改革は成功したというものである。変換型改革やその成果を重視しない見方に立てばそのような説明も可能であろう。しかしこの説明では，アリーナ型改革についても，その細部を十分に説明できない。たとえば，なぜ自民党は小沢自由党との連立を選択し，小沢主導の改革案を呑んだのか，なぜ「党首討論」という話が突如浮上したのか。やはり「偶然性」という要素は，この事例を説明するためには欠かせない。

この点と関連して，最後に，本論では扱わなかった，「そもそもこの２つの改革は矛盾するものか」，という点について，理論と実証の２点から検討を行い，今後の課題を述べることで本章を閉じたい。まず，両者が「理論的に」矛盾する，という議論は，主に第２節で紹介した新制度論の知見を踏まえたものである。他方，この２つの改革はどちらも，第１に，立法における官僚のプレゼンスを低下させるものであり，第２に，審議しないことによる野党の議事引き伸ばし戦術を抑制させる効果をもつ。もっとも，官僚や政治家を叩きさえすればそれで良い，という，アイデアとは言い難い安易な言説も散見されるが，憲法の文言やその趣旨に照らせば，変換であれ討議であれ，議員が積極的に立法にかかわる状態は，そうでない状態より望ましい。仮に両者が矛盾しているとしても，そういった矛盾する言説が浸透しているという事実を，批判することではなく事実として認識することこそが，実証的な政治学の仕事であろう。

もう１つ，制度の設計とその運用は別の話であり，両者の改革が矛盾しているか否かは，実証的に明らかにされねばならない。ところが，それ以前の問題

として，何をもって改革の成功と捉えるかが論者によって一定していない。筆者は，変換・討議両面において，国会の機能は向上していると考えている（それが国会改革の成果であるかどうかはともかく）。議員立法は1990年代後半から増加に転じ，NPO法や児童虐待防止法など，内容面においても重要な立法が増加している。[11] 討議機能についても，与野党問わず議員の発言量が増加していることが既に実証されている（松本・松尾 2010）。他方，1990年代の国会改革に対する批判としては，本章が問題にした両者の矛盾の他には，制度の設計や運用の段階で骨抜きにされていることが挙げられる（e.g. 谷 2003）。たとえば，政策担当秘書が雑用に従事していることや，党首討論が頻繁には開かれないことなどである。この見方に立てば，日本の国会は，どちらの能力も向上していないことになる。加えて，法案の数や審議の時間といった外形的な指標だけでなく，立法の内容面，つまり，なぜ議員による立法が官僚による立法より望ましいのか（増山 2003）という問題にまで踏み込まなければ，両者の矛盾の有無や，それ以前に国会改革のパフォーマンスを評価することは難しいであろう。

　1990年代の国会改革が一通り成立して10年以上が経過した。中長期的な評価を行うだけの機は熟したと考えられる。国会のパフォーマンスに関する実証的な研究が蓄積されることが望まれる。

　＊本研究は，平成24-26年度文部科学省科学研究費補助金（若手研究（B）研究課題「政治指導者のスケジューリングの日米比較」課題番号24730130）による研究成果の一部である。

【注】
1）　数少ない例外の筆頭は，国会における議員立法を論じた谷（2003）である。ただし同書の主な論点は，如何に議員立法が不十分であるかを論じることにあり，国会改革の決定要因を明らかにすることに徹する本章の分析とは目的が異なる。
2）　この見方は，行動科学的な政治学の初期から存在していたものである。大嶽（1990：18）によれば，制度だけでなく，理念や利益といった要因同士の相互作用を捉える概念枠組みを分析に導入することは，(旧)制度論的な政治学からの脱却としての意味をもっていた。
3）　もちろん，新制度論は幅の広い概念であり，新制度論に基づいていると称するすべての研究が，以下のすべての性質を備えているわけではない。本章では，論点を明確にす

べく，あえて新制度論の特色を強くもつ議論を「新制度論」と一般化して提示していることを，ここでことわっておく。
4) このように，暗黙のうちにアメリカ政治を「標準」とみなすバイアスは，多元主義を用いて日本政治を説明した研究においてもみられる。大嶽（2005：12-13）はこのことが，その1つ下の世代がヨーロッパの研究を日本に導入することで認識されたと指摘している。ただし，本章が対象とする国会の場合は，占領改革の時代にアメリカ的な発想に基づいて制度の多くの部分が設計されていることから，西欧だけでなく，アメリカの議会研究や議員行動の研究に基づいて理論を提示することはむしろ妥当であると，筆者は考えている。
5) 変換型とアリーナ型という類型は，元来，大統領制と議院内閣制という執政制度の違いによって議会の機能が異なることを論じるものである。
6) 本章の事例研究は，衆議院において提案・議論されたもののみを扱う。これは紙幅の都合上であり，参議院での改革論議を軽視するものではない。同じ理由で，民間レヴェルの改革の提言についても省略する。
7) 本節および次節の事実関係については，とくにことわりがない限り，武田（2006）を参照した。
8) 土井（1998：6-7）は，かつて編集にかかわった，憲法学者による討論を収録した『討論　日本国憲法』（一円ほか編 1960）にて述べられている状況から，現在の国会は全く変わっていないとの旨を述べている。ちなみに同書では，土井の指導教員であった田畑忍や他の論者が，日本国憲法41条の文言に照らせば憲法72条における「議案」には法律は含まれないと解釈されるべきであり，内閣総理大臣が国会に法律を提出することを定めている内閣法5条は憲法違反である，との旨を論じている。土井がそこまで踏み込んだ議論を行っている形跡は，元々土井の議論が内閣提出法案に対しては議員立法よりも言及が少ないこともあって，筆者が知る限り確認できない。しかし少なくとも，国会で対案の提出や修正が行われないことは問題にしており，その対案の審議のためにも議員立法の拡充が必要，という論理を展開している（土井・鯨岡 1997［上］：15）。
9) 憲法学者や実務家の対談を収録した浅野ほか（2000）において，彼らの考え方がより詳細に述べられている。
10) 同法の内容の詳細は，伊藤（1999）を参照。
11) とくに衆参ねじれ下において議員立法がより提出・成立する傾向にあり，2012年の第180通常国会は，55年体制以来最多の衆法の成立数を記録した。

〔参考文献〕
浅野善治ほか（2000）「〔座談会〕期待される国会像」ジュリスト1177号，2-36頁
飯尾潤（1999）「国会改革は始まった」Voice1999年11月号，108-117頁
五十嵐敬喜（1994）『議員立法』三省堂
一円一億ほか（1960）『討論　日本国憲法』三一書房
伊藤和子（1999）「国会審議活性化法制定とその内容」議会政治研究52号，1-13頁

伊藤和子（2001）「国会審議活性化法の立法過程」北大法学論集51巻6号，89-127頁
伊藤光利（2000）「議会と立法過程」伊藤光利ほか『政治過程論』有斐閣，230-251頁
上田章・五十嵐敬喜（1997）『議会と議員立法　議員立法についての元衆議院法制局長との〈対論〉』公人の友社
大嶽秀夫（1990）『政策過程』東京大学出版会
大嶽秀夫（1994）『自由主義的改革の時代──1980年代前期の日本政治』中央公論社
大嶽秀夫（1996）『「行革」の発想』TBSブリタニカ
大嶽秀夫（2005）「『レヴァイアサン』世代による比較政治学」日本比較政治学会編『日本政治を比較する』早稲田大学出版部，3-25頁
大嶽秀夫編（1997）『政界再編の研究　新選挙制度による総選挙』有斐閣
小沢一郎（1993）『日本改造計画』講談社
小沢一郎（2006）『小沢主義　志を持て，日本人』集英社インターナショナル
加藤秀治郎・水戸克典編（2009）『議会政治──N・W・ポルスビー「立法府」収録』慈学社
川人貞史（2005）『日本の国会制度と政党政治』東京大学出版会
久米郁男（2011）「議会」久米郁男ほか『政治学〔補訂版〕』有斐閣，193-212頁
河野勝（2002）『制度』東京大学出版会
武田美智代（2006）「国会改革の軌跡──平成元年以降」レファレンス666号，94-120頁
竹中治堅（2006）『首相支配──日本政治の変貌』中央公論新社
建林正彦ほか（2008）『比較政治制度論』有斐閣
谷勝宏（2003）『議員立法の実証研究』信山社
土井たか子（1993）『せいいっぱい　土井たか子半自伝』朝日新聞社
土井たか子（1998）「議員立法と国会改革」日本公共政策学会年報1998（http://www.ppsa.jp/pdf/journal/1998toc.html，2012年12月30日最終閲覧）
土井たか子・鯨岡兵輔（1997）「新春対談　まず隗より始めよ！！　土井たか子・鯨岡兵輔「国会改革」を語る（上）（下）」週刊金曜日1997年1月10日号，9-15頁，1997年1月17日号，32-37頁
福元健太郎（2007）『立法の制度と過程』木鐸社
ポルスビー，N・W（加藤秀治郎・和田修一訳）（2009）「第II部　N・W・ポルスビー『立法府』」加藤・水戸編『議会政治』67-157頁
増山幹高（2003）「〔書評〕議員立法のすすめ　谷勝宏著『議員立法の実証研究』信山社，2003年」レヴァイアサン33号，173-178頁
松田憲忠（2009）「国会」岡田浩・松田憲忠編『現代日本の政治　政治過程の理論と実際』ミネルヴァ書房，56-75頁
松本俊太・松尾晃孝（2010）「国会議員はなぜ委員会で発言するのか？──政党・議員・選挙制度」選挙研究26巻2号，84-103頁
水戸克典（2009）「第I部　議会政治概説」加藤・水戸編『議会政治』7-66頁
『読売新聞』1998年5月21日朝刊

レイプハルト, アレンド (2005)『民主主義対民主主義 多数決型とコンセンサス型の36ヶ国比較研究』粕谷祐子訳, 勁草書房
Hall, Peter A. (1986) *Governing the Economy : The Politics of State Intervention in Britain and France*, New York: Oxford University Press.
Kingdon, John W. (1984) *Agendas, Alternatives, and Public Policies*, Boston: Little Brown.
Latham, Earl (1952) "The Group Basis of Politics: Notes for Theory", *American Political Science Review*, 46(2): 376-397.
Orren, Karen and Skowronek, Stephen (2004) *The Search for American Political Development*, New York : Cambridge University Press.
Riker, William D. (1980) "Implications from the Disequilibrium of Majority Rule for the Study of Institutions", *American Political Science Review*, 74(2): 432-446.
Schickler, Eric (2001) *Disjointed Pluralism : Institutional Innovation and the Development of the U. S. Congress*, Princeton: Princeton University Press.
Truman, David B. (1951) *The Governmental Process: Poliical Interests and Public Opinion*, New York: Alfred A. Knopf.

第9章　自由主義的改革の時代？
―― 1980年代のドイツ福祉政治

近藤　正基

1　1980年代の政治と「自由主義的改革」

　1980年代は，先進諸国における戦後政治の分水嶺となった。1960年代後半からの社会民主主義の優位が崩れ，代わって新保守主義が台頭したのである。新保守主義者の政治理念には様々な特徴があるが，その1つは経済的自由主義だった。つまり，小さな政府，規制緩和，民営化などの政策を掲げていたのである。彼らが実施した改革は，大嶽によって「自由主義的改革」と名付けられている（大嶽 1994）。
　では，新保守主義者とは誰をさすのか。レーガンとサッチャーの名を挙げることについて，異論はないだろう。大嶽は，中曽根やコールもその一員に加えられるという見解を示している。中曽根については，『自由主義的改革の時代――1980年代前期の日本政治』において，彼が経済的自由主義政策を推進した姿を描き出している。それでは，コールはどうだろうか。大嶽が言うように，コールもこの仲間に入るのだろうか。コールが打ち出した政策は，経済的自由主義と呼びうるものだろうか。[1]
　本章では，大嶽の前掲書を土台として，その第1部第1章で詳論されている「経済政策をめぐる対立軸」の観点から（大嶽 1994：25-36），コール政権の福祉政策を性格づける。また，政治過程を分析することによって，コールが一連の改革でどのような役割を担い，彼の意図がどこにあったのかを探っていく。これらの作業を通じて，コールと新保守主義者との共通点と相違点を明らかにしていきたい。

なお，コール政権期は1982年から1998年までであるが，本章では1980年代に焦点を絞って論じる。なぜなら，本章が「暗黙の比較」（大嶽 2005：4-10）を行う新保守主義者たちは1980年代に活躍しているし，大嶽の前掲書では1980年代の政治が考察されているからである。

2 福祉国家の再保守主義モデル化── 1982～1984年

(1) コールの基本方針──施政方針演説と1983年社会報告書

1982年10月1日，コール政権が発足する。当日のコールの施政方針演説は，必ずしも経済的自由主義に彩られたものではなかった。確かに，コールはドイツに「精神的・倫理的な危機」が忍び寄っていると主張し，その責任の一端を福祉国家に負わせようとしている。すなわち，拡大した福祉国家によって，ドイツ人の依頼心が増長し，福祉国家が「扶養国家」（Versorgungsstaat）へと変貌しつつあるというわけである。しかし，コールは福祉国家そのものを批判したのではない。彼がやり玉に挙げたのは，ブラントとシュミット政権によって変革された福祉国家なのである。つまり，ドイツ社会民主党（以下，SPD）によって，ドイツ福祉国家の礎だったはずの社会保険原則が後退したことを問題視していたのだった。

再び施政方針演説に目を向けてみよう。コールは，政権の基本方針の第4番目として，以下のように述べている。「第四。我々は，業績と給付をより強く結びつけることは正しいと考えている。この結びつきを否定する人々は，ドイツ国民を貧困に陥らせ，社会的安定を危機に追い込む者である」とある（PlPr 9/121：7213-7229）。単に給付を抑制するのではなく，「業績と給付」のいっそうの結合を要求しているのであるから，社会保険原則をより徹底していくと表明したといえよう。また，コール政権発足直後に策定された社会報告書では，社会保障の「正常化」が唱えられているものの，その解決策として「社会的リスクの個人化」を採用するつもりがないことが明記されている（BMAS 1983: 7）。単なる経済的自由主義とは一線を画して，ドイツ福祉国家を再び「社会保険国家」（Sozialversicherungsstaat）（Hartwich 1970）化ないし「保守主義モデル」（Esping-

Andersen 1990) 化することが，コール政権の主眼だったといってよいだろう。また，こうした考え方は，キリスト教民主同盟（以下，CDU）内部にも根付いていたといえる。コール政権発足後に採択されたシュトゥットガルト方針では，冒頭に党の基本的姿勢として「社会的市場経済の根底にある，秩序政策的な要素を再び活性化させる」と述べられており（CDU 1984：1-2），経済自由主義的な提言がほとんど見当たらないばかりか，国家による経済介入が正当化されている。ともあれ，ここでは，政権が船出する段階で，レーガンや中曽根たちとは異なる指針が打ち出されていたことを確認しておきたい。

(2) 福祉縮減と増税——1983年連邦予算随伴法

それでは，個別政策の政治過程を見ていこう。まず，1983年の連邦予算随伴法を検討する。この法案は建設的不信任が採択されてわずか1ヶ月後，シュミット政権がまだ存続している時期に，CDU／キリスト教社会同盟（以下，CSU）と自由民主党（以下，FDP）の間で協議された。この政策を実施しなければ，1983年度の連邦の財政赤字は550〜600億マルクにのぼるとされ，新しく選挙をする時間もないことから，この「緊急的措置」が必要であるとコールは主張した（PlPr 9/121：7214）。1982年10月にコール政権が誕生し，1983年5月に新しく選挙を行うという予定を立てていた両党は，年内には可決しなければならない厳しい状況であった。法案作成の素材に選ばれたのは，シュミット政権が連立パートナー間で合意する直前までにいたった法案だった。コールはまずはSPD政権の計画を基礎に，改革方針を固めていくのであった。

1983年連邦予算随伴法は，コールの経済的自由主義を裏付ける法案としてみなされ，「社会政策の欠乏期[4]」の代表例として取り上げられる場合がある（Cf. Windhoff-Héritier 1983）。確かに，そこでは失業保険を中心とした福祉縮減が企図されていた。だが，それと同時に，所得税や付加価値税の引き上げによって，福祉財源の安定化がめざされたことにも目を向ける必要があろう。つまり，新保守主義者のように，給付抑制に重心を置き，これを通じて財政再建をめざすという方向性ではなかったのである。

まず提起されたのは，所得税の増税であった。これは，FDPのラーンシュ

図表9-1 保険料率の推移(1982〜1990年)

	全体の保険料率	年金	医療	失業
1982	17.0	9.0	6.0	2.0
1983	17.45	9.25	5.9	2.3
1984	17.25	9.25	5.7	2.3
1985	17.55	9.6	5.9	2.05
1986	17.7	9.6	6.1	2.0
1987	17.8	9.35	6.3	2.15
1988	18.0	9.35	6.5	2.15
1989	18.0	9.35	6.5	2.15
1990	17.8	9.35	6.3	2.15

出典:Bundesministerium für Gesundheit und Soziale Sicherung(2009)より作成

　タイン前財相がシュミット政権下で練った案だった。そのため,FDPはもちろん,CDUのフォーゲルやシュトルテンベルクからも同意を得て,実施されることになった。この案によると,一定の所得基準を設けて,それ以上の所得者に対しては5％の追加所得税をかけることになる。次に登場したのが,付加価値税を1％増税するという案だった。これは,CDU経済派からの厳しい批判に直面したが,連立パートナー間で合意をみた。そのほか,社会保険料率の引き上げが盛り込まれることになった(図表9-1参照)。

　その一方で,支出面の切りつめも議論され,失業保険について大幅な改革案がFDPから提起された。しかし,これは社会委員会派に配慮するCDU/CSU[5]によって破棄される。児童手当についても,第2子から親の所得に応じて給付を減額するという措置にとどまった。コール政権が発足し,法案を提出する直前になって,年金や社会扶助の国庫負担金減額,住宅手当の減額などが次々に打ち出されていく。決定まで時間がないため,法案は提出されたが,そののちに大規模なカットバックは社会委員会派の度重なる抵抗にあって削除されていった(PlPr 9/2074)。しかし,最終的に,この法案には福祉縮減政策がいくつか盛り込まれることになった。たとえば,失業保険拠出期間／受給期間が,従来の2対1から3対1へと変更されること,また,連邦雇用庁からの職業訓

練支援金も大幅にカットされることになった。一方，付加価値税や所得税の増税も盛り込まれており，そのほか失業保険の保険料率引き上げなどもあったことから，歳入の拡大も含まれていた。

　この法案は，連邦参議院の意見表明でも大きな反対はなく，委員会の審議でも反論は少なかった。こうした順調な経過は，コールのリーダーシップというより，ひとえに時間的な制約によるものだったと考えられる。引き続き，FDPは児童手当の全体的な給付引き下げなどを求めたが，これらは失敗に終わった。このような経過ゆえに，法案の採決の段階でこれを不服とするFDP議員9名が棄権をしたのであった（PlPr 9/139：8779）。FDPが反対していたように，この法案には福祉縮減ばかりが盛り込まれたわけではなく，経済的自由主義の色彩は薄かったといってよいだろう。

(3) 政治・経済環境の変化──選挙，財政，景気

　予算随伴法が可決されるとすぐに，1983年の連邦議会選挙が実施される。これは，コール率いる連立与党の勝利に終わった。CDUとCSUは18議席増やし，反対にSPDは25議席を失った。また，この選挙は，政党システムのブロック化を進めたとも評価されており，左のブロックにはSPDと緑の党，右のブロックにはCDU/CSUとFDPが陣取ることになった。こうして，連立与党は，左派ブロックに対抗して，これに相対する政策パッケージを提示しやすくなった。福祉国家の「保守主義的転換」（Borchert 1995）を本格的に始動させるための環境が整いつつあったといえる。

　その一方で，重要なのは，有力な「準公的機関」（para-public institution）（Katzenstein 1987）が連邦政府の政策を後押しした点である。ドイツ連邦銀行は，1983年からの景気の持ち直しに反応して金利を下げ，連邦政府の緊縮財政と歩調を合わせていた。加えて，景気も徐々に上向いており，連邦政府の財政状況も改善していた（図表9-2参照）。

　総じていえば，政治的状況としては，コールの福祉国家改革にとって好材料がそろいつつあったが，景気回復や財政改善などがみられたため，早急な財政再建改革の必要性は減じていたといえる。そのため，コールは労働市場の規制

図表9-2 第9立法期末，第10立法期，第11立法期の基本的な経済指標

	1982	1983	1984	1985	1986	1987	1988	1989	1990
社会支出／GDPの比率	29.8	28.9	28.5	28.4	28.2	28.6	28.5	27.6	25.4
失業率	5.6	6.9	7.1	7.2	6.6	6.4	6.3	5.6	4.8
経済成長率	-0.9	1.8	2.8	2	2.3	1.5	3.7	3.6	5.7
インフレ率	5.3	3.3	2.4	2.2	-0.1	0.2	1.3	2.8	2.7

出典：Bundesministerium für Gesundheit und Soziale Sicherung (2009) より作成

緩和に重点的に取り組むようになるのである。

(4) コーポラティズムと労働市場政策——雇用促進法をめぐる攻防

次に，労働市場政策に目を向けよう。この政策領域においては，基本的には，政労使の3者協議による改革がめざされた。労働組合に敵対的だったサッチャーや中曽根とは大きく異なる決定様式である。ここにも，コールと新保守主義者を分かつポイントがある。しかし，コールの意図に反して，3者協議は難航する。たとえば，コール政権は1984年に早期退職法を可決し[7]，高齢者の失業をいわば国家が買い取ることで，失業率を低減させようと試みた。しかし，これは，社会保険料率を引き下げようとしていた使用者団体の要望とは大きく異なるものだった。加えて，1977年の労使交渉から35時間労働を提唱してきたIGメタル[8]は，早期退職ではなく労働時間短縮によって失業率を引き下げるという要求を提起していた。労使どちらの案とも違うコールの労働市場改革は，当然ながら労使双方から反発を買うことになった。政府に対する不満が高まったために，コーポラティズムは目立った成果を挙げることはできなかった。

コールは，他の新保守主義者とは異なり，戦後ドイツの基調である「交渉民主主義」あるいは「合意民主主義」(Siegel and Jochem 2003) の申し子であった。コール政権の目玉である1985年雇用促進法の政治過程でも，各方面からの激しい批判があり，最後の最後まで法案は修正されていった。この法案は「雇用状況の改善」を目的とし，その手段を集めたパッケージ法案だった (BT-Drs. 10/2102：14)。この法案によって，18ヶ月の有期労働契約を認め，パートタイ

ム労働の拡大がめざされた。だが、その雇用期間には解雇規制が付与された。これは、コールの本意ではなかったが、社会委員会派の圧力によって盛り込まれることになった。また、この有期雇用は当初は1991年まで認められるはずであったが、これを推進していたFDPに対して再び社会委員会派が強く抵抗し、連立与党間合意を拒否する姿勢を示したことから、1989年までと改訂された。そして、SPDは当初から、この法案自体に反対していたために、最終的には連立与党によって可決されたのであった（PlPr 10/133：9907）。この法案は同意法でなかったため、そのまま立法化されることになる。[9]

労働市場の規制緩和という目標は、コールの意図に反して、かなり限定的なものにとどまった。それでも、雇用促進法を改正したコールに対しては、左派から厳しい批判の声があがるようになる。こうして、ドイツ政治は、2年に満たない短期間ではあるが、対立局面を迎えることになる。

3　政治混乱と左派勢力の巻き返し——1984〜1985年

(1)　コールの労組攻撃——雇用促進法116条の改正

前節でみたように、コールによるドイツ福祉国家の「保守主義的転換」は大きな障害に直面した。彼は、望んだように福祉国家を改革できないでいた。とりわけ左派が行く手を阻んでいた。そして、コールは新たな方策を打ち出す。それは、新保守主義者たちに見られるような組合攻撃であった。

コール政権による労組攻撃は、雇用促進法116条の改正という形で現れた。ドイツにおいては、ストライキによって他地域の労働者が影響を受ける場合、その労働者には操業短縮手当が支払われていた。これが雇用促進法116条の内容だが、これを改正し、操業短縮手当の支払いを認めないという変更を行ったのである。当然ながらSPDは強く反対し、党内からも社会委員会派を中心として批判の声が上がった。だが、コールは経済派やFDPの支持を得て、改革を断行したのである。施行は1986年だった。この法案によって、コール政権と労組およびSPDとの関係は急速に悪化していくのである。

(2) 労組の抵抗――1984年ストライキと「新しい連帯行動」

1984年以降はコール政権に対する抵抗が本格化し，さらなる路線の修正を迫られることになる。まずは，コール政権と労組との関係について考察しよう（近藤 2010）。

1984年，金属産業を中心とした戦後最大規模のストが巻き起こった。この出来事に端的に表れているように，コール政権とドイツ労働総同盟（以下，DGB）は対立関係にあったといえる。とりわけ1983年と1984年の連邦予算随伴法をめぐって，労組は政権が「社会政策を経済・金融政策のえさにした」と断じて，対決姿勢をあらわにしていた（Jansen 1982：10ff.）。その後，一連の福祉国家改革や雇用促進法第116条にみられるような改革が議事日程に上っており，労組の不満は募るばかりであった。1984年，印刷産業でのストを支援する形で始まった金属産業のストはドイツ各地に飛び火した。労使紛争の中心的議題は，労働協約の企業への開放と労働時間短縮であったが，時を経るにつれて，コール政権への不満が噴出する。それを如実に表しているのが，ボンで起こった20万人の抗議運動，いわゆる「新しい連帯行動」であり，これはコール政権の福祉国家改革を批判するための行動であった（Kurz-Scherf and WSI 1985）。これを受けて，コール政権は労組に配慮する形で改革を実施することになる。

(3) SPDの抵抗とその限界――連邦参議院と議会外活動

コール政権とSPDとの関係も良好とはいえなかった。しかし，コール政権発足当初は，SPDの側に混乱がみられ，また，コール政権前半期を通じて連邦参議院でも与党が多数派だったので，SPDの抵抗には限界があった。従来，福祉政策についてはSPDとの合意に基づいて決定するという，いわば「2つの社会国家政党」（Schmidt 1996）を基礎とした「大連立国家」（Schmidt 2002）が堅固であったため，福祉改革に対するSPDの同意は不可欠であった。しかしながら，コール政権とSPDとの関係は冷え切ったままであったし，雇用促進法第116条改正をめぐる対立から決定的に悪化した。SPDは社会委員会派との共闘を持ちかけることで，法案の修正を図ろうとし，社会委員会派もこれに

呼応する素振りを見せて，政権から譲歩を引き出そうとした (PlPr 10/184：13973)。SPDは議会内では社会委員会派との共闘しか手段はなかったが，DGBに働きかけることによって，議会外活動にも力を入れていた。

(4) CDU左派の反撃――ガイスラー幹事長の反コール活動

SPDとコール政権との対立が激化していたことは，この時期にはすでに弱体化の傾向を示し始めていた社会委員会派にとっても好都合であった。この時期の社会委員会派は組織的後退に苦慮していた。その構成員は，1979年の32,000人から1990年には25,000人にまで減少していた (Kleinmann 1993：468；Dümig et al. 2006：104)。また，連邦議会選挙を経るごとに，労働組合に所属している議員が減るという状況にあった (図表9-3参照)。そして，コールの側近に誰ひとりとして入っていなかったことから，コール政権の基本的な方針決定の場からも締め出されていたといってよいだろう。こうして，弱体化していた社会委員会派はSPDと共同戦線を張ることで，自身の影響力を保とうとしていた。[10]

労組，SPD，そして党内の社会委員会派がコールへの対決姿勢を露わにする一方，さらなる問題が1985年に起きる。それは，ガイスラーが政権と党の双方を支えることはできないとして，閣僚を辞任したことである。これはコール政権にとって大きな痛手となった。彼は，社会委員会派やCDU女性協会から共同で政策方針を打ち出すよう依頼されていたことからもわかるように，反

図表9-3　労働組合所属議員数

	立法期	議員数	組合員の議員数	DGB組合員の議員数
連邦議会	10	520	266	230
	11	519	273	238
CDU/CSU	10	255	52	21
	11	234	41	18
SPD	10	202	196	193
	11	193	188	187

出典：Trampusch (2009：89-90) より作成

コールの党内左派に近く，また，コール政権の福祉改革に強く反対していた人物であった。同時に，CDUきっての人気政治家であり，党派を超えて支持を集めていた。また，幹事長でもあるので，各州の幹部会に出席する権限を持っていた。ガイスラーは幹事長という立場を利用して，反コール運動を開始する。たとえば，ノルトライン＝ヴェストファーレン州のビーデンコップフ議員団長に対して退任を迫り，シュレスヴィヒ＝ホルシュタイン州の幹部会ではシュトルテンベルク財相を批判しつつ，シュペートに州首相になるよう求めたのであった。1989年，CDUの路線をめぐってコールと対立し，幹事長を辞任するまでの期間，彼は反コール活動の急先鋒となる（SPIEGEL 1987 No.22：17）。ガイスラーの反乱は，党内左派の不満が鬱積していることの証明でもあった。

(5) 政党助成金スキャンダルとリーダーシップの弱化──フリック・コンツェルン事件

　こうした経緯とあわせて考慮すべきは，1984年の政党助成金スキャンダルである。フリック・コンツェルンが広範な政党に対して秘密裏に献金し，それを政党側はプールしていたというものである。その見返りとして，フリック・コンツェルンは税制優遇措置を受けていた。献金が配られた当時，CDU議員団代表だったコールは，50,000マルクを受け取っていたとされる。そのほか，ドイツの全政党の政治家が献金を受けており，既成政党に対するドイツ国民の不信感は急速に高まっていく。とくに税制優遇を認めた張本人，FDPのフリーデリクス元経済相と，その後任で献金を受け取ったラムスドルフ経済相が非難された。この問題が，既成政党すべての信頼を下げたことは間違いないが，とくにコール政権下のジュニアパートナーであるFDPと，首相であるコール自らが最も痛手を被ったといえる。

　その一方で，コール政権はCDU党内にも火種を抱えていた。院内総務のドレッガーはコールへの忠誠を誓った人物であったが，連邦議員団の統率においてたびたびミスを犯した。その最たるものは，ドレッガーはコールと直接会談するばかりで，連邦議員団に通知することなく等の方針を決めていったことであろう。たとえば，労働時間法に代表される労働市場改革に関して，ドレッガー

図表9-4　州議会における与党の構成
コール政権発足（1982年10月1日）から1980年代末まで

バーデン・ヴュルテンベルク	バイエルン	ベルリン	ブレーメン	ハンブルク	ヘッセン	ニーダーザクセン	ノルトライン・ヴェストファーレン	ラインラント・プファルツ	ザールラント	シュレスヴィヒ・ホルシュタイン
CDU	CSU	CDU 1983.3.17～ CDU/FDP 1989.1.29～ SPD/AL	SPD	SPD 1987.5.17～ SPD/緑	SPD 1985.12.12～ SPD/緑 1987.4.5～ CDU/FDP	CDU 1986.6.15～ CDU/FDP	SPD	CDU 1987.5.17～ CDU/FDP	CDU/FDP 1985.3.10～ SPD	CDU 1987.9.13～ CDU/FDP 1988.5.8～ SPD

注：網掛けは与党。濃い色がCDUまたはCSU単独。淡い色がCDUとFDPの連立。
出典：筆者作成

は連邦議員団に通知することはなかった。そのため，1980年代半ばを過ぎると，CDU党内からドレッガーに対する批判，ひいてはコールの政権運営に対する批判が飛び出すようになる。そうして，時が経つにつれてCDUの統制が困難になっていくのである。

　こうして，次第にコールはリーダーシップを発揮しにくい状況に陥ってしまう。連邦選挙に勝利し，連邦参議院も連立与党が多数派を占めていたことを勘案するなら（図表9-4参照），政治指導によって改革を前進させることができる環境が整っていた。だが，労組はストライキでもって抵抗し，社会委員会派はSPDに接近して改革反対の意思を示しており，ガイスラーなど有力議員は表立ってコールを攻撃し始めていた。また，コール自らも政党献金スキャンダルで傷ついていた。このように，両院における議席数以外の点について，コールは重い足枷をはめられており，改革の行く手には大きな壁が立ちはだかってい

たのである。

4 福祉国家の縮減，拡充，現代化──1985〜1989年

(1) 1985年の社会立法と労働時間法の廃案──ブリューム労相と社会委員会派の攻勢

　コール政権が苦境に陥ったことにより，反コール勢力には追い風が吹いていた。加えて，CDU/CSUは支持率の低下に悩まされており，1985年のザールラント州議会選挙では連立与党は敗北していた。こうした情勢が，CDU左派を勢いづけることになる。

　党内の力関係が変化したことにより，1985年には福祉縮減政策ではなく，拡充政策が実行された。職業訓練金の上積みが行われ，また，高齢労働者への失業手当支給期間の延長が実施された。住宅手当も拡充され，児童扶養控除も拡大し，戦後初めての養育手当も制度化された。児童扶養控除の基本額は2,400マルクとされ，非課税世帯では平均月額44マルクの軽減となった。養育手当について言えば，出産後1年の期間，600マルク／月が支給されることになった。家族政策の拡充政策は，そのほとんどが1985年以降に実施されたものであり，このことは，福祉政策の潮目の変化を如実に映し出しているといってよいだろう。

　新しい改革を行うだけでなく，社会委員会派はSPDと手を組んでコールの改革を阻み，存在感を示した。一例として，労働時間法が挙げられる（近藤2009：65-67）。この法律は，労働時間の柔軟化と日曜営業を企図したものであり，コール政権の労働市場柔軟化政策の目玉であった。1987年の立法過程においては，社会委員会派とSPDは審議を遅らせることで廃案に持ち込もうとした[11]。日曜営業の適用業種について労働・社会委員会で共通見解がみられなかったことを受けて，ブリューム労相が再度法案を検討して妥協案を出すと主張したのだが，これは時間稼ぎだった。その後，サボタージュを批判する政治家たちとの激しい対立がみられるようになる。連邦参議院のCDU/CSU代表たちが，適用業務に労働集約型産業を含むべきだとの答申を連邦政府にもちかけたり(BT-

Drs. 1987 11/360），FDPやCDUの経済派からの批判が相次いだ。だが，DGBが「動員キャンペーン」を張って，審議を中止しなければ大規模ストを実施するとの警告を発したこともあり（SZ 1987.8.14.)，審議は難航した。結局，表向きには審議不十分という理由で，労働時間法は廃案となったのである。

(2) 再保守主義モデル化の断念――コールおろしの活発化

　こうした左派の巻き返しに直面して，コールがとった戦略とは何だったのだろうか。それは，端的にいって，内政改革でのリーダーシップを断念することであり，同時に外交政策へと傾斜することであった。内政については，良好な経済環境もあったため，もはや縮減改革を目指すことはなかった。さらに言えば，ドイツ福祉国家の再保守主義モデル化についてももはや熱心ではなくなった。内政全般の問題については，コール自身は手を引いていき，右腕のショイブレに任務を委託しつつ，担当大臣の意向を尊重するという方針を採った。コール政権における内政担当の大臣とは，つまりは党内の有力者たちであり，彼らの裁量を認めたといってよい。福祉政策においては,社会委員会派の元代表で，IGメタル出身のブリューム労相が主導権を握ることになる。

　しかし，これで党内左派の溜飲が下がったわけではなかった。ガイスラーを中心に，コールおろしが激しさを増していく。その理由はいくつかあるのだが，最も重要なのは，コール政権の支持率が大きく低下したことである。コールは社会平和を乱しただけでなく，スキャンダルによってCDUを危機に追いやっていることに，我慢ならない政治家が相当数いた。コールに代わる首相を求める声は次第に大きくなり，これはガイスラー待望論と結びついていく。左派をこえて広範な支持を得ていたガイスラーは，1989年ブレーメン党大会で，党首と首相交代を求めて出馬するのではないかという憶測が広がった。いわゆる「ブレーメン一揆」（Bremer Putsch）が行われようとしていたのである（近藤2013)。しかし，結局は，コールの切り崩し工作などによって事なきを得た。[12] ともあれ，1980年代後半以降はコールの党内基盤が衰弱していたことは間違いない。

(3) 従来型福祉政治の展開――医療と年金の改革

1985年からの左派の巻き返しによって，福祉改革においては，基本的に社会委員会派が再び主導権を取り戻していた。年金と医療の改革を見てみよう。

1988年医療保険改革の出発点は，「医療をめぐる協調行動」でブリューム労相が示した「10原則」である。その文書では，保険料率の上昇に歯止めをかけることが第一目標とされた。国庫負担率の引き下げや給付のカットは，優先順位としては低く位置づけられていた。この意味で，大幅な縮減改革がすでに放棄されていたといえる。この改革においては，自己負担の引き上げが実施された。たとえば，歯科の法定給付が60％から50％へと引き下げられ，リハビリ療法に10％の自己負担分が導入され，さらには入院や薬剤の一部負担が引き上げられることになった。ただ，給付の抑制ばかりが実施されたわけではない。要介護者にかかわる部分については拡充政策が採用された。たとえば，介護人の代わりを雇うための費用や，現物給付，現金給付が盛り込まれることになった。この法案については，CDUからの批判は少なく，連邦議会での修正を経て可決されることになる。

戦後ドイツでは，年金改革は大政党間および労使間の合意を基礎として実施されてきたという経緯がある。これは，年金制度に対する国民の信頼を担保してきた。しかし，広範な合意によって改革されてきたことは，決定過程が順調であったことを意味しない。1988年に達成された年金改革も，そのプロセスは波乱含みだった。CDU/CSUおよびジュニアパートナーからは，基礎保障年金への縮小を求める声が湧きあがっていた。これは，ビーデンコップフCDU議員やラムスドルフFDP議員の提案に端的に表れている。その反面で，SPDや労組からは現行の年金に組み込む形での基礎保障年金を実現しようとする動きがあった。結局，これらの抜本的な改革案ではなく，穏健な改革が実施されたのは，ブリューム労相と社会委員会派の調整によるところが大きい。SPDに譲歩し，彼らの言うところの基礎保障年金ではないが，低所得者の給付改善を盛りこむことで，この法案に対するSPDの賛意を取り付けたのであった。

1989年に審議が始まった1992年年金改革も，ブリューム労相の調整によって達成された。これは，給付削減のみをめざした改革ではなかった。グロス賃

金スライドからネット賃金スライドへの変更,段階的な早期退職オプションの廃止によって,給付の削減が打ち出された。しかし,同時に,一部の給付拡大や国庫負担金の引き上げを見込んでいたことから,縮減改革とは断定できない側面がある。たとえば,保険適用期間が長期にわたるが所得が少ないケースについては給付率は引き上げられた。また,育児期間のみなし保険料支払い期間は,1年から3年に拡大した。加えて,部分年金が導入されたために,早期退職を強く制限したとは言い難い側面もあった。[14]

このように,1980年代末には福祉縮減と並んで,拡充が実施された。加えて,福祉国家の「現代化」(modernization)(Häusermann 2010)を先取りするような取り組みが見られたのである。前述のように,これらの政策は,コールではなく社会委員会派元代表のブリューム労相が中心となって実行に移されたのだった。

5　1980年代のドイツ福祉政治

本章の締めくくりとして,ここまでの議論をまとめておきたい。端的に言って,コールの政治理念は新保守主義とは一線を画しており,彼をその一員に数えることはできない。また,1980年代,ドイツに「自由主義的改革の時代」が訪れることもなかった。そう評価する理由は,以下の5点にまとめられる。

第1に,コールの政治理念は,経済的自由主義というより,保守主義に近かった。つまり,施政方針演説にみられるように,社会保険原則の徹底によって,ドイツ福祉国家の再保守主義モデル化を企図していたのであった。もちろん,再保守主義モデル化の過程では,福祉縮減が行われることもある。だが,それは改革の副産物であり,コールの目標はあくまで「社会保険国家」を取り戻すことにあった。

第2に,福祉縮減と同時に,歳入の拡大も実施された。所得税や付加価値税の増税,社会保険料率の引き上げが決定されており,給付のカットに重きを置く新保守主義者たちとは大きく異なっていたのである。また,年金については国庫負担金を増額するなど,福祉財政の安定化をめざした政策が実施された。

第3に，労組に対する攻撃は限定的で，コーポラティズムを模索するなど，合意民主主義的な従来型の福祉政治を推し進める姿勢もみせた。確かに，雇用促進法116条の改正は労組の影響力を削ぐための政策であり，サッチャーや中曽根の労組攻撃と近しいものがある。ただ，コールは国営企業の民営化を断行したわけではなく，比較的穏健な改革だったと評することができよう。また，政権発足直後はコーポラティズムを実施したし，左派の批判に直面した1980年代半ばからは，SPDや労組の動向に配慮しながら政策が決定されていった。

　第4に，コールは強固な党内基盤をもたず，国民的人気も高くないために，党を強く牽引することができなかった。コール政権の改革は社会委員会派の抵抗に直面し，コール自身は党内左派の代表格で，かつCDU随一の人気政治家でもあるガイスラー幹事長によって党首交代の危機に晒されていた。それゆえ，コールは党内情勢に十分に配慮する必要があり，強力なリーダーシップを発揮することは叶わなかった。サッチャーやレーガンが国民からの強い支持を背景に，党を強力に指導し，改革を断行したのとは大きく異なっているのである。

　第5に，CDU左派，SPD，労組からの批判が相次いだ1985年以降は，部分的に福祉拡充を受け入れ，社会保険原則の徹底という目標も後退した。児童手当の増額，住宅手当の積み増し，養育手当の創設は拡充政策にほかならない。また，低所得者の年金給付を引き上げ，育児期間のみなし年金保険料支払い期間を引き延ばしたことは，社会保険原則に反するものである。

　あらためて述べるなら，1980年代は，ドイツにとっては「自由主義的改革の時代」ではない。経済的自由主義に基づく改革は多くはなく，あったとしてもそれは比較的穏健な内容だった。単に市場化を推し進めたり，給付を抑制するのではなく，社会保険原則を重視し，家族福祉を拡充し，増税や社会保険料率の引き上げが実施された時期だった。これらの改革を総合的に評価し，1980年代をある政治理念に基づく時代だったとまとめることは難しい。その難しさの背景には，ドイツ福祉政治の基本的特徴がある。つまり，戦後ドイツでは，保守であれ社民であれ，ある政治勢力が単独で福祉政策を決定してきたのではないということである。そうではなくて，様々な政治勢力の合意に基づき，広く国民の支持を得るために，合意民主主義的な福祉政治が行われてきたのだっ

た。1980年代の福祉政治も例外ではない。この時期も,様々な政治理念がドイツの福祉政策に流れ込んできた。それゆえ,「自由主義的改革の時代」はもとより,「保守主義的改革の時代」とも言い難いのである。

　＊本論文を執筆するにあたって,科学研究費補助金若手研究（B）「戦後の日独福祉国家に関する比較政治分析」（研究課題番：23730151）の研究助成を受けた。

【注】
1） コール政権による福祉改革の評価については,ドイツ国内の政治学者の間でも見解が分かれている。先行研究は2つに大別できる。第1に,コールの改革の背景に経済的自由主義を見る研究である。ナイヤー＆ゼーライプ＝カイザーの「再商品化」の促進（Neyer and Seeleib-Kaiser 1996：36-44）が端的な例である。第2に,改革の保守主義的性格を強調する研究である。たとえば,ヨッヘムの「社会保険国家」の強化（Jochem 1999：5-23）やボルヒャートの「保守主義的転換」（Borchert 1995：309）が挙げられよう。
2） 大嶽の前掲書では,「1980年代前期の日本政治」という副題が掲げられているものの,分析は1986年衆参同日選挙,その後の売上税改革をめぐる対立,1988年のリクルート事件にいたる中曽根政治の特徴にまで議論が及んでいる。つまり,1980年代全体を見渡した議論を展開しているのであり,本章が扱う時期とほぼ符合している。
3） 本章でドイツという場合,とくに断りがない限りは西ドイツをさしている。
4） ヴィントホフ＝ヘリティアは,1970年代後半からドイツ福祉国家の縮減が相次いだことを捉えて,この時期を「社会政策の欠乏期」と呼んでいる。
5） CDUの党内左派であり,社会政策を重視する派閥である。戦後当初はCDUの最有力派閥であった。正式名称はCDA（Christlich-Demokratische Arbeitnehmerschaft）であり,労働者翼（Arbeitnehmerflügel）と呼ばれることもある。
6） 1984年連邦予算随伴法により,失業保険と失業扶助はさらに縮減された。離職前賃金の68％から63％に,失業手当は58％から56％に改定された。
7） 58歳以上の早期退職ポストに新たな人材を雇う場合,企業が賃金の35％にあたる額の早期退職金を取得できることになった。
8） ドイツの金属産業労組で,当時は最大の産別労組であった。諸説あるが,遅くとも1950年代末からは,ドイツの労使交渉におけるパターン・セッターの役割を担ってきた。
9） もっとも,連邦参議院に送られたとしても,この時期の与党は両院で多数派を形成していたため,野党の抵抗は限定的なものにならざるを得なかっただろう。
10） このように,社会委員会派はコール政権とは緊張関係にあったものの,党を割ってまでSPDと連携する意思があったわけではなかった。
11） この法案は,1983年にすでに廃案となっている。1983年12月の原案では,一定期間内に10時間労働を認めること,これには労働協約の許可が必要であること,日曜労働は

建設業などの一部の産業に適用されることが定められていた。けれども，1983年の立法過程をたどると，労働時間法の審議を委ねられた労働・社会政策委員会の意図的な怠慢のために，廃案に追い込まれたことがわかる。労働・社会政策委員会は労働時間法の優先順位を下げ，十分な論議ができないような予定を組んだ。結局，第10立法期の末期になってようやく法案の形が整ったが，「審議不十分」のため採決にいたらなかった。
12) コールは，報復人事をちらつかせることで，ガイスラー支持者を切り崩した。同時に，ブレーメン党大会の党首演説では，CDUが団結してドイツ統一に邁進すべきだと熱弁した。ヨーロッパ・ピクニックが成功裏に終わり，コールは外交手腕を見せ付けていたことや，東ドイツの政権が動揺し，ドイツ統一が目前に迫っていたことから，ガイスラーとその支持者はブレーメン一揆を思いとどまったのである。その後，コールは，一揆を企てた者たちに対して，要職の解任や左遷を行って党中央からパージしたのであった。具体的な経過については近藤（2013）を参照されたい。
13) 1992年の社会報告書では，ドイツにおける「民主主義という文化の美点」（BMAS 1992：19）にも数えられており，きわめて高く評価されている。
14) 1980年代の医療保険改革や年金改革は，松本の著作に詳しい。参照されたい（松本 2003；2004）。

〔参考文献〕
※議会資料，新聞，雑誌は，以下に記載していない。本文中にあるPlPrはPlenar Protokoll（連邦議会本会議議事録），BT-Drs.はBundestags-Drucksache（連邦議会印刷物），SZはSüddeutsche Zeitung（南ドイツ新聞），SPIEGELはDer SPIEGEL（シュピーゲル誌）の略語である。なお，党資料，労働協約年次報告書，省庁の報告書等は以下の文献一覧に掲げてある。

大嶽秀夫（1994）『自由主義的改革の時代——1980年代前期の日本政治』中央公論社
大嶽秀夫（2005）「『レヴァイアサン』世代による比較政治学」比較政治学会編『日本政治を比較する』早稲田大学出版部，3-25頁
近藤正基（2009）『現代ドイツ福祉国家の政治経済学』ミネルヴァ書房
近藤正基（2010）「労使関係の転換点——1984年，1995年，2003年の金属産業労使紛争の比較検討」季刊経済研究33巻1・2号，9-26頁
近藤正基（2013）『ドイツ・キリスト教民主同盟の軌跡——国民政党と戦後政治 1945～2009』ミネルヴァ書房
松本勝明（2003）『ドイツ社会保障論（1）医療保険』信山社
松本勝明（2004）『ドイツ社会保障論（2）年金保険』信山社
Borchert, Jens(1995)*Die Konservative Transformation des Wohlfahrtsstaates：Groβbritannien, Kanada, die USA und Deutschland im Vergleich*, Frankfurt am Main：Campus.
Bundesministeriums für Arbeit und Soziales(BMAS)(1983)*Sozialbericht 1983*, Bonn.

Bundesministeriums für Arbeit und Soziales (BMAS) (1992) *Sozialbericht 1992*, Bonn.
Bundesministerium für Gesundheit und Soziale Sicherung (2009) *Statistisches Taschenbuch 2009*, Bonn.
CDU (1984) *Stuttgarter Leitsätze*.
Dümig, K. et al. (2006) "Die Fraktionen der CDU", in Köllner *et.al*. eds., *Innerparteiliche Machtgruppen: Faktionalismus im internationalen Vergleich*, Frankfurt am Main: Campus, pp.99-126.
Esping-Andersen, Gøsta (1990) *The Three Worlds of Welfare Capitalism*, Princeton: Princeton University Press. (岡沢憲芙・宮本太郎訳 (2001)『福祉資本主義の三つの世界——比較福祉国家の理論と動態』ミネルヴァ書房)
Hartwich, Hans Hermann (1970) *Sozialstaatspostulat und gesellschaftlicher Status quo*, Opladen: Westdeutscher Verlag.
Häusermann, Silija (2010) *The Politics of Welfare State Reform in Continental Europe: Modernization in Hard Times*, Cambridge: Cambridge University Press.
Jansen, Karl-Heinz (1982) "Kommentar für Sozialpolitik zuständiges Vorstatndmitglied der IG Metall", *Der Gewerkschaftler*, 9: 10-13.
Jochem, Sven (1999) "Sozialpolitik in der Ära Kohl: Die Politik des Sozialsicherungsstaates", *ZeS Workingpaper*, 12: 1-53.
Katzenstein, Peter (1987) *Policy and Politics in West Germany*, Philadelphia: Temple University Press.
Kleinmann, Hans Otto (1993) *Geschichte der CDU 1945-1982*, Stuttgart: Deutsche Verlags-Anstalt.
Kurz-Scherf, Ingrid and WSI-Tarifarchiv (1985) "Tarifjahresbericht 1984", *WSI-Mitteilungen* 1985 (9).
Neyer, Jürgen and Martin Seeleib-Kaiser z (1996) Arbeitsmarktpolitik nach dem Wohlfahrtsstaat. Konsequenzen der ökonomischen Globalisierung, *Aus Politik und Zeitgeschichte*, 26/96: 36-44.
Schmidt, Manfred G. (1996) "Sozialstaatliche Politik in der Ära Kohl", in G.Wewer ed., *Bilanz der Ära Kohl*, Opladen: Leske + Budrich, pp.59-88.
Schmidt, Manfred G. (2002) "Germany: The Grand Coalition State", in J. M. Colomer ed., *Political Institutions in Europe*, London: Routledge, pp.57-93.
Siegel, N. A. and S. Jochem eds. (2003) *Konzertierung, Verhandlungsdemokratie und Reformpolitik im Wohlfahrtsstaat*, Opladen: Leske + Budrich.
Trampusch, Christine (2009) *Der erschöpfte Sozialstaat*, Frankfurt am Main: Campus.
Windhoff-Héritier, Adrienne (1983) "Sozialpolitik der mageren Jahre", in H. Mäding ed., *Sparpolitik*, Opladen: Westdeutscher Verlag, pp.77-99.

第10章　フォーディズム型ジェンダー秩序再編の政治
——パートタイム労働法の改正を事例として

辻　　由希

1　日本型雇用システムの形成と動揺

(1)　ジェンダー秩序再編の比較政治学

『20世紀アメリカン・システムとジェンダー秩序』(2011)において大嶽秀夫は，フォーディスト・システムの中核的構成原理であるジェンダー秩序の特徴を政治，経済，文化を含む多角的側面から描写したうえで，それに対抗する多様なフェミニズム運動の意義と限界とを分析している。

同書に対して本章は，2つの点で議論の発展を試みたい。第1に，大嶽著では「後期資本主義システムの普遍的特徴」と「アメリカ型ジェンダー秩序」との関係，すなわち資本主義の成熟過程において登場したジェンダー秩序の普遍的特性と，アメリカという事例のもつ特殊性との区別とが必ずしも明確ではない。そこで本章は，日本の雇用システムの変化に関する事例を取り上げることで，将来的にジェンダー秩序の比較政治学的分析を発展させていくためのヒントを得ることを目的とする。第2に，大嶽著ではグローバル化や脱工業化の進展といった資本主義の構造的変化の過程で，フォーディズム型ジェンダー秩序がどのように変化していくのかについては論じていない。そこで本章では，ポスト・フォーディズムといわれる資本主義体制の再編下において，フォーディズム期に強化された雇用労働と「男性性」との結び付きがどのように変化しているのか（あるいはしていないのか）について検討する。

具体的に本章では，1990年代後半から2007年にかけてのパートタイム労働法の改正過程を事例として取り上げる。国際的にみても大きい労働条件の格差

を是正するためのパートタイム労働法改正はどのような過程を経て実現されたのか，またそれはジェンダーに基づいて二重化されてきた日本型雇用システムの再編にとってどのような意味をもつのか，というのが本章の問いである。以下，本節では日本型雇用システムの特性とその変化について述べる。第2節では，先行研究をもとに1990年代以降の労働政治の変容について概観した後に，分析枠組を設定する。第3節では，2007年までのパートタイム労働法の改正過程を記述する。最後に第4節では，本章の分析から得られた知見を述べる。

(2) 日本型雇用システムのジェンダー秩序

1950年代まで，日本の労働市場では大企業―中小企業間，常用工―期間工などの雇用形態間における賃金等の労働条件の格差が大きかった。しかし1960年代に企業規模間賃金格差は縮小に向かう。高度経済成長による労働力需要の拡大と，労働省による期間工の常用化政策，また春闘による大企業から中小企業労働者への賃金波及効果がこの背景にある。他方，女性労働に関してみると，女性の就業率は戦前から1950年代にかけ国際的にみても高い値を示していたが，これは農業や自営業などの第一次産業に就く女性が多かったためである。しかしその後，工業化と雇用労働の拡大とともにサラリーマンの夫と専業主婦の妻という夫婦がモデル化されるにつれ，女性の就業率は徐々に低下し，1975年には50％以下に落ち込む（15～64歳，総務省「労働力調査」）。この間の戦後労働運動は，子どもの成長につれ増える労働者家庭の生計費に対応した賃金（生活給）を要求し，いわゆる年功賃金を獲得した。しかし同時にこの生活給概念は，男性労働者が妻子を扶養するとの想定に依拠していたために，男女で異なる賃金を正当化することになる（木下 2004：98）。

こうして1960年代に男性労働者については企業規模別の賃金格差が一定程度是正されたが，国際的にみると賃金格差は依然として高い水準にあり，1970年代後半より徐々に格差は拡大した（新川 2005：198）。また同時期に，主婦パート等の非正規雇用が増加する。そして政府も，正規雇用と非正規雇用の間の労働条件の格差を容認した。労働省は，雇用の調整弁としてパート等の非正規労働者の存在を容認したうえで，適切な保護を図る方向に政策転換する（堀江

2005：38）。

　1960年代から1970年代にかけて成立した日本型雇用システムは，公務員および大企業男性正社員中心の長期雇用と年功賃金からなる日本的雇用慣行，職域別に分立した社会保険，企業別の福利厚生という特徴をもつ。これは，職場で長時間労働を担う一家の稼ぎ手たる夫と，家庭で家事や育児，介護などのケア労働を引き受ける妻との間の性別役割分業を前提としている。また政府は，産業政策や公共事業を通じて，このシステムの維持に必要不可欠な男性の雇用を創出するよう努めてきた。すなわちこの時期，企業規模間の賃金格差をある程度容認しつつも，男性の雇用保障を重視し，失業率を低位に抑えるという方向で労働市場が整備された。

　このような雇用システムは，ジェンダーの視点からみて「男性稼得者モデル」と呼ぶことができる。このモデルでは家族の生活保障は男性の雇用に大きく依存する。女性の就業率は低くはないが，出産・育児期に一旦労働市場を退出し，育児が一段落した後に労働市場に戻るため，年齢別労働力率はM字型を描く。復帰後の雇用形態はパートなど非正規雇用が多く，雇用保障がなく賃金も低い。すなわちかつての労働市場の二重構造は，石油ショックを経た1970年代以降には（正規―非正規という雇用形態を媒介した）男性―女性間の格差を促進するデュアリズムへと質的に変化したといえる（新川 2005：204）。

　このような日本型雇用システムにおける女性労働の特徴として，①労働力率や就業率の全体的な低さとM字型カーブの存在，②性別による水平的職務分離（職種の違い）は欧米に比べて小さいが，垂直的職務分離（同一職種における職務や管理職比率などの違い）が大きい，③非正規雇用者の割合が高い，④男女間賃金格差が先進諸国のなかで最高水準，という点が挙げられる（藤原・山田編 2011：21；厚生労働省 2012：113）。

　男女の賃金格差が非常に大きいという日本の労働市場のジェンダー構造は，多くの日本企業が導入している2つの人事・雇用管理制度，すなわちコース別雇用管理制度と職能資格制度に依拠している（木下 2004）。まず，コース別雇用管理制度は男女雇用機会均等法の施行（1986年）を機に創設された雇用管理制度である。日本企業では通常，年齢・勤続年数によって賃金が上昇するが（賃

金カーブ），それまで男女別の賃金表を用いていた大手企業の多くが，均等法に違反しないために総合職コースと一般職コースを創設し，それぞれに異なる賃金表を割り当てることにした。2つのコースの賃金格差は年齢が上がるごとに拡大し，両コースの賃金カーブは生涯にわたり交わることはない。2つのコースは職掌等によって区別され，総合職コースでは基幹的業務を担当するとともに，転居を伴う転勤の可能性がある。それに対して一般職コースでは定型的・補助的業務を担うことが期待されており，転居を伴う転勤はない。一見中立的な職掌という区別を用いながら，実際には，総合職はほぼ男性，一般職は女性が選ぶコースとなっている。

　他方，職能資格制度では，賃金は社内における資格の等級によって決まる。資格等級は部長職や課長職といったポストとは異なるもので，それぞれの等級には定員がなく，男性であれば誰もが同じように昇格されることによって賃金が上がる年功賃金的な仕組みになっている。男女賃金格差が生じるのは，この昇格の基準となる人事考課の査定において，結果として男女の賃金が分離するような評価制度が用いられることによる。これが「日本的能力主義」と呼ばれる考え方で，現在の職務でも過去の業績でもなく，たとえば学歴や勤続年数，「積極性」など，「将来の期待度」に基づいて評価を行う（木下 2004：96）。そしてこの将来の期待度という基準が，出産や育児のため休職・離職の可能性がある女性社員を低く評価する効果をもつ。結局のところ，日本企業の人事考課は，実際の業績ではなく潜在能力の評価，すなわち終身雇用を前提として将来にわたる企業への功労を期待することができるかどうか，という評価に基づいている（木下 2004：99）。そして同じ企業で長く働き続けられるか，転居を伴う転勤を受け入れられるかという期待が評価に影響し，結果としてそれが男女の資格等級の格差＝賃金の格差を生み出す。

(3) 日本型雇用システムの変容

　日本の労働市場の長期的な変化をみると，労働力人口は高度成長期とその後の低成長期を経て1990年代前半まで増加する。女性就業者数も1970年代後半から漸増を続け，2010年には女性就業率は60％をこえた（15〜64歳，総務省「労

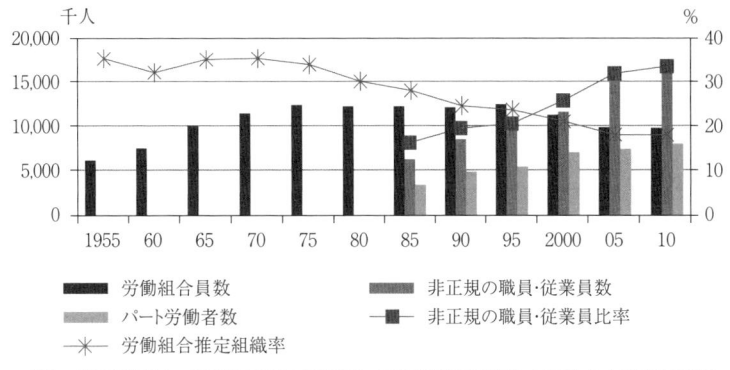

図表10-1 非正規・パート労働者数，労働組合員数，推定組織率

出典：総務省統計局，長期時系列表9年齢階級，雇用形態別雇用者数（全国）および厚生労働省，労働組合基礎調査より筆者作成

働力調査」）。同時期に非正規・パート労働者数も増加しており，増えた女性就業者のかなりの部分が非正規雇用によって占められる（図表10-1）。女性労働者に占める非正規雇用者比率は1990年で37%，2003年には50%をこえる（総務省「労働力調査」）。そして非正規雇用の拡大と反比例して，正社員を中心に構成される労働組合組織率は減少する。パートタイム労働に注目すると，女性労働者に占めるパートの割合は2000年代に4割をこえる。女性パート労働者の特徴として，40歳以上が6割を占めること，在職期間が1990年代に長期化し（2000年で平均4.9年），勤続年数が5年以上の女性パートタイム労働者は3割をこえることが挙げられる。他方で賃金格差も拡大し，常用社員の賃金を100とすると，卸売・小売業，飲食店のパートの賃金は1990年の61.8から2001年には55.5に下がり，サービス業では62.2から54.6へと下がった（鬼丸 2004）。

一方，1990年代後半以降は労働市場の規制緩和が進む。1999年の労働者派遣法の改正により派遣業種が原則自由化されると，非正規雇用が若い世代の男性にも増え，男性であっても家族を養うに足る賃金を得られない人がいることが問題視され，「格差」が社会問題化する。こうして男性稼得者モデルの動揺が明らかになると同時に，それに代わる新たな雇用システムめぐって労働政治も活発化することになる。

2 労働政治の「政治化」

(1) 利益調整型から対決型政策決定へ

55年体制下において労使協調を旨としてきた日本の労働政治は，1990年代後半以降にいくつかの点で変容を遂げていることが指摘されている。

高度成長期の日本では，労使が協調して生産性の上昇に貢献し，それによって得られた利益を労働者にも分配することによって労使対立を解決するという「生産性の政治」が成立した。とりわけ民間企業労組主導の春闘による賃金平準化システムの制度化が，高成長産業での賃金上昇抑制と高投資，低成長産業における比較的高い賃金水準の獲得と合理化圧力をもたらした（久米 1998：101-103）。

「生産性の政治」はまた，産業労働懇話会における政府，労使，学識経験者の意見交換や，旧労働省の審議会における公労使の利益調整システムによって政策に反映された。利益調整を行う重要な場の1つが審議会で，三浦まりは，1980年代までの労働政策過程の特徴を「審議会政治」と呼ぶ。審議会政治とは労働省審議会において，官僚の主導のもと，公益代表（学識者），労働者代表，使用者代表の委員の間で利益調整と合意形成がなされる仕組みのことである（三浦 2002；2007）。基本的に労働法制は一般的な労働市場のルールを定めるものであり，個別利益の獲得と配分をめぐって個々の政治家が政策形成に介入するうまみは少ないため族議員は生まれにくい。そのため，官僚が政策過程をコントロールし，公益委員とともに使用者側，労働者側の代表と交渉を重ねながら法制度を整備してきた。

これに対し，1990年代後半以降に労働政治は変化する。ここでは①政党政治化と②連合と民主党関係の動揺に注目する。第1に，労働法制の政策決定が官邸や内閣府主導で行われるようになり，その結果審議会における労使の利益調整ではなく国会における政党間の対決と交渉のもつ重みが増した（中北 2009；三浦 2002；2005；2007）。とくに大きいのは，議題設定の機能が労働省（そして審議会）から規制緩和関係の審議機関へと移行したことである。官邸等に

よって設置された規制緩和小委員会をはじめとする諸々の審議機関で労働市場の規制緩和が提言され，その内容が閣議決定されることによって審議会での議論の枠組みが決められるようになった。これらの審議機関から労働者代表は排除されている（中北 2009：19）。この結果，労働組合の戦略も変化した。規制緩和の方向性が決められたうえで開催される審議会では労働側が巻き返しを図ることは難しいため，審議会では労働側委員の反対意見を付記したうえで了承するが，そのかわりに民主党，社民党や共産党議員にロビイングして国会で対案を提出したり，国会での政党間交渉によって修正を勝ちとる戦略がみられるようになった（三浦 2005）。このように，労働政治の政党政治化がみられるのが第1の変化である。

　第2の変化として，連合と民主党関係の動揺が指摘されている（中北 2009；堀江 2011）。2002年と2005年に民主党代表に就任した鳩山由紀夫，前原誠司は連合との関係の見直しを公言した。当時は小泉純一郎政権による新自由主義的な政策が推進されるなか，連合から支援を受ける民主党は既得権益の擁護者であるとの批判が高まっており，連合と距離をとろうとする民主党執行部の姿勢はこれに応えたものであった。その後連合の反発を受け，菅直人や小沢一郎は関係改善に動き，格差社会批判が高まるなかで民主党は再度連合との関係強化に向かう（中北 2009：22-23）。しかし両者の関係が潜在的な緊張をはらむものになったことにはかわりない。

　前述した労働政治の政党政治化にともない労働組合と民主党との関係は強固になるのではないかと予想されるが，なぜこのような事態が生じたのだろうか。その理由はこの時期に起こった，政党と利益団体との関係を弱めるような構造的・制度的変化に求められる。まず構造的な要因として，利益団体が社会を包摂する範囲が狭まり，利益団体を通じた政党と有権者の組織的な結び付きが弱体化してきた。たとえば労働組合の推定組織率は34.4％（1975年）から18.7％（2005年）へと落ち込んでいる（厚生労働省「労働組合基礎調査」）。また国政選挙における連合の集票力も低下しているといわれる（中北 2009：25）。さらに政党の自立を後押ししたのが政党助成制度の改革である。一定の条件を満たす政党が国から政党交付金を受け取ることが可能になったことは，党本部が政治資

金を利益団体へ依存する程度を低めることになった (中北 2009：15)。政党の利益団体からの自立はまた，選挙制度の変化からも影響を受けていると思われる。小選挙区制度の導入により当選に必要な得票率が増えたために，衆議院議員選挙の候補者は組織化された利益団体のメンバーだけでなく広い範囲の有権者から支持を獲得する必要が生じた。そのため，連合に対する既得権益批判が高まると，民主党執行部が連合との関係見直しに言及するという事態が生じた。

(2) 分析枠組

　以上のような構造的・制度的変化とそれを受けた政党と労働組合の行動変化は，パートタイム労働法改正過程にどのような影響を与えるだろうか。本項ではヴィヴィアン・シュミットの議論を参考に，以下のような分析枠組を設定する（図表10-2）。

　シュミットは，政策形成・決定が行われる政治制度のタイプと，そこで利用される言説のタイプには相関関係があると主張する (Schmidt 2002：239-246)。まず，政策決定の権限が分散しており，多数のアクター間の合意を得る必要があるようなコンセンサス型の政治制度において重要となる言説は，アクター間の利害を調整するのに用いられる「調整的言説」である。調整的言説は，新しい制度の長所短所やその予想される効果についての分析を含み，技術性・専門性が高い。それに対して，政策決定の権限が大統領や執政府といった部門に集中しているような多数決型の政治制度において重みをもつ言説は，政策の有効性や正当性を一般市民に対して説得する際に用いられる「動員的言説」である。[1] 動員的言説は政策を通じてどのような社会の実現をめざすのかという大きなビジョンを示すものである。また多数決型の政治制度においてアクターは競争相手と自らとを明確に区別するようなシンボルやレトリックを駆使する傾向がある。

　さらに，以上のような政治制度と言説の関係を，民主主義における代表という側面から捉え直すと次のようなことがいえる。コンセンサス型において政策過程に参加するアクターは，それぞれが市民のどの部分を代表しているかという範囲が相対的に明確である。それに対し，多数決型においてアクターはその

図表10-2　政治制度と言説，代表

政治制度	コンセンサス型	多数決型
言　説	調整的言説	動員的言説
代表の範囲	複数の限定的代表	「単一の国民」の代表
代表される「労働者」の例	大企業男性正社員	「一般労働者」

出典：筆者作成

政体の構成員すべての代表である（べき）と想定されている。権限をもった政治アクターが有権者すべての代表として望ましい政策を遂行する責務を負うからである。このような代表範囲の相違は，アクターが用いる言説の内容にも違いを与えると思われる。

　1990年代後半以降の日本の労働政治の変化は，コンセンサス型から多数決型への移行と捉えることができる。労働政治が多数決型へと移行したことにより，各アクターが政策過程において用いる言説や，アクターが代表する（と自称する）市民の範囲が変化することが予想される。55年体制下の労働組合が，大企業男性正社員という限定された労働者に言及することが多かったとすれば，1990年代後半以降のアクターは，「一般労働者」全体を想定した言説を用いることが増えると予想される。このようにアクターが自らを「一般労働者」の代表として自己定義するとき，非正規社員やパート労働者などこれまで周辺化されてきた労働者の処遇改善という課題が認識されることが起こりうる。もちろん，そのような「一般労働者」という言葉が実は非常に限定された労働者を意味していることはありうるし，政策変化によって不利益を被る労働者がいるはずである。そのため動員的言説においては，そのような不利益は社会全体の福利の実現のために必要なものであると説得するようなロジックが必要になることもある。この点において，動員的言説は自らを一般市民（ピープル）の味方であると位置づけ，敵との差異化によって有権者からの直接的支持を獲得するというポピュリズムの戦略に親和的であるとも考えられる（大嶽 2003；2006）。

　次節以降では，政治過程の記述とともに日本型雇用システムのもとで「稼得

者＝男性」と「家計補助的就労＝女性」としてジェンダー化されてきた労働者像がアクターの言説のなかでどのように変化してきたのか（あるいは維持されてきたのか）を検討する。

3 パートタイム労働法の改正過程

(1) 争　点

パートタイム労働法の改正をめぐる争点は大きく 2 つに分けられる。[2] 第 1 は，パート労働者の処遇の平等（均等待遇）を法律によって規定するかどうか，という争点である。労働側は労働市場の規制強化を求めて法制化を支持し，経営側は反対した。第 2 の争点は，より技術的な争点であるが，処遇格差を設けることが許される場合の合理的根拠と，格差の水準である。つまり，通常の労働者と同等の労働条件を適用されるべきパート労働者（均等待遇），同じではないがある程度バランスのとれた労働条件を適用されるべきパート労働者（均衡処遇），そしてそれ以外の適切な処遇をされるべきパート労働者を，どのような基準で区別し，後二者（均衡処遇とそれ以外）の場合にどの程度の処遇差（たとえば時間あたり賃金を正社員の 8 割にする）が許されるか，という問題である。均等待遇の範囲を広げることによってフルタイムとパート間の格差縮小を主張したのが労働側および女性運動で，様々な条件をつけて均等待遇の範囲を狭めることを主張したのが経営側であった。厚生労働省は，2000 年代初頭から均等待遇の法制化については前向きな姿勢を示していたが（吉宮 2003），その一方

図表 10-3　争点と対立構図

		「差別禁止」（均等待遇）の法制化	
		あり	なし
均等待遇に該当するパート労働者の範囲	狭い	2007 年法改正（厚労省・公益委員）	2003 年指針改正（経営者）
	広い	（労働組合，女性運動，民主党）	

出典：筆者作成

で均等待遇の範囲については，使用者側が受け入れやすいように限定する方向で考えていたと思われる（図表10-3）。

(2) ジェンダー平等と労働市場改革のアイディア

パート労働者の7割以上を女性が占めるため，パート問題は女性問題であるとしばしば言われる。しかしこれまで述べたように，正社員とパート労働者の間に理不尽な格差があるのは，比較対象とされる正社員の働き方が，家計の主たる担い手で，かつ家族のケアのために時間を割かずにすむという男性稼得者モデルに沿ったものであるという前提があるからである。したがって，パートと正社員の労働条件の実質的な平等を実現するためには，このようなジェンダー化された労働者像を書き換えることが必要となる。具体的には，正社員も（既婚であれ未婚であれ）自分や家族のケアのための時間が必要であること，非正社員やパートであっても家計の重要な支え手であり相応の水準の報酬が必要であることが認識されなくてはならない。

この点について注目すべきは，1990年代後半以降，男女共同参画や少子化対策が推進されるという大きな流れのなかで，労働側も経営側も，ジェンダー平等のアイディアを取り入れて労働法制の改革を正当化しようとしていることである。ただし，改革の内容は労働市場の規制緩和（経営側）と均等待遇の規制強化（労働側）という具合に反対方向を向いている。

連合は，2002年のパート春闘に際して「いま，求められているのは，男女がともに家族的責任を果たしながら働き続けられる社会にするための，新しい生き方・働き方」であると宣言したし，日本経団連も「産業界・企業における少子化対策の基本的取り組みについて」（2006年5月10日）のなかで「なお，これらの取り組みは，M字型カーブの解消を図り，女性の能力発揮を推進させる取り組みとして有効であると考えられるものの，決して女性のみを対象とするものではない。性別にかかわらず，個々の従業員がもつ能力を活かすための取り組みである。企業は女性の働き方に目を向けるだけではなく，男性の働き方，特に子育て世代の父親の働き方についても再考すべきである。男性自身も働き方の選択肢が広がる中で，改めて自分自身の望む働き方やキャリアを考える必

要があろう」(傍点筆者)と述べている。

このように労使ともに,仕事と家庭の両立を可能にする新しい働き方が必要であることには言葉の上では合意している。しかし,この認識に基づいて提示される政策案は対照的である。連合は仕事と家庭の両立支援や,均等待遇の法制化および派遣労働者・請負労働者の保護強化を要求してきたのに対し,日本経団連は上の記述に続けて「労働時間等にとらわれない柔軟な働き方の実現には,労働法制の規制改革も欠かせない」と裁量労働制の柔軟な適用やホワイトカラーエグゼンプションなど「働き方の自由度を高める」ための制度の導入を求めた(日本経団連 2006)。すなわち,経営側はジェンダー平等のアイディアを取り入れて(男性も含め)労働者が自由に働き方を選択するために規制緩和が必要であると論じたのに対し,労働側は,自由な選択が現実に可能になるためには雇用の安定や雇用形態間の処遇の公正が法律で保障されるべきであると主張している。ジェンダー平等のアイディアは,労働市場の自由化とも規制強化とも接合しうるものとして捉えられている。

(3) 指針改正(~2003年)

(i) 議題設定 「短時間労働者の雇用管理の改善等に関する法律」(以下,パートタイム労働法)の制定は1993年であるが,その内容は「事業主による雇用管理の自主的な改善を基本的枠組み」とする法律であった(厚生労働省 2003)。その後1998年2月に出された女性少年問題審議会建議に基づき,労働省女性局は公労使委員を参集し研究会を開催する。ここでの議論の目的は,企業レベルで労使が労務管理の改善について交渉を行う際に参考となるような具体的な指標を示すことであった。この「パートタイム労働に係る雇用管理研究会」(通称ものさし研)では,佐藤博樹(東京大学社会科学研究所教授)が座長に就いていたが,佐藤はこの後2007年の法改正にいたるまで,パートタイム労働法関連の研究会や労働政策審議会雇用均等分科会委員を務めており,政策形成の全過程に専門知を提供する立場として関与する。

ものさし研の報告に続き,厚生労働省雇用均等・児童家庭局長は2001年3月,パートタイム労働研究会を参集する。研究会の座長はものさし研と同じく佐藤

博樹が務めた。委員は学識者中心で経済団体や労働組合の代表は含まれなかったが，研究会では労使団体との意見交換も行われた。同研究会は2002年1月に中間取りまとめ，2002年7月に最終報告および「短時間労働者の均衡処遇に関するガイドライン案」を発表した。

同研究会の報告はまず，パート労働者の増加という現象自体は企業と労働者の双方のニーズに合致しているためであるとして否定していない。ただし，理不尽な処遇格差や，正社員になりたくてもなれない非自発的パートの増加，パートであっても基幹的業務をこなし家計を支えているケースも増えていることから，正社員・非正社員の二択ではなく，残業や配転は少ないがある程度基幹的な業務を行うような「中間形態」を設けるなど，「ライフステージに応じた多様で柔軟な働き方」の選択を可能にする制度が必要であると主張する。そして，そのような新しい多元的な雇用システムが有効に機能するためには，働きに応じた公正・公平な処遇の確立と，異なる就業形態間の移動を可能にする仕組みが必要であるとする。そして，通常の労働者と同一職務を担うパート労働者であっても処遇に差を設けることが許される合理的理由として中間報告で示されたのは「配転，転勤，残業など高い拘束性を甘受する義務」（傍点筆者）の有無であった。その後，最終報告でこれは「幅広い異動の多寡などキャリア管理の実態が明らかに違う場合」（傍点筆者）という表現に差し替えられた。[3]

以上のように同報告では，1990年代後半以降の労働市場の規制緩和を容認しつつも，その中で「納得のいく働き方」ができるように処遇の公平性を確保するという方針が示された。同時に処遇格差の根拠として，働き方の「拘束性」という概念が示された。パートタイム労働法改正の議題設定は，この研究会報告によってなされたといってよいだろう。

(ii) **審議会** パート研究会の報告を受け，労働政策審議会雇用均等分科会は2002年9月から審議を開始する。分科会で使用者側委員は，処遇は個別企業の労使が自主的に決めるべきであって法制化には反対という立場をとり，対する労働者側委員は均等待遇の実効性を確保するためには法制化が必要と主張して両者は対立した。2003年1月には，日本経済団体連合会（日本経団連）が「法律による規制を設けることは反対。行政指導についても極力慎重であるべき」

との見解を明らかにする。議論は平行線をたどり，結局審議会報告では，均等待遇の法制化に至るには「国民的合意形成」のための「社会的機運の醸成」が必要であり，当面は指針改正によって労使の取組を推進することに目標を置くとした。均等待遇原則の法制化を明記しない分科会報告に対して労働者側委員は全面的に反対にまわり，2003年3月に公表された労働政策審議会雇用均等分科「パートタイム労働対策最終報告」には，労働者側の反対意見書が付記された。労働者側委員が全面反対という異例の事態となった。

　審議会報告では，①通常の労働者と同一職務かつ「人材活用の仕組みや運用等の実態」が同じパートタイマーには同一処遇決定方式を適用（正社員と賃金表などをそろえる），②同一職務だが「人材活用の仕組みや運用等の実態」が異なるパートタイマーには同一職務均衡考慮方式を適用，③その他，に分けるという考え方が示された。また①に該当するのは全パート労働者の4〜5％，②は30％で正社員と比べて賃金水準8割程度と想定されていた（酒井 2003b）。①と②を区別する合理的理由については，パート研中間報告で示された拘束性という概念や残業の有無は削除され，労使双方が何とか了承できる「人材活用の仕組みや運用等の実態」という文言に落ち着いた（酒井 2003b：93）。

　2003年7月28日，労働政策審議会は，厚生労働省から諮問された指針改正案をおおむね妥当とする答申を出した。その内容は雇用均等分科会報告に沿ってパートタイム労働指針を改正するもので，これによってパートタイム労働法改正の動きはいったん休止した。

　(iii)　**女性運動ネットワーク**　　パート労働法改正に関しては，新しいアクターの活動も注目される。ここでは，パート労働者の多くを占める女性たちによってつくられたネットワークについて述べる。

　雇用機会均等法の制定後，努力義務が多い均等法の実効性を高めるため，均等法の改正を求める均等法ネットワークが女性たちによって立ち上げられた。ネットワークの女性たちはヨーロッパではパートや非正規の待遇がフルタイム社員と遜色ないことを知り，日本でもパートの均等待遇を求めて「均等待遇2000年キャンペーン」を設立した（2000年2月）。賛同人は個人，労働組合，女性グループ，弁護士，研究者，国会議員など600名に及んだ。この動きはマス

コミに紹介され,「均等待遇」という言葉が世間に広まるきっかけとなったという(柚木 2003)。同キャンペーンをもとに2001年4月には「均等待遇アクション2003」(以下「2003」)が発足する。「2003」の設立に尽力した事務局の酒井和子によると,労働組合中心の労働運動に対する不信感が国会議員や弁護士等を含むネットワーク型組織の設立の理由の1つであった(酒井 2003b:96)。このネットワークの特徴の1つに,超党派へのこだわりがある。「2003」の呼びかけ人は地域や党派が偏らないようにバランスを考慮して選ばれた(酒井 2003b:98)。2002年7月以降,「2003」のメンバーは労働政策審議会雇用均等分科会の議論を毎回傍聴し,労働側委員への直接要請も行った。

　こうした「2003」からの働きかけに応え,国会の女性議員らも「パートタイム労働者等の均等待遇を実現する議員連盟」(パート議連)を結成した(2002年4月)。議員連盟には野党4党(民主,共産,社民,自由)から54名が参加し,議員たちは国会審議でこの問題を取り上げるとともに,厚生労働省のパート研究会の最終報告に対する意見書を提出した(吉川 2003)。議連は,2003年3月には「パート労働法改正案要綱(試案)」発表する。パート議連による議員法案提出にはいたらなかったが,この動きは民主党によるパート労働法改正案国会提出(2004年,2006年),社民党・共産党によるパート改正法案修正案の提出(2006年参議院)へとつながっていく。

　女性労働運動の国際比較研究によると,女性労働者の政策要求実現には,第1に労働組合内部での女性の位置づけの向上,第2に労働組合内部の女性と外部の女性(フェミニスト組織や国際機関,国際的女性労働運動)との連携が重要である(Curtin 1999；Franzway and Fonow 2011)[4]。日本についてみると,第1の側面については,組合役員における女性の比率は13～14％と低いが,女性労働者の多い産業・企業の産別や単組では女性役員の増加がみられ(首藤 2011),近年は労働政策審議会の労働側委員にも女性の組合幹部が選ばれている。このように労働組合内部での女性のプレゼンスが拡大する一方で,上述したような労働組合を超えた多様な女性たちを結び付けるネットワーク運動も形成された。党派に偏らないように配慮して形成された「均等待遇アクション2003」は,超党派のパート議連の設立につながった。

このことは，利益調整型の政策過程に関与できなかった女性たちの代表が政策過程に登場したことを意味する。政策アリーナの外の女性労働者たちは，審議会の労働者代表委員に加え，国会議員・政党という政治過程へのアクセスを獲得した。この変化は，パートタイム労働法改正が政策課題として認知されることに貢献するとともに，パート労働は多くの女性の利益にかかわる問題であるとのフレーミングの浸透につながったといえる。他方で，アジェンダ化の成功は必ずしも政策アウトプットの内容に直結しない。指針ではなく法律の改正にいたるためには，政府・与党を含む主流アクターの認識・戦略変化を待つ必要があった。

(4) **法改正**（2006～2007年）
(i) **議題設定**　　パート労働法の改正は2006年，格差社会への批判が高まるなかで再度議題として浮上する。2003年には指針改正にとどまった均等待遇の法制化を後押しした要因として，連合，民主党，政府，自民党（一部議員）の行動と言説の変化が挙げられる。

　第1に，連合は2000年代以降，格差解消へ向けて積極的な取り組みを始めた（篠田 2005）。組織率・政治力低下に危機感を抱いた連合の笹森清会長は，外部の有識者を招いて「連合評価委員会」を設立，連合の現状についての分析を依頼し，その提言を受けてパート労働者の待遇改善に取り組み始める。2002年春闘にあたり連合は，パート労働者の時給引き上げを提起する。2005年の連合会長選挙では，全国ユニオン会長の鴨桃代が非正規労働者の格差是正を訴えて立候補し107票を獲得，その善戦に注目が集まった。同定期大会で連合はパート社員の労組加盟推進を決定，翌2006年の春闘ではパート共闘会議を結成するなどパートの組織化と待遇改善への取り組みを強める。民主党もまた，2004年にはパートの均等待遇を定めた法律を国会提出，2005年総選挙のマニフェストにも均等待遇への取り組みを盛り込んだほか，労働契約法の制定やワークシェアリングなど，雇用の創出と公正なルールの確立に積極的な姿勢をみせた。

　これに少し遅れて，小泉・安倍政権も姿勢を変化させる。2006年5月以降，

経済財政諮問会議，社会保障の在り方に関する懇談会，男女共同参画会議の専門調査会，再チャレンジ推進会議，少子化社会対策会議，財政・経済一体改革会議などの一連の会議の報告で，相次いでパート労働者の均衡処遇の推進という文言が登場した。そして，経済財政諮問会議の報告を受け 7 月 7 日に閣議決定された「経済財政運営と構造改革に関する基本方針（骨太の方針）2006」でも，「正規・非正規労働者間の均衡処遇を目指す」ことが宣言された。均衡処遇という文言が登場したのは，2001 年以降の歴代「骨太の方針」のなかで初めてである。この小泉政権最後の骨太の方針が，安倍政権へと受け継がれ，安倍政権における再チャレンジ支援策の主要なコンテンツとして据えられたことで，パート労働法の改正の動きが一挙に進むことになった。

　第 3 の要因として，2007 年の参議院議員選挙を前に，自民党内に労働市場の規制緩和路線に警鐘をならす勢力があったことが指摘できる。2006 年 12 月中旬には自民党内に雇用・生活調査会が創設された。会長に就任した川崎二郎は「仮想敵」は規制緩和を推し進めようとする経済財政諮問会議であると発言，自民党内には「企業寄りの規制緩和策では参院選を戦えない」との危機感が強まっていると報道された（『日本経済新聞』2007 年 1 月 5 日）。自民党雇用・生活調査会の初会合では「（賃金が安く不安定な）非正社員ばかり増えている。企業は利益優先でいいのか」「いくら働いても生計が立たず，結婚できない若者もいる」という主張が相次ぎ，「連合なんか正規の労働者ばっかり。自民党こそ非正規の味方」「労組の存在意義はなくなっちゃうんじゃないですか」という発言もあった（『朝日新聞』2006 年 12 月 29 日）。格差問題への社会的関心が高まるなか参議院選挙を前にした自民党内の懸念は，日本版ホワイトカラーエグゼンプション（一定条件を満たす会社員を労働時間規制から外す）の導入を先送りさせた。

　このように労働市場の規制緩和は自民党内における対立を生じさせうる争点であった[5]。しかし雇用の保護を訴える自民党議員は自らを「非正規の味方」と位置づけ，「正規労働者の味方」と定義した労働組合との差異化を図ることによって政党対決型の政治過程に適合したフレーミングを行ったといえる。また安倍政権も，強い指導力を発揮して規制緩和を推進することはなかった。2007 年 5 月に規制改革会議が雇用の一層の規制緩和を求める意見書をまとめたこと

に対し，野党から激しい批判が出ると，柳澤伯夫厚労相や渡辺喜美行革担当相は同会議を擁護しなかった。安倍首相自身も国民生活の安定のためには一定の規制も必要だとの考えを漏らしていた（『朝日新聞』2007年7月2日）[6]。

　以上のように，連合，民主党，政府，自民党議員のそれぞれがこの時期に，パートや非正規への言及を増やし，格差是正のための政策を提案した。脱工業化にともなう雇用の変化という構造的要因に加え，多数決型の政治制度に適合的な動員的言説がもつ比重の増加という要因が，均等待遇法制化を促したといえよう。

　(ii)　**審議会・国会**　2006年7月より，労働政策審議会雇用均等分科会においてパートタイム労働対策に関する議論が始まった。労働者側委員には全国ユニオン会長の鴨桃代も加わった。格差に対する世論と政治アクターの認識変化を受け，公益委員が11月29日に提示した報告素案では，通常の労働者と同一視すべきパート労働者に対する差別的待遇の禁止（均等待遇）を法制化することが提案された。

　しかし使用者側委員は，一貫して均等待遇の法制化には強い懸念を表明し続けた。そのため分科会では均等待遇の具体的要件の議論に入る以前に，そもそもなぜ法制化をする必要があるのか，という前提部分の議論に多くの時間が割かれた。反対姿勢の濃厚な使用者側を説得するため，公益委員が調整役となり，法制化によって義務あるいは努力義務となる範囲を明確に限定していく方向でテクニカルな調整が行われた。最後まで使用者側は法制化に反対の姿勢をみせたが，最終的には十分な周知期間を設ける等の使用者側意見を報告に付記する形で「了承」とし，ようやく分科会報告の内容が定まった。同報告は2006年12月に労働政策審議会から厚生労働省へ建議として提出された。

　第2の争点であった均等待遇の条件について雇用均等分科会報告および改正法案要綱は，①職務，②職業生活を通じた人材活用の仕組み，運用等（つまり職務変更の態様・頻度），そして③雇用契約期間等の就業の実態，の3つすべてが同一である場合に差別的取扱いを禁止すると限定した。3番目の条件は，改正法案ではより明確に「期間の定めのない労働契約を締結しているもの」と書き換えられた。パートの多くが有期契約の更新という形で雇用されているとい

う現状を考慮すると，3つ目の条件が加わったことによって均等待遇の対象となるパート労働者の範囲は非常に限定されることになった。2007年4月から始まった国会審議でも民主党議員らからその点が厳しく批判された。

民主党は政府法案に対抗して，すべてのパート労働者に対する均等待遇を盛り込んだ対案を衆議院に提出した。国会では両法案に対する質疑が行われたが，最終的には自民・公明両党の賛成により政府法案が可決された。この結果，差別禁止（均等待遇）は法制化されたもののその適用範囲が極めて限定されるという労使痛み分けの改正法案が成立した。

4　日本におけるジェンダー秩序の再編

本章では日本型雇用システムの改革が争点となったパート労働法の改正過程の分析を通じて，ジェンダー秩序の再編をめぐる政治過程の一端を明らかにすることを試みた。

最後に本章の知見を要約する。第1に，2000年代に入って非正規労働者の均等／均衡待遇が政策アジェンダとなった構造的要因として，労働市場構造の変容による労働組合と政党の権力資源の変化があった。1990年代後半以降の正規雇用の縮小，非正規雇用の拡大という構造変容は，労働組合にとっては交渉を行うための権力資源の縮小を意味する。これに対して労働組合が採る戦略として，「代表すべき労働者」の範囲を拡大することが考えられ，実際に連合は2000年代に入って未組織の非正規・パート労働者の組織化に積極的に踏み出した。さらに，有権者のなかに非正規労働者が増えるという事態は，政治家や政党にとっても非正規労働者の利益となる政策を推進する誘因を与える。つまり，労働市場構造の変質はアクターの権力資源に変化をもたらし，それがアクターの行動変化へとつながり，このことがパート労働法における均等待遇の法制化の背景的要因として存在したといえる。

第2に，労働政策を決定する政治制度がコンセンサス型から多数決型へと移行したことで，有権者からの直接的な支持獲得を目的とした動員的言説の重み

が増した。この結果，政治アクターが代表すべき労働者の範囲が拡大し，パートや非正規といったこれまで周縁化されてきた労働者への言及が労働組合，政府および自民，民主両党で増加した。2006年からのパート労働法改正の政治過程をみると，議題設定段階では均等待遇の法制化を実現するという政府，労働組合の動員的言説が力をもったが，具体的な制度設計の段階では，審議会における高度に技術的な議論により均等待遇の対象者を限定することで経営側の了承を得るという利益調整型の過程が展開した。このような二段階を経て成立した改正パートタイム労働法は，差別禁止規定が法律に書き込まれる一方で，均等待遇の対象者は非常に狭い範囲にとどまるという結果となった。

1990年代後半以降に推進されてきた労働市場の規制緩和は，男性の雇用保障を優先してきた日本型雇用システムの改革を含意する。日本型雇用システム改革には，解雇規制の緩和や労働条件の自由化に加え，ジェンダーにより分離された労働市場構造を変革するという2つの独立した課題が含まれる。その結果，雇用機会の男女平等をめぐる対立軸と，労働条件（とくに賃金）の平等をめぐる対立軸が，労働政治を構成することになる（図表10-4）。日本型雇用システムが，女性のフルタイム雇用の機会を制限し，労働者間の賃金格差を容認するものであった（図表10-4のⅢ）とすれば，規制緩和はそこからの脱却とそれに代わる雇用システムの構築をめぐる政治を惹き起こす。

このような対立軸において，連合，民主党，そして女性運動と女性国会議員のネットワークは，「格差是正」を合言葉に男女平等と賃金平等の両方をめざした（図表10-4のⅠ）。他方，日本経団連による労働時間の自由化という政策提案は，「男性も家庭責任を担う」という言説とともに提示されることで，「多様な働き方」とそれに伴った多様な処遇（すなわち賃金格差の拡大）を正当化したものといえる。つまり，日本経団連の提示する雇用システムは図表10-4のⅣに位置づけられる。しかしながら，実際に成立した改正パート労働法をみる限り，労働条件の平等は結局のところ「拘束性の高い働き方」を前提としており，このことは家事・育児・介護などの家庭責任を担うことが多い女性の労働条件の切り下げを正当化し，ジェンダー中立的な文言を用いつつも実際にはジェンダーに基づく分離・格差を強化する可能性を払拭できないままにとど

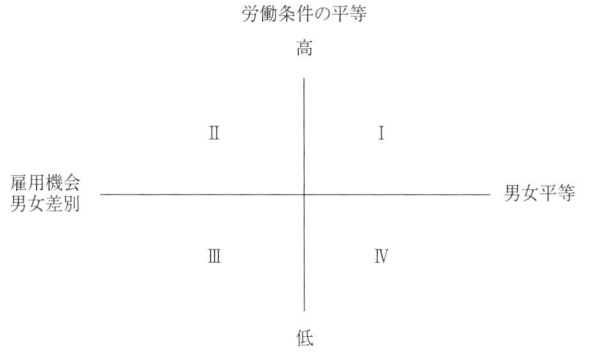

図表10-4　日本型雇用システムの再編をめぐる対立軸

```
         労働条件の平等
              高
              │
         Ⅱ    │    Ⅰ
              │
雇用機会 ─────┼───── 男女平等
男女差別      │
         Ⅲ    │    Ⅳ
              │
              低
```

出典：筆者作成

まっている。

　ポスト・フォーディズム期におけるアメリカの雇用システムが，男女ともに転職・解雇が多く雇用が不安定で賃金格差も容認することと引き換えに男女雇用機会の平等を実現しているとすれば（図表10-4のⅣ）[7]，日本の労働政治はそれと同じ方向をめざすのか，それとも男女平等と労働条件の平等をともに実現する連帯的雇用システムをめざすのか，というジェンダー秩序再編の歴史的分岐点に位置しているといえるだろう。

　＊本章は日本学術振興会科研費（課題番号23830102）による研究成果の一部である。

【注】
1) シュミットはこちらの言説を「伝達的言説」（communicative discourse）と呼ぶが，調整的言説もアクター間のコミュニケーションを図っていることに違いはないので，本章では「動員的言説」という用語を用いた。
2) もう1つ大きな論点としていわゆる「擬似パート」やフルタイム有期雇用者を同法の適用対象とするかどうかがあった。
3) 均等法ネットワーク2003の酒井和子は，同研究会は拘束性（残業や転勤の可能性）という不確実な「将来」を処遇差の合理的理由とすることの問題性を認識し，キャリア管理の実態という「現在」を理由にしたと指摘する（酒井 2003a：121）。
4) 第2の側面については，アメリカでも労働運動に携わってきた女性たちとフェミニスト組織の連携が重要な成果をもたらしたことを大嶽が詳細に跡付けている（大嶽 2011：

77-103)。
5) 従来から自民党内には規制緩和推進に懐疑的な議員が相当数存在していた（安 2013：71-72）。
6) 自民党内のこのような動きは，経営者への直接的な影響力行使となって表れた。2007年の春闘にむけた自民党と日本経団連の首脳懇談会の席で，自民党の中川秀直幹事長は「社員や下請けが成長を実感できる経済を実現していけるよう協力をお願いしたい」と「経営側への賃上げ圧力をむき出しに」したという（『朝日新聞』2007年3月15日）。
7) アメリカの雇用システムがある点からみれば北欧諸国よりも男女平等に近い面もあることについて，エステベス-アベ（Estevez-Abe 2007）の議論を参照。

〔参考文献〕
安周永（2013）『日韓企業主義的雇用政策の分岐——権力資源動員論からみた労働組合の戦略』ミネルヴァ書房
大嶽秀夫（2003）『日本型ポピュリズム——政治への期待と幻滅』中央公論新社
大嶽秀夫（2006）『小泉純一郎ポピュリズムの研究——その戦略と手法』東洋経済新報社
大嶽秀夫（2011）『20世紀アメリカン・システムとジェンダー秩序』岩波書店
鬼丸朋子（2004）「日本のパートタイム労働者の基幹化と低賃金問題」女性労働研究46号，65-75頁
木下武男（2004）「日本の男女賃金差別と同一価値労働同一賃金原則」北九州市立男女共同参画センター"ムーブ"編『ジェンダー白書2　女性と労働』明石書店，91-108頁
久米郁男（1998）『日本型労使関係の成功——戦後和解の政治経済学』有斐閣
久米郁男（2000）「労働政策過程の成熟と変容」日本労働研究雑誌42巻1号，2-13頁
厚生労働省（2003）「今後のパートタイム労働対策の方向について（報告）（案）」，第15回労働政策審議会雇用均等分科会資料
厚生労働省（2012）『平成24年版厚生労働白書』
酒井和子（2003a）「日本型均衡処遇ルールは間接性差別」女性労働研究43号，120-122頁
酒井和子（2003b）「労働運動の再構築に挑戦する新しい可能性　『均等待遇アクション2003』事務局酒井和子さん」女性労働研究44号，90-99頁
酒井和子（2008）「パート労働法改正で，パート差別はなくせるか」女性労働研究52号，146-151頁
篠田徹（2005）「市民社会の社会運動へ——労働運動の古くて新しいパースペクティブ」山口二郎ほか編『ポスト福祉国家とソーシャル・ガヴァナンス』ミネルヴァ書房，243-272頁
首藤若菜（2011）「女性組合役員の増加と組合運動の変化」大原社会問題研究所雑誌633号，20-35頁
新川敏光（2005）『日本型福祉レジームの発展と変容』ミネルヴァ書房
中北浩爾（2009）「日本の労働政治——民主主義体制の変容と連合」新川敏光・篠田徹編著『労働と福祉国家の可能性——労働運動再生の国際比較』ミネルヴァ書房，14-30頁

日本経団連（2006）「産業界・企業における少子化対策の基本的取り組みについて」（2006年5月10日）
藤原千沙・山田和代編（2011）『女性と労働（労働再審③）』大月書店
堀江孝司（2005）『現代政治と女性政策』勁草書房
堀江孝司（2011）「労働者・市民・生活者——政界再編期における労働組合と政党の模索」田村哲樹・堀江孝司編『模索する政治——代表制民主主義と福祉国家のゆくえ』ナカニシヤ出版，62-85頁
三浦まり（2002）「労働規制——新しい労働政治と拒否権」樋渡展洋・三浦まり編『流動期の日本政治——「失われた十年」の政治学的検証』東京大学出版会，259-277頁
三浦まり（2005）「連合の政策参加」中村圭介・連合総合生活開発研究所編『衰退か再生か——労働組合活性化への道』勁草書房，169-192頁
三浦まり（2007）「小泉政権と労働政治の変容——『多数派支配型』の政策過程の出現」年報行政研究42号，100-122頁
柚木康子（2003）「『均等待遇アクション2003』——パートや契約労働の均等待遇実現，2003年がチャンス」女性労働研究43号，35-38頁
吉川春子（2003）「大きな可能性，超党派『パート議連』参議院議員吉川春子さん」女性労働研究44号，81-89頁
吉宮聰悟（2003）「労働者側から提示する『均等待遇』の判断基準　連合総合男女平等局吉宮聰悟さん」女性労働研究44号，70-80頁
『労働法令通信』各号
『労働経済旬報』各号
Curtin, Jennifer(1999)*Women and Trade Unions: A Comparative Perspective*, Aldershot: Ashgate.
Estevez-Abe, Margarita(2007)"Gendering the Varieties of Capitalism: Gender Bias in Skills and Social Policies", in Frances Mccall Rosenbluth ed., *The Political Economy of Japan's Low Fertility*, Stanford: Stanford University Press, pp.63-86.
Franzway, Suzanne and Fonow, Mary Margaret(2011)*Making Feminist Politics: Transnational Alliances between Women and Labor*, Champaign: University of Illinois Press.
Schmidt, Vivian A.(2002)*The Futures of European Capitalism*, Oxford: Oxford University Press.

第11章 現代日本の防衛政策形成過程と
シビリアン・コントロール

柴田　晃芳

1 戦後防衛政策研究と戦後民主主義

　戦後日本の防衛政策研究は，防衛政策という一政策分野の研究であるのみならず，戦後日本の民主主義体制に関する研究としての側面をもっていた。

(1) イデオロギー研究

　55年体制という戦後日本政治の基礎構造は，2つの対立が重ね合わされることで形成された面がある。その第1は，冷戦という国際システム構造にみられる，共産主義と資本主義の間の政治経済的イデオロギー対立である。この冷戦的対立は，多様に存在する政治的対立をその文脈に取り込み，戦後政治を1次元的対立として枠づけた。本来，国家の安全保障をめざす防衛政策は，左右の政治経済的イデオロギー対立とは必ずしも重ならない。にもかかわらず冷戦的対立は，防衛政策を国際・国内の体制選択と関連づけ，イデオロギー争点として構成した。第2が，戦後民主主義体制や社会的・文化的伝統をめぐる日本国内における価値的対立である。これは，戦後の民主主義や社会的自由を重視する勢力と，天皇制や日本的伝統を重視する勢力とのイデオロギー的対立を指す。この社会的価値を巡る対立は，防衛政策を戦前・戦中体制の評価と結びつけ，そのイデオロギー性を増幅させた。そして，これら2つの対立が重ね合わされて連関したことで，防衛政策は強固なイデオロギー対立の下におかれることになった。

　このため，戦後の防衛政策をめぐる実証的研究にとっては，イデオロギー対

立が重要な研究対象となった。大嶽秀夫の『再軍備とナショナリズム』(1988a；2005) は，2重のイデオロギー対立が「再軍備」をめぐる政治のなかで結合し，55年体制を形成したことを示した。自由資本主義と社会的・文化的伝統を重視する保守勢力（自民党）が軍事肯定的政策を主張し，これに対して社会主義と社会的・文化的近代化を重視する革新勢力（社会党など）が軍事拒絶政策を主張する中で，防衛政策への態度を軸に2重の対立が1次元に固定化され，55年体制を構成したとする。戦後防衛政策研究の体制論的意義を示す成果である。

(2) 防衛政策過程研究

民主主義体制を論じるには，現実に展開される政治を実証的に分析し，決定権力のあり方を示すことも必要である。政策形成過程における各勢力の影響力関係を分析することで，「誰が決定するのか」を明らかにするのである。そこでイデオロギーは各政治勢力の相互作用を規定する要因の1つとして扱われる。[1] 『再軍備とナショナリズム』(大嶽 1988a；2005) においても，保革双方が相手側の全体主義的傾向を強く警戒するイデオロギー的態度を取ったために，穏健中道勢力結集の可能性が失われ，左右対立の構造が固定化する過程が実証的に示されている。

このような問題関心に基づく諸研究は，55年体制下の防衛政策形成過程の特徴を示すことで，防衛政策とその形成過程のいずれもがきわめて硬直的なものであったことを明らかにしてきた。以下，そこで示された特徴を4点取り上げよう。第1に，政治レベルの機能不全[2]である。これは，政治レベルが主導的役割を果たさずその実質的な関与なしに防衛政策が形成される状況をさす。強固なイデオロギー対立のなかで，防衛政策をめぐる政治的妥協はきわめて困難であった。与党自民党は政治運営全体が滞ることを嫌い，妥協困難な防衛政策形成にかかわることを可能な限り避け，政策内容の形成を官僚レベルに依存した。それは，『防衛力整備計画』や『防衛計画の大綱』などの重要な基本政策を政府方針としてのみ位置づけ，国会審議の対象外とする態度に典型的に表れた。55年体制下においては，この防衛政策を巡る政治レベルの機能不全が継続し，防衛政策形成はインクリメンタルなものになる傾向がみられた。

第2が，防衛庁・自衛隊の組織内にみられた，文官統制である。官僚レベルが実質的な防衛政策形成の場となった結果，防衛政策を所管する防衛庁・自衛隊がもつ，軍事抑制的な組織文化が防衛政策に反映されることになった。[3] 戦後新設された防衛庁・自衛隊は，警察予備隊として発足した経緯から，組織内部の背広組官僚に警察出身者が多かった。この元警察官僚をはじめとする背広組官僚の多くが，戦時中の経験から反軍意識を強くもっていたために，防衛庁内には軍事抑制的組織文化が根付いたとされる。その結果，背広組官僚が自衛隊の制服組自衛官の活動を厳格に抑制し管理する，所謂文官統制が定着した。この組織内の身分的格差は，組織全体の政策展開能力を損なった。

　第3に，行政府内における防衛庁の限定的影響力が挙げられる。戦後日本の防衛政策は，日米安保条約に基づくアメリカとの軍事協力体制を最大の柱としていた。[4] しかし，日本の安保政策形成で中心的な役割を果たしていたのは安保条約を所掌する外務省であり，防衛庁・自衛隊の影響力は限定的だった。防衛政策を所管する防衛庁の権限は，防衛力整備や部隊編成，自衛隊単独での防衛計画など，自己の組織管理に関するものに限られていたのである。しかもこうした項目に関しても，予算措置を必要とするものについては大蔵省の厳格な査定により政策内容に強い制約を受けた。このため，防衛庁・自衛隊が自律的な防衛政策形成を行うことは困難であった。[5]

　第4が，日米の軍―軍関係の凍結である。上記のように安保政策形成に対する防衛庁・自衛隊の主体的関与が弱かったため，日米間の軍事的協力は概念的な計画レベルのものに留まり，軍―軍関係が十分に実質化されることはなかった。有事における自衛隊と米軍との協力態勢のような，軍―軍関係の中心に位置する安保の有事運用というテーマは，冷戦期を通してほぼ放置されたのである。[6]

　防衛政策形成過程の実証分析が示すこれらの研究成果は，戦後の防衛政策が硬直性を強く示すようになった事情をよく示している。防衛政策形成は政治レベルによる統合的指導を欠いたために，官僚組織間で断片化されてインクリメンタルに形成される傾向が強かった。この結果が，戦後日本の防衛政策とその形成過程にみられる，強い硬直性なのである。

以上にみてきたように，戦後日本の防衛政策をめぐる研究は，イデオロギーや政策過程を分析対象とし，戦後的な防衛政策レジームを描き出してきたといえよう。そして，戦後日本の政治的対立軸を体現する防衛政策をめぐる政治を理解することは，戦後民主主義のあり方を理解することと同様の意義をもった。戦後日本の防衛政策研究をこのようにまとめると，大嶽の一連の防衛政策研究が，それらの核心を正面から取り扱っていたことがあらためて理解できる。

2　防衛政策と民主主義

ところが1980年代になると，新自由主義の台頭や，長期の自民党政権下で培われた利益誘導政治と結果としての政治腐敗に対する批判から，左右のイデオロギー対立は拘束力を弱め，主要な政治的争点も防衛政策から行財政改革などへと移っていく（大嶽 1994）。この結果，防衛政策が中心的対立軸を形成して民主主義体制のあり方を規定する特異な状況は終焉を迎えた。この意味で，防衛政策は戦後民主主義にかかわる体制論的な意義を失った。しかし防衛政策は戦後民主主義体制にとって一切の重要性を失ったわけではない。戦後日本の文脈を離れても，防衛政策は民主主義体制の存立にかかわる重要な政策分野である。

(1)　シビリアン・コントロール

防衛政策は，その主要な手段を軍事力に依存する。この軍事力を提供する軍隊は，近代国家にとっての政治権力の源泉である正当な暴力の独占機関にほかならない。しかも階頭的で強制性の強い軍隊の組織原理は，自由や平等を重視する民主主義と相容れない部分がある。このため，軍事力が民主的コントロールを離れれば，民主主義体制の存続自体が危うくなりかねない。軍事力をコントロールすることは，民主主義体制の維持にとって死活的な重要性をもつ。

シビリアン・コントロール（civilian control）は，軍事力に対する民主的コントロールの実現を目的とする，民主主義体制を維持するために不可欠な要素といえる。近年，シビリアン・コントロールに代えて民主的コントロール

(democratic control) の語を用いることが多い理由も，ここにある。

シビリアン・コントロールの具体的なあり方は，各国の政治制度や歴史によって様々であり，一概に特定の要件が定められるわけではない[7]。そうしたなかでもスミスが示した以下のようなシビリアン・コントロールの制度条件は，広く用いられている：民主的に選出された政府リーダー；政府に対する最高位軍人の服従；民主的政府のメンバーによる軍事部門の管理；民主的に選出された文民による軍事力行使・予算・人員・緊急権の決定および統制；軍事領域への裁判権 (Smith 1951：14-15)。

これに対して廣瀬は，スミスの制度条件を踏まえつつ，さらにこれらが満たされている場合でも，軍事領域への民主的統制が機能しない可能性を指摘した (廣瀬 1989：8-9)。「制度が一応完備していたとしても，軍事的安全保障政策について，政治的なコントロールが空洞化し，国民に対する説明が果たされない」(廣瀬 1989：9) 状態は，シビリアン・コントロールとは呼べない，との見方である。

以上から，シビリアン・コントロールとは，制度条件と実際の過程の双方において軍事に対する民主政治の優位が成立している政軍関係，ということができよう。具体的には，政軍関係上の制度のあり方や，軍事力行使の是非を判断する権限にとどまらず，軍事部門の行動，軍事力の構成や軍事予算，軍事戦略の策定など，軍事・防衛政策にかかわること全般の少なくとも大枠につき，政治が軍事部門の専門能力を活用しつつ民主的な意思決定を下すことが，その条件となる。政治が優位に立って軍事にかかわる政策を決定し，軍事部門がそれに沿って専門能力を揮うことで，政策目的の実現を図る。この民主的制度に基づいた一連の過程が適切に実行されることで，シビリアン・コントロールが果たされる。

(2) 戦後日本の「文民統制」

シビリアン・コントロールは，日本においては戦後GHQによって導入が図られ，「文民統制」と訳されて，防衛政策をめぐる重要な論点となった。ただ，この「文民統制」は，戦後日本の政治状況のなかで，上述のシビリアン・コン

第11章　現代日本の防衛政策形成過程とシビリアン・コントロール

トロールとはやや異なる，独自の様相を呈することになった。

　戦後日本においては，憲法体制や諸行政法規により，法制度上はある程度シビリアン・コントロールの条件が整えられた。他方，シビリアン・コントロールを実質的に機能させるための政治過程を実現する努力は，不十分なものにとどまった。そもそもGHQによってシビリアン・コントロール原則が導入された当初から，日本の諸アクターはそこに込められた「軍事に対する民主的コントロール」という理念を把握できず，これを単に「非軍人による軍人の統制」と理解した（コワルスキー 1999：174-191；大嶽 1988：52-53；2005：72-73）。その結果，戦後日本においては，政治による軍事コントロールとしてのシビリアン・コントロールは，実践としては十分に機能せず，脆弱なまま放置されたのである（廣瀬 1989；佐道 2003；纐纈 2005）。

　これは，戦後日本においては，大戦へといたる経緯や憲法第9条の規定，敗戦の経験，左右のイデオロギー対立のため，軍事力を保持することの是非自体が重要な政治的争点となったことによる。再軍備によって現実に軍事力を保持するようになってからも，革新勢力はその状態を批判し，軍事に対する民主的コントロールとしてのシビリアン・コントロールを確立することは軍事力保持を認めることにつながるとして，これに消極的だった。こうした勢力が，政治が軍事にかかわること自体を強く拒否する態度をとったことで，軍事や防衛政策を民主的にコントロールするための政治環境は，十分には整えられなかった。これが先述の「政治レベルの機能不全」を生み出した。シビリアン・コントロールは，政治的争点として正面から扱われることがなかったのである。

　革新勢力は，シビリアン・コントロールを全面的に拒否していたわけではなく，「文民統制」の重要性を折に触れて主張していた[8]。ただそこでの「文民統制」は，政治が軍事をコントロールするための手段ではなかった。自民党の長期政権下にあっては，軍事に対する民主的コントロールを確立することは，実質的には自民党に自衛隊の運用を任せるに等しく，これは認められない。革新勢力が主張した「文民統制」とは，シビリアン・コントロールの軍事抑制的な側面のみを強調し，専ら軍事力を拒絶すべし，という理念だったといえる。現実においては，軍事部門の行動を厳格に縛り，軍事力の行使を拒否し，軍事力の規

模を縮小し，軍事費を削減することが「文民統制」だ，との主張である。
　しかも反軍事的発想は，戦後のある時期までは必ずしも革新勢力のみにみられたものではなく，戦争経験から広く反軍的傾向を有すようになっていた自由主義者や政府の官僚たちにも，より穏健な形でかなりの程度共有されていた。
　こうした戦後日本の特異な諸条件のもとに成立したのが，戦後日本型の（疑似）シビリアン・コントロールともいうべき，「文民統制」だった。この戦後日本特有の「文民統制」は，軍事抑制的理念をもち，現実の過程のなかでは4つの要素によって機能していた。第1の，最も重要な要因が，日米安保体制である。日本は冷戦中も，日米安保に依拠することで，中ソと隣接しながら，独自の軍事力を規模と活動の両面において抑制し得た。同時に日米安保は，防衛政策に関する日本の自律性を低め，政策選択の幅をも狭めた。これにより，軍事に対する民主的コントロールの必要性と機能は，実質的に小さくなる。日米安保体制は，シビリアン・コントロールが機能するか否かにかかわらず，軍事抑制としての「文民統制」がある程度実現される，という状況をもたらした。
　この状況を一層強めたのが第2の要素，政治レベルの機能不全である。これにより，防衛政策形成を官僚レベルに強く依存することになった結果，政治による軍事のコントロールは実質的に機能不全でありながら，現実として軍事抑制は官僚レベルにおいてある程度実現されるという状況が生じた。このように，政治レベルの機能不全という要素は，シビリアン・コントロールにとっては阻害要因でありながら，軍事抑制をめざす「文民統制」にとってはその実現を支援する要因として機能したのである。
　第3の要素は，防衛庁・自衛隊の組織内における，文官統制である。シビリアン・コントロールの場合，その主体はまず民主的正当性をもつ政治レベルでなければならない。これに対して軍事抑制理念としての「文民統制」の実現主体は，このような限定を受けない。このため，文官統制は，「文民統制」理念と抵抗なく結びつけられ，その手段として正当化された。こうして，文官統制という軍事組織内の関係が，「文民統制」の中核を担い軍事を抑制する状況がもたらされた（廣瀬 1989：62-63；中島 2006：34-39；佐道 2003：6）。
　第4の要素は，政府内部における防衛庁・自衛隊の限定的影響力である。安

保政策形成における外務省優位と，防衛予算編成における大蔵省優位にみられるように，政府内においては他省庁が防衛庁・自衛隊の影響力を抑制することで，軍事抑制としての「文民統制」を実現する役割を果たした。

　以上のように，戦後日本においては，軍事抑制理念としての「文民統制」が，日米安保体制の影響と官僚レベルの機能によって実現されてきた。ここで，「文民統制」の4要素が，前項でみた戦後日本の防衛政策を硬直化させた4要素の特徴と多くの部分で重なることはきわめて示唆的である。戦後日本の「文民統制」は，防衛政策の硬直性によって支えられていた，とさえいえる面がある。他方において，民主主義体制が備えるべき軍事に対する民主的コントロールとしてのシビリアン・コントロールは，脆弱なまま放置されてきた。政治レベルは軍事・防衛政策形成に実質的に関与しこれをコントロールする機能を十分に果たしてこなかった。また戦後日本の防衛政策研究も，「文民統制」に比してシビリアン・コントロールに十分な関心を割いてこなかった面があろう。[9]

3　現代の防衛政策とシビリアン・コントロール——近年の変化

　冷戦の終結後，日本の防衛政策をめぐる状況は大きく変化した。国際環境においては冷戦的対立構造が衰退し，これに代わって東アジア地域固有の対立構造が明確化している。国内政治においても左右対立の拘束力は弱まり，対立軸が不明瞭な政治状況が現れている。そのなかで現代日本の防衛政策は，端的にいって，もはやかつてのように軍事力行使の可能性がごく小さい硬直的な政策分野ではなくなっている。たとえば，日米安保は軍事同盟としての形を整えつつあり，この傾向は今後も継続する可能性が高い。また，自衛隊の海外派遣開始に代表されるように，かつては困難だった防衛政策の展開も実現可能となってきており，こんにちでは集団的自衛権行使の容認も議論されている。

　こうした変化のなかで，かつて「文民統制」を支えていた4要素も変容しており，戦後日本型の「文民統制」はその機能条件を失いつつある。現代日本の民主主義体制にとって，シビリアン・コントロールの必要性はかつてなく高まっているといってよい。にもかかわらず，シビリアン・コントロールをめぐる現

実の状況は,冷戦期と大きく変わってはいない。戦後十分に顧みられてこなかったシビリアン・コントロールの実質化という重要課題は,いまだに解決されていないのである。

　本節では,現代日本の防衛政策形成過程に生じている変化から,上述のような防衛政策レジームの転換ともいうべき現状を明らかにする。分析の対象は,戦後日本の防衛政策過程にみられた,硬直性と密接にかかわり「文民統制」を支えた4つの要素,日米安保体制における軍—軍関係の凍結,政治レベルの機能不全,防衛庁・自衛隊内における文官統制,行政府内における防衛庁・自衛隊の限定的影響力である。これにより,防衛政策過程形成をめぐる変化と,そのシビリアン・コントロールへの影響を示すことができよう。

(1) 日米安保体制の変容——軍—軍関係の緊密化

　冷戦の終結によって,主にソ連への対抗を意図していた日米安保条約は,存在意義の大部分を喪失する危機に立たされた。これを克服すべく,日米両国は90年代中盤に「安保再定義」と呼ばれる過程を通して同盟の意義を再定位し,2000年代には「日米同盟深化」と呼ばれる過程を展開した。「安保再定義」には2つの側面が存在した。1つは,主に政策形成にかかわる日米両政府間の防衛政策調整の開始であり,もう1つは,主に運用にかかわる軍—軍間の協力体制の実質化である。この一連の過程は,のちにみる日本の官僚レベルにおける変化とも関係し,日本の防衛政策過程を変化させることで,シビリアン・コントロールに一層の困難をもたらしている。[10]

(i) **日米防衛政策調整**　「再定義」の初期過程をアメリカ側において主導したのが,ジョセフ・ナイ国防次官補だった。彼は,民間人を含む国防総省内外の対日政策専門家をスタッフとして,新たな日米安保体制のあり方を構想した。これが第1次「東アジア戦略報告 (East Asia Strategic Report：EASR-I,通称ナイ・レポート)」(95年) として結実し,その後のアメリカ政府の方針を規定していった。[11]

　ここで重視されたのが,日米が防衛政策形成の過程を共有することによって,共通の認識とビジョンに基づく相互に最適化された防衛政策を形成する,とい

うゴールだった。このような，過程の共有による防衛政策調整は，「再定義」を進めていく中で実践され，現実のものとなっていく。

実際,「再定義」の成果である「EASR-I」(米)，新「防衛計画の大綱（07大綱）」（日，95年）の形成過程では，それぞれが国内政策であるにもかかわらず，起草段階から両国が官僚レベルで意見交換を行い認識の共有を図っていた。両国間で交わされた「日米安保共同宣言」（96年）および新「日米防衛協力のための指針（ガイドライン）」（97年）は，この防衛政策調整の成果といえる。

日米安保体制の歴史上，国内における防衛政策形成に際してこのような国家間調整が行われたことはかつてなかったといってよい。これは冷戦の終結後に生じた新しい防衛政策形成過程の特徴である。その後，防衛政策調整は官僚レベルにおいて制度化され，今日にいたるまで一層活発化・緊密化しながら続いている。近年の「日米同盟深化」が「再定義」の延長線上に位置づけられるのはこのためである。

こうして，こんにちの防衛政策形成においては官僚レベルに日米両政府間の交渉が組み込まれるようになっている。これにより，政治レベルが政策形成を主導する余地は縮小する可能性が高い。政治レベルが関与する以前に日米の官僚レベルで一定の実質的合意がつくられる可能性があるし，政治レベルの関与が早い段階から開始されたとしても国内の政策形成過程が政治のコントロール外にあるアメリカ側の影響にさらされることは避けられないためである。シビリアン・コントロールは，新たな困難に直面しているといえよう。

さて，「再定義」の過程はこのほかにも日本の防衛政策形成過程に重要な影響を与えた。アメリカ側でイニシアティブを握った国防総省が，カウンター・パートである防衛庁との関係を重視したため，日本政府内における防衛庁の影響力向上が促されたのである。これにより，防衛庁にとっては，米国防総省との政策調整が重要な影響力資源となっていった。これが，日米の軍─軍関係を事務レベルにおいて活性化させている。

(ⅱ) **軍─軍間の協力体制実質化**　「再定義」のもう１つの核，協力体制の実質化は，有事において安保に基づく日米の協力が実際に機能するよう，運用の細部を固めることを目的としていた。94年の朝鮮半島核危機によって，有事に

際して日米の軍事的協力が機能しないということが明らかになったため、両国の官僚レベルは安保の有事運用実質化を喫緊の課題とし、前述の政策調整を通してこれへの取り組みを開始した。その成果が97年の新「ガイドライン」策定である。新「ガイドライン」は、所謂「周辺事態」に際しての両国の協力のあり方を具体的に明示した。[12] この方針は、99年の「周辺事態法」制定や03年の「武力攻撃事態対処関連3法」制定などの形で、日本国内の防衛政策に反映されていった。

ここでこの軍—軍の協力体制実質化について特に注目すべきは、一連の経緯が政策形成過程に変化をもたらしたことである。軍事力行使にかかわる政策形成には、制服組自衛官がもつ軍事専門的な知識や情報が必要不可欠になる。このため自衛官が政策形成に深く関与する機会が増加した。日米間においては、両国の制服組同士が専門的な論点について協議を行う機会が増え、かつては凍結状態にあった軍—軍間の交流が現場レベルにおいても活発化している。また防衛省・自衛隊内においても[13]、制服組自衛官の影響力が向上し、かつてのような厳格な文官統制は見られなくなってきている。

(2) 政治レベルにおける積極的関与の可能性増大

(i) **55年体制の崩壊**　冷戦の終結により、左右対立のアクチュアリティが薄らぐと、それを軸とした従来の政治構造が世界中で崩れ始めた。日本の国内政治も例外ではない。先にみた80年代の政治争点の転換は、冷戦の終結によって一層進行したといえよう。その結果、イデオロギー的な左右対立は、最早かつてのようなリアリティを伴う訴求力をもち得なくなった。その帰結が、93年に生じた政権交代による55年体制の崩壊であった。

ただよく知られている通り、自民党が政権を失った最大の要因は、自身の分裂だった。93年の第40回総選挙では、自民党出身の政治家が占める議席数は減少せず、むしろ増加した。[14] かつての保守勢力は、その数を維持しつつ、与野党に分かれて存在し続けた。55年体制崩壊の最も明白かつ重大な帰結は、革新勢力の衰退である。55年体制下で最大野党であり続けた社会党は、この選挙において勢力半減に近い大敗を喫し[15]、その後も党勢を回復させることはな

かった。社会党に代わって、日本新党や新党さきがけ、新生党といった新党が政権交代の受け皿となり、これらの党が中心となって8党派連立の細川護熙非自民政権が成立した。

連立与党の中心を占めた3新党は、左右の対立軸の上では中道的な位置を占めた。8党派は、この後連立政権内の主導権争いなどを経て、社会党左派を切り捨てながらその大部分が合併し新進党を結党するなどして、中道勢力を形作っていく。[16]これが民主党へとつながることは周知の通りだろう。

革新の衰退と中道の伸長は、防衛政策形成における強硬な反対派の縮小と、それによる妥協可能性の拡大を意味した。そのため、ひとたび防衛政策が政治争点となれば、合意が形成される余地はかつてなく広がったといえる。この結果、政治レベルが防衛政策形成へ積極的に関与するという傾向が生じた。

細川政権における防衛政策形成過程は、この変化を象徴している。[17]細川首相は、就任後間もなく、冷戦後の安全保障環境に適合的な新たな基本政策の策定を開始した。94年2月には「防衛問題懇談会（防衛懇）」が設置され、半年後に最終報告「日本の安全保障と防衛力のあり方——21世紀へ向けての展望」（「樋口レポート」）を首相に提出している。[18]これは、自国の安全保障のみを考えてきた冷戦期的な防衛戦略から、国際的な安全保障役割を引き受ける新たな防衛戦略への転換を提言するものだった。

細川首相の辞任や再度の政権交代により、「樋口レポート」は政策化されずに終わった。ただこの経緯は、左派の衰退と中道派の伸長によって、政治レベルに積極的な防衛政策形成への関与の余地が生じたことを示した。ここに、かつて見られた「政治レベルの機能不全」解消の可能性が示されたといえる。

(ii) **連立政権の影響**　この可能性が現実のものとなるかどうかを左右するのが、55年体制の崩壊後に常態化した連立政権の構成である。細川政権以降も現在にいたるまで、自民党単独で発足した小渕恵三政権の初期を除いて、すべての政権が連立に依存する状況が続いている。連立政権はもはや現代日本政治の標準型といってよい。[19]

連立政権は一般に、連立各党で異なる政策選好の調整と妥協を要するため、単独政権に比べ政権基盤が不安定で、政権運営に困難を抱えやすい。連立政権

にとっては，連立与党枠組の維持とそのなかでの政策調整が，政権の維持・運営上の最重要課題といえる。そこで，各党間の調整が困難な対立的政策課題は放置あるいは先送りされる傾向が生じる。実際，連立政権内に護憲・平和志向の強い革新勢力を抱え，その影響力が強いほど，政権の防衛政策形成に対する消極性が強まり，逆にその影響力が小さかったり弱まったりすると，より積極的な姿勢が表れるという傾向がみられる。たとえば，自社さ連立で社会党出身者が首相を務めた村山政権においては消極性が強く現れた。しかし首相が橋本龍太郎自民党総裁に代わると，革新の影響力は弱まり，それとともに防衛政策形成に積極的な姿勢が強まった。[20] 自民党単独政権として始まり後に自由党と自自連立を組んだ小渕政権は，内部に革新勢力を抱えていなかったため，防衛政策形成に携わりやすい状況にあった。その後，軍事力に対して抑制的な立場を取る公明党が連立に加わり自自公の枠組みがつくられると，公明党への配慮からやや消極性が強まる傾向が現れた。この傾向は，その後の自公保連立による森両政権でも基本的に継続した。[21] ただし自公保・自公連立の小泉政権では，[22] 積極的姿勢が比較的強く現れるようになった。

　具体的には，96年の「日米安保共同宣言」と97年の新「ガイドライン」策定（以上，橋本自社さ政権），99年の「周辺事態法」（小渕自自政権），2000年代に展開された「日米同盟深化」，01年の「テロ対策特措法」，03年の「イラク特措法」と「武力攻撃事態対処関連3法」，04年の「有事関連7法」（以上，小泉自公保・自公政権）など，冷戦終結後に成立した新たな防衛政策のほとんどが，積極的姿勢を持ちやすい構成の連立政権下で成立している。

(iii) **政治レベルにおける変化の帰結**　　以上のことから，冷戦期にみられた防衛政策形成をめぐる「政治レベルの機能不全」という特徴は，現代にあっては必ずしも妥当しなくなったことがわかる。政治レベルが防衛政策形成に積極的に関与できるか否かは，連立政権の構成に大きく左右されるようになった。[23] 連立政権が防衛政策に関するコンセンサスを形成できた場合，政治レベルは積極的に防衛政策形成に関与しうるようになったといえる。

　ただし，政治レベルにおける防衛政策形成への積極的関与は，必ずしも政治レベルが主導的に防衛政策形成をコントロールすることと同義ではない。政策

内容の策定が相変わらず官僚レベルに任されるなら、政治レベルの積極的関与は十分なコントロールにはつながらない。官僚レベルで行われた政策形成に対して、形式的な手続に基づいて民主的正当性を与えるだけでは、政治レベルがいかに積極的な姿勢を示そうと、政策に対するコントロールを行っているとはとうてい認められまい。そのような場合には、シビリアン・コントロールが十分に機能しているとはいえない。

実際、前項にみた政治レベルの積極的姿勢の下に成立した諸政策のうち、90年代の諸決定においては、政策内容の形成が官僚レベルに任される傾向が強く、政治レベルの影響はごく小さい傾向にあった（武蔵 2009；柴田 2011）。これに対して、テロ対策特措法以降の諸決定においては、政治レベル、とくに閣僚および政権与党幹部の政策内容に対する影響力が拡大する傾向がみられた（武蔵 2009；信田 2006）。ただしこの傾向が、後にまで継続する新たな一般的状況であるのか、同時多発テロ以降の特異な環境と小泉政権の強力なリーダーシップによってもたらされた一時的状況であるのか、現状では必ずしも明らかでない。

いずれにせよ、政治レベルが防衛政策の内容に対して民主的な影響力を及ぼすという意味でのシビリアン・コントロールは、いまだ十分に確立されたといえる状況にはない。

(3) 防衛省・自衛隊における文官統制の衰退

前項でも指摘したように、防衛政策形成に消極的であるか積極的であるかを問わず、政権が政策形成を官僚レベルに依存することは起こりうる。また、たとえ政治レベルが防衛政策形成を主導したとしても、現実問題として実効性ある政策を作るためには政策専門家たる防衛省・自衛隊の能力を活用することが不可欠である。このため、シビリアン・コントロールが確立された状況においても、官僚レベルにおいて行われる政策形成にかかわる諸活動は防衛政策形成に重要な影響をもち続ける。

冷戦後、官僚レベルの防衛政策形成過程には、防衛省・自衛隊の組織内における文官統制の衰退という変化が生じた。この変化は、2つの面ですでに80年代までには始まっていた。第1は、生え抜き官僚の影響力拡大である。新設

当初，幹部級職員を他省庁からの移籍・出向に依存せざるを得なかった防衛庁においても，生え抜き職員が経験を積み，幹部職を務める例が増えた。80年には防衛庁内部部局の課長職の半数を生え抜き職員が占めるようになっており(廣瀬 1989：付表10-11)，88年には防衛庁採用職員として初めて西廣整輝が事務次官となった。こうした傾向はその後も続き，こんにちでは内部部局の中核ポストのほとんどを生え抜き職員が担うようになっている。

　生え抜き職員が防衛省の中核を占めるようになるにつれ，軍事抑制的な組織文化にも変化がみられるようになった。組織としての独立性が高まることで自信が拡大し，また生え抜き職員が増えて軍事や制服組に対する警戒や忌避感が薄まり，背広組と制服組の間に協調的な関係が築かれやすくなったとされる (長尾 1996：70)。

　第2は，76年の「防衛計画の大綱」(51大綱) 策定と78年の「日米防衛協力のための指針 (ガイドライン)」策定が，日米安保を基軸とする防衛方針を明示したことである。これにより，多くの制約を受けつつも日米の制服組間の交流が徐々に活発化した。作戦計画の策定などの軍事的協力の実質化や，日米合同の軍事演習には，当然ながら制服組の関与が不可欠だからである。

　冷戦終結後，こうした傾向は一層加速した。「安保再定義」の影響についてはすでに見た。また，自衛隊の国連PKO活動参加 (92年開始) や国際緊急救助隊参加 (98年開始)，アメリカ同時多発テロ後の「テロ対策特措法」(01年) や「イラク特措法」(03年) に基づく活動などで，自衛隊が海外で活動する機会が飛躍的に増えるにつれ，米軍との関係は一層緊密化し，制服間の交流が日常化している。国内における災害救助活動なども含め，自衛隊活動の範囲と機会は近年大幅に広がってきている。それにつれ，現場での活動を行う制服組の防衛省・自衛隊内における影響も拡大している。

　こうしたことの結果，かつて防衛庁・自衛隊にみられた軍事抑制的組織文化は縮小し，背広組官僚と制服組自衛官の関係は平準化されつつある。防衛省・自衛隊内では，防衛・安全保障政策を所管する組織としての意思統一を図りやすい条件が整ってきており，独自の関心に基づく自律的な防衛政策形成を構想しやすくなってきているといえよう。こうした組織内条件が実際の防衛政策形

成過程で結果に影響を与えるとは必ずしも限らない。しかし，かつて硬直的な防衛政策をもたらした一要因である文官統制は，確実に衰退に向かっている。

(4) 防衛省・自衛隊の影響力向上

政府内における防衛省・自衛隊の影響力も，いくつかの要因により向上しつつある。第1の要因は，上にみた自衛隊の活動機会拡大である。PKO参加によって始まった海外での自衛隊活動は拡大し，こんにちでは「本来任務」と位置づけられている。[27] 95年の阪神淡路大震災を契機に，国内における緊急時の自衛隊活用も活発化した。これらにより，活動主体たる防衛省・自衛隊の影響力は向上しつつある。防衛庁が，「テロ対策特措法」および「イラク特措法」を所管法令として起案したことは，その例といえる。

第2の要因は，これもすでにみた，防衛省・自衛隊自身の能力向上である。これにより，防衛力整備や防衛予算，防衛方針の策定といった，単に自身の組織管理にかかわる政策のみならず，その範囲を超えて国家の安全保障戦略にもかかわるような政策の形成にまで，関与を深めつつある。なかでも，日米安保にかかわる政策形成や日米協議に主体的に関わり影響を与えるようになったことは，最も目立った変化の1つといえる。「周辺事態法」を防衛庁が起案したことは，その1つの帰結だったといえる。この経験は，後の「テロ対策特措法」や「イラク特措法」等の策定へとつながった。

このように，防衛庁・自衛隊は冷戦後に活動の幅を広げ，それとともに政府内の政策形成過程における影響力を向上させてきた。防衛庁は，上述のような所管法令策定を通じて，「自衛隊管理官庁」から「政策官庁」へと転換したともいわれる。07年の防衛省発足は，こうした政府内における影響力向上を象徴的に示す出来事といえる。こうしたことにより，官僚レベルにおける防衛政策形成においては，主に日米安保に強い影響力をもつ外務省および予算編成に強い影響力をもつ大蔵（財務）省と並んで，防衛庁（省）もある程度の影響力をもって自律的に過程に参画するようになった。この結果，官僚レベルの防衛政策形成過程はより複雑化する傾向にある。

さらに，今後防衛省・自衛隊はアメリカとの協調関係を前提に，自衛隊の活

動機会拡大や米軍との協力拡大に積極的な姿勢をとっていく可能性が高い。このような方針が外務省と一致する場合には，国内の政策変更が一層迅速かつ大規模に進む可能性もある。官僚レベルにみられた軍事抑制的な傾向とそれに基づく防衛政策の硬直性や「文民統制」状況は，解消へ向かうことが確実といえる。

4　結論──現代的課題としてのシビリアン・コントロール

冷戦の終結以降，日本の防衛政策形成過程は大きく変容した。このなかで，防衛政策を硬直化させ，それにより戦後日本型の「文民統制」を機能させていた4つの要素は，いずれも変化をみせている（図表11-1）。

図表11-1　「文民統制」要素の変化

	日米安保	政治レベル	官僚レベル	
冷戦期	・軍─軍関係の凍結	・機能不全	・文官統制（組織内） ・限定的影響力（行政府内）	＝硬直性
冷戦後	・軍─軍関係の緊密化	・積極的関与の可能性増大	・文官統制の衰退（組織内） ・影響力向上（行政府内）	＝柔軟化

出典：筆者作成

その結果，かつて防衛政策にみられた硬直性は弱まり，現代日本の防衛政策は大きな政策変化の可能性をはらんだ分野となっている。実際，90年代半ばの安保再定義から今世紀の日米同盟深化にいたる一連の流れのなかで形成された防衛政策には，従来政策からの変更を伴うものが多くみられる。このような防衛政策の柔軟化は，戦後日本が経験したことのなかった，冷戦終結後に現れた新たな状況といえる。それは同時に，官僚レベルの諸アクターを主体とする軍事抑制的な「文民統制」が機能しづらくなったことを意味する。であればこそ，政策変更を民主主義的にコントロールするため，シビリアン・コントロールの確立がこれまで以上に必要性を増し，重要な政治的テーマになっているといえよう。

シビリアン・コントロールの確立には，政治レベルが防衛政策形成に主体的

第11章　現代日本の防衛政策形成過程とシビリアン・コントロール

に関与し，官僚レベルを指導・活用して，政策形成過程全体をコントロールしながら，適正な手続に基づく決定を行うことが必要である。

　しかし，防衛政策の柔軟化をもたらした変化は，必ずしもシビリアン・コントロールには繋がらない。政治レベルにおける積極的関与の可能性拡大は，防衛政策形成に対する政治レベルのコントロール可能性を高めた。しかし現時点では，それはあくまで可能性にとどまっている。さらに，日米間の軍—軍関係緊密化と官僚レベルの変化は，政策形成過程をより複雑にし，政治レベルのコントロールを困難にすると予想される。シビリアン・コントロールの確立は，現代日本の防衛政策ひいては民主主義体制が抱える課題として，一層その重要性と困難を増している。

【注】
1) こうした研究を代表する例として，大嶽（1988a；2005）のほか，佐道（2003），中島（2006），植村（1995）などが挙げられる。
2) これに関して，詳細は柴田（2011：2章）を参照。
3) 防衛庁・自衛隊の組織的特徴については，たとえば廣瀬（1989），佐道（2003），中島（2006）に詳しい。
4) この安保が防衛政策の中核を占めるようになった事情は，佐道（2003）が詳しく論じている。
5) こうした理由の一端には，戦後新たに設置された機関である防衛庁・自衛隊が，設置法上，独立の機関とは位置づけられず，総理府の下に置かれたことがあるとされる。これにより他省庁との関係においては，従属的な位置に置かれることが多かった。
6) たとえば警察官僚出身の元防衛事務次官である丸山昂は，70年代末に雑誌インタビューに答えて，自衛隊と米軍の有事協力体制を「何もない，空っぽ」と評して危機感を表明している（田原 1979）。
7) この点については，武蔵（2009：1-8）が詳しい検討を行っている。
8) たとえば1978年に栗栖弘臣統合幕僚会議議長が有事法制の不備を指摘し自衛隊の超法規的行動の可能性に言及して解任された騒動の際には，革新勢力はこの解任をシビリアン・コントロールの機能として歓迎した。
9) この点につき廣瀬は，次のように指摘している。「わが国では，軍事力の保持をめぐる原理的な対立が深刻であったがゆえに，体制全体の軍事化を問題とする議論に比べて，日常的な政策運営について議論が手薄になりがちだったように思われる。」（廣瀬 1989：10）
10) 本項の内容につき，90年代の展開にかかわる部分については柴田（2011）を参照。

11) このため，アメリカ側の「再定義」への取り組みを，「ナイ・イニシアティブ」と呼ぶことも多い。
12) 以上の経緯につき，詳しくは柴田（2011：9章）参照。
13) 2007年，防衛庁は防衛省へと改組された。以下，とくに断りのない限り，両組織に共通する事情を論じる際には，防衛庁の時期をも含めて「防衛省」と記述する。
14) 第40回総選挙では，自民党は改選前から1議席を増やす微増（223議席）だった。これに対し自民党から分裂した各党は，新生党が19議席増（55議席），新党さきがけが3議席増（13議席）を獲得した。
15) 第40回総選挙で，野党第1党だった社会党は，70議席を獲得してその地位を守ったものの，66議席を失う大敗を被った。また共産党も1議席減の15議席だった。
16) ただし，中道勢力といってもそのウイングは左右に幅広く，必ずしも一体性の高い中道的主張が存在したわけではない。その内部には，社会党左派に近い立場から，旧自民党の中心を占めていた勢力，防衛政策については自民党右派と並んで最もタカ派的な民社党系の勢力などが存在していた。
17) 本項以下に述べる，細川政権における防衛政策形成過程とそこで形成された政策内容につき，詳細は柴田（2011：5章）を参照。
18) ただし提出時点では，防衛懇の発足を主導した細川首相はすでに政権交代によって下野しており，代わって自民党と社会党の連立政権首班，村山富市首相が「樋口レポート」を受け取ることになった。
19) この原因の1つが，55年体制の崩壊の背景ともなった，冷戦的な左右対立軸の拘束力低下である。これにより，有権者の政治行動がかつてのような凝集性を失って拡散し，各党の勢力分散をもたらした。これに，比例代表制による多党化傾向の影響が加わる。衆議院においては，よりウエイトの高い小選挙区制がこの傾向を抑制するが，参議院ではこの傾向が顕著に現れる。参議院は憲法上強い影響力をもつため，政権運営のためには衆参両院における多数を握る必要があり，単独政権が成立しづらい状況を生んでいる。
20) 96年1月に成立した橋本政権は，自社さ連立政権ではあったものの，首相が自民党出身だったこと，また96年11月の第2次橋本政権においては社さが閣外協力に転じたことで，左派勢力は相対的に影響力が小さかった。また，この時期には在沖縄米軍基地問題が発生しており，これへの対応として例外的に防衛政策への関与が積極的に行われやすい状況にあった。
21) 2000年4月，自公の接近によって連立与党内での影響力を失いつつあった自由党が連立からの離脱を決定し，これに反発する自由党の一部は離党して保守党を設立し，連立への残留を図った。これにより成立した自公保連立政権は2003年まで継続し（この間2002年12月に保守党は保守新党に改称），森内閣と小泉内閣を支えた。
22) 2003年，保守新党が自民党に吸収されて，連立枠組は自公へと移行し，2009年まで継続した。この自公連立政権下では，小泉内閣，安倍内閣，福田内閣，麻生内閣の各政権が活動した。
23) 本項では政治レベルの変化につき，連立政権の影響に絞って議論を進めたが，この他

にも与野党間の関係が重要な意味をもつ。たとえば，政権が内部的コンセンサスを形成し得た場合にも，政策形成への関与の積極性や政策形成の成否は与野党間の関係に左右される。与党の影響力が強い場合には，政権が比較的自由に政策形成を行うことができ，逆に野党が強力な場合には，政権は政策形成に制約を受ける。2000年代前半の小泉政権において，所謂「日米同盟深化」，「テロ対策特措法」，「イラク特措法」，「武力攻撃事態対処関連3法」など，防衛政策をめぐる新たな政策展開が急速に進んだ背景として，自公連立と国民的人気に支えられた小泉政権の安定した政権基盤と，それに基づく強い影響力の存在を無視することはできない。

24) ここで「生え抜き」とは，防衛庁に採用され主に庁内でキャリアを積み重ねてきた職員をさす。なお，防衛庁職員のキャリア分類につき，廣瀬（1989：82-85）を参照。
25) これ以前には，防衛施設庁の前身である特別調達庁採用で防衛庁に出向し長くキャリアを積んだ夏目晴雄が，83年に事務次官に就任している。
26) この詳しい事情については，佐道（2003：3章）を参照。
27) 2007年の防衛省発足時に，自衛隊法改正を行ったなかで，第3条に規定された本来任務にも変更が加えられ，かつて「付随的業務」であったPKO活動は「本来任務」へと格上げされた。

〔参考文献〕

秋山昌廣（2002）『日米の戦略対話が始まった——安保再定義の舞台裏』亜紀書房
植村秀樹（1995）『再軍備と55年体制』木鐸社
大嶽秀夫（1981）「軍産複合体理論からみた日本の政治」法学45巻4号，465-502頁
大嶽秀夫（1983）『日本の防衛と国内政治——デタントから軍拡へ』三一書房
大嶽秀夫（1986）「吉田内閣による『再軍備』——警察予備隊から保安庁発足まで：1950年7月～1952年8月」法学50巻4号，495-549頁
大嶽秀夫（1988a）『再軍備とナショナリズム——保守，リベラル，社会民主主義者の防衛観』中央公論社
大嶽秀夫（1988b）「吉田内閣時代の『海軍再建』——海上保安庁創設から警備隊の誕生まで」法学51巻6号，970-998頁
大嶽秀夫（1994）『自由主義的改革の時代——1980年代前期の日本政治』中央公論社
大嶽秀夫（1996）『戦後日本のイデオロギー対立』三一書房
大嶽秀夫（2005）『再軍備とナショナリズム——戦後日本の防衛観』講談社
大嶽秀夫編（1991）『戦後防衛問題資料集第1巻——非軍事化から再軍備へ』三一書房
大嶽秀夫編（1992）『戦後防衛問題資料集第2巻——講和と再軍備の本格化』三一書房
大嶽秀夫編（1993）『戦後防衛問題資料集第3巻——自衛隊の創設』三一書房
外交政策決定要因研究会（1999）『日本の外交政策決定要因』PHP研究所
川上高司（2004）『米軍の前方展開と日米同盟』同文舘出版
菅英輝（2005）「なぜ冷戦後も日米安保は存続しているのか」菅英輝・石田正治編著『21世紀の安全保障と日米安保体制』ミネルヴァ書房，26-61頁

栗山尚一（1997）『日米同盟——漂流からの脱却』日本経済新聞社
纐纈厚（2005）『文民統制——自衛隊はどこへ行くのか』岩波書店
コワルスキー，フランク（1999）『日本再軍備——米軍事顧問団幕僚長の記録（シリーズ戦後史の証言 占領と講和 8）』勝山金次郎訳，中央公論社
坂元一哉（2000）『日米同盟の絆——安保条約と相互性の模索』有斐閣
佐道明広（2003）『戦後日本の防衛と政治』吉川弘文館
佐道明広（2006）『戦後政治と自衛隊』吉川弘文館
信田智人（2004）『官邸外交』朝日新聞社
信田智人（2006）『冷戦後の日本外交』ミネルヴァ書房
柴田晃芳（2011）『冷戦後日本の防衛政策——日米同盟進化の起源』北海道大学出版会
春原剛（2007）『同盟変貌——日米一体化の光と影』日本経済新聞社
田原総一朗（1979）「インタビュー・丸山昂——日米安保は空っぽである」諸君！ 11巻10号, 17-28頁
中島信吾（2006）『戦後日本の防衛政策——「吉田路線」をめぐる政治・外交・軍事』慶應大学出版会
長尾雄一郎（1996）「内政の変動と政軍関係についての一考察」新防衛論集24巻 1 号, 56-83頁
能勢伸之（2012）『防衛省』新潮社
廣瀬克哉（1989）『官僚と軍人——文民統制の限界』岩波書店
船橋洋一（1997）『同盟漂流』岩波書店
古川純（1999）「日米安保体制の展開とガイドラインの新段階——双務的防衛体制の形成」山内敏弘編『日米新ガイドラインと周辺事態法——今「平和」の構築への選択を問い直す』法律文化社, 38-48頁
武蔵勝宏（2009）『冷戦後日本のシビリアン・コントロールの研究』成文堂
渡辺治（1999）「日米新ガイドラインの日本側のねらい」山内敏弘編『日米新ガイドラインと周辺事態法——今「平和」の構築への選択を問い直す』法律文化社, 19-37頁
Adler, Emanuel and Beverly Crawford eds. (1991) *Progress in Postwar International Relations,* New York: Columbia University Press.
Allison, Graham (1999) *Essence of Decision: Explaining the Cuban Missile Crisis* [2nd ed.], New York: Longman.
Benfell, Steven (1997) *"Rich Nation, No Army": the Politics of Reconstructing National Identity in Postwar Japan,* Ann Arbor, Michigan: University of Michigan Press.
Berger, Thomas (1998) *Cultures of Antimilitarism: National Security in Germany and Japan,* Baltimore: Johns Hopkins University Press.
Finer, Samuel E. (1988) *The Man on Horseback : The Role of The Military in Politics* [2$_{nd}$ Enlarged ed.], Boulder: Westview Press.
Green, Michael (2003) *Japan's Reluctant Realism : Foreign Policy Challenges in an Era of Uncertain Power,* New York: Palgrave.

Green, Michael and Patrick Cronin eds.(1999) *The U.S.-Japanese Alliance: Past, Present, and Future*, New York: Council on Foreign Relations.

Huntington, Samuel(1957) *The Soldier and the State: the Theory and Politics of Civil-Military Relations*, New York: Vintage Books.

Katzenstein, Peter(1996) *Cultural Norms and National Security: Police and Military in Postwar Japan*, Ithaca: Cornell University Press.

Mochizuki, Mike(1997) *Toward a True Alliance: Restructuring U.S.-Japan Security Relations*, Washington, D.C.: Brookings.

Nye, Joseph(2003) *Understanding International Conflicts : An Introduction to Theory and History*[4th ed.], New York: Longman.

Ruggie, John(1996) *Winning the Peace : America and World Order in the New Era*, New York: Columbia University Press.

Smith, Louis(1951) *American Democracy and Military Power*, Chicago: University of Chicago Press.

第12章　ストリート官僚論再訪
――第一線生活保護行政の政治学

畠山　弘文

1　福祉国家とストリート官僚論

　この論文は，いわゆるストリート・レベルの官僚制（street-level bureaucracy）について簡単に研究をふり返り，日本の現状を，主に福祉事務所の研究を例にお示ししようとするものである．具体的にはストリート官僚論の立場をとる3つの福祉研究をとりあげ，第一線行政研究の「政治学」的な意義と可能性について考察する．

　第二次世界大戦後，公的枠組によって提供されるサービスが市民生活を左右するようになった段階の国家を福祉国家と呼ぶ慣例にしたがってそう呼べば，1990年代以降の世界的な市場自由主義イデオロギーの席捲した後の国家もやはり本質的に福祉国家であって，国民への福祉，教育，治安にかかわる基本サービスの根幹をなすのはいぜん行政機関である．これを要するに，福祉国家は「行政国家」でもあり，福祉の名のもとに市民生活のすみずみに「国家の長い腕」(the long arms of the state) が浸透していく，という国家の成り立ちは変わっていない．

　行政機関の第一線で公共サービスの直接的な提供にかかわる職員のことをストリート官僚ないし第一線職員と呼ぶ．警官をイメージして街頭官僚という言い方も可能である．筆者の用語は第一線職員だが（後述の田尾 1994も同様），ストリート官僚が教科書用語のようなので不本意だがこれを用いる．

　ストリート官僚は講学上の概念で，実際の行政機関の組織図とは無関係だが，ストリート官僚論は「ストリート官僚の置かれた職務構造の共通性が彼らをし

てある共通した行動特性に導く」という70年代後半のアメリカの都市政治における発見に端を発して，彼らの活動を捉える一般理論として生まれたものである。たとえば，公立学校の教師と警官は一見対蹠的な存在で，使命も仕事内容も採用基準も異なるが，実は同じような行動特性を示すことが観察される。教師は騒がしい学級秩序を回復するために最初に統制的態度決定をせまられ，警官は市民が積極的な秩序承認（恭順の念）をとる場合にはむしろ福祉的もしくは教育的側面に傾斜した行動パターンをみせる。異質なはずの両者の行動が実際上は収斂していく。このような例は枚挙にいとまがない。

　そうした大量の収斂・同質現象を可能にするのは，最終的には，彼らストリート官僚が獲得するにいたる，決定と行動の裁量性である。ストリート官僚の職務は，工場労働のような自主的判断や行動の自由のない仕事ではない。工場労働者と同じような下部・劣位の組織内地位ではあるが，大きな裁量的自由を有し，それが市民との相互作用の場で発揮され，その結果，ある類型的な行動戦略（「定型化」という）をとるようになっていく。これは上位下達のウェーバー流「合理的官僚制論」では見逃されてしまうものである。つまり，「行政機関としての職務構造の共通性によって同じような職務構造の圧力をかかえるストリート官僚」という視角をとることによって，はじめてそのような行動の同型性や収斂が説明可能となる。だから，教師独自だと思われていた行動が特定の学校や教師の特徴によるのでなく，ある職務的圧力への戦略的対応行動であって，他のストリート官僚でも同様の条件があれば生じうるし，現に生じているということになる。

　ここでポイントは組織ごとの文化や歴史，職員の資質や採用方針といった特殊でパロキアルな問題にあるのではなく，行政サービス提供における通組織的な職務の客観的構造にあるということがわかる。それはしばしば，職務目標の曖昧さ，おびただしい法規の網のなかでの行動的空白地帯の逆説的登場，またこれに関連した公共的な仕事であるにもかかわらずの密室性，また上位監視に対する集団的専門的抵抗力といったものなどからなる。

　しかし同時にストリート官僚論は，最初にも触れたように，福祉国家という公式の顔に対して，もう1つの顔である行政国家化の側面を意識させるアプ

ローチでもある。つまりストリート官僚論は，マクロ政策的な福祉国家の理念がミクロな権力支配に脱するような現実の一面に照準する批判的アプローチでもあるということである。

　ともあれ，ストリート官僚論は，ストリート官僚とその職務条件を中心に行政活動の第一線をみていく。そのためこれを起点に，少なくとも5点の事柄の定義が行われることになる（畠山 1989）。すなわち，対象となるストリート官僚制とは「公的サービスを事実上自由裁量的に提供する第一線実務（front line practice）をかかえる行政組織」のことであり（①），行政サービスを第一線において直接受けとる市民も，ストリート官僚の「クライアント」，「対象者」，もしくは「対象市民」として把握しなおされる（②）。そして，ストリート官僚が市民と行う第一線の相互作用は「パブリック・エンカウンター」（public encounter）と呼ばれて，とくに重視される（③）。ストリート官僚論がストリート官僚の職務構造という場合，それは繰りかえすように公式上の組織構造のことをさすのではなく，この動態的なパブリック・エンカウンターの構造を意味しており，ストリート官僚と市民が相対する「いま―ここ」（here-and-now）においてストリート官僚の行動が行政サービスとして現実化されるとともに，まさにその「いま―ここ」の構造がストリート官僚のサービスの内容や提供の過程などを制約しもする。両義的な形でパブリック・エンカウンターは行政サービスの実現に深くかかわってくるのである。

　パブリック・エンカウンターは，ストリート官僚の裁量行使の場であり，条件でもあるが，その裁量的自由の根拠をストリート官僚論は次のように説明する。ストリート官僚は一方では組織の公式的先端（末端）に位置し，他方では組織のなかでは，ウェーバーのいう「官僚制的ヘル（Herr）」（組織のトップ）以外に唯一，組織の外部との交渉を担当するものである。この組織と社会という2つの世界を日常的に架橋する独特な役割が，彼らストリート官僚の裁量的自由を保障する，と。この役割を「境界的アクター」（boundary-actor）といい（④），その仕事を捉えて，対象市民を官僚制が扱いうる組織内的一件書類（「ファイル」）に変換する作業，すなわち「人間処理過程」（people-processing）もしくは「クライアント・カテゴリー化」（client categorization）と呼ぶ（⑤）。要するに境界

的アクターであるがゆえにストリート官僚は裁量的自由の広い余地をもち，その裁量行使は本質的に，市民を特定の官僚制的対象に変換しファイリングするクライアント・カテゴリー化となるのである。

たとえば病院では特定診療科の患者として登録され，警察では犯罪被疑者，福祉事務所では生活保護受給者としてファイル化される。これらの間に矛盾はない。ストリート官僚制は生身の人間を直接扱うのではなく，当該人間のもつ無限の特徴のなかから必要な要素を抽出して特定のクライアントをつくり出し，類型的な処理を行っていくものなのである。警察，公立学校，福祉諸機関（福祉事務所や社会保険事務所），労働基準監督署，ハローワーク（職業安定所），下級裁判所，アメリカの法律扶助機関など代表的なストリート官僚制において，犯罪容疑者，問題生徒，犯罪被害者，福祉受給者，失業者・求職者，訴訟当事者などが当該機関においてつくり出される。

以下ではストリート官僚論の基幹的な研究を一瞥したうえで，生活保護行政のストリート官僚論的考察を行い，今後の課題を確認したい。

2 「ピーマン状態」のストリート官僚研究

日本のストリート官僚の研究は，80年代に既に一部の関心を呼び，いまでは主に行政学の教科書に，ストリート官僚に関する一節が用意されるようになった。学問上，現実上の重要性もきちんと認識されている。ところが当時から今日まで，実証的にも理論的にも，ストリート官僚研究が日本で大いに進展したという事実はない。アメリカの主要な業績は少なくとも80年代には出揃っているが，これを受けた90年代以降の日本はむしろ停滞期であり，この点のギャップは，社会福祉技法の先端的な書物が洪水のようにあることから日本の福祉実践の水準を高く見積もってしまう素人（つまり筆者のような）の誤解によく似ている。およそ両者とも，外見はしっかり，中身は心もとないのである。

政治学関係の教科書は一例になる。ストリート官僚制は市民生活に直結する行政機関だから最大の学問母体は行政学である。この分野を代表する西尾勝はその大部の教科書『行政学』（西尾 2001）でストリート官僚論の意義を指摘し，

短くない解説を書いた。同じく西尾は別の放送大学用テキスト『行政の活動』(西尾 2000)のなかでも日本の警察活動と福祉行政をとりあげ、ストリート官僚の現実を論じようとしている。しかし内容は公式的な制度の説明や歴史、もしくは外国の研究の概要や紹介にとどまり、日本での調査や実証研究への本格的言及はない。その時点で西尾が参照すべき文献がないに等しかったからである。そして彼の示唆や激励に続くもののない状況が続くなか、行政学はますますピーマン状の現実を露呈してきた。ストリート官僚研究は、少なくとも行政学の場合、日本では、いまもって画餅といって差支えない。

　ストリート官僚論は、もともとアメリカの政治学者マイケル・リプスキーの研究『行政サービスのディレンマ』(リプスキー 1986)が出発点である (原著刊行は1980年)。彼は既に日本ではアメリカ都市政治の研究者として著名だったが、マサチューセッツ工科大学の大学院生たちを指導してストリート官僚調査を行っており (その成果はHosticka 1976；Prottas 1979；Weatherly 1980など)、『行政サービスのディレンマ』はそうした研究の集大成、ストリート官僚論を1つの明確な理論枠組として提示した記念碑的作品であった。アメリカ社会問題学会C・ライト・ミルズ賞や政治学会の賞などを受け成功したこの書物の最大の意義は、いまとなってみれば、研究上の孤島間に定期便を開設することにあったということになるだろう。様々な現象なりデータなりを整合的に捉える一般的な枠組が欠けていたところに、何となく気づいてはいたが誰も思いつかなかったような知的波止場を設けて、相互の連絡を可能にする。その結果、その後ストリート官僚論と総称される行政の第一線活動について、実は既に膨大なモノグラフがアメリカの多数の第一線分野で蓄積されていた、ということもわかることになった。機は熟していたわけである。

　さて学問上の市民権を得たストリート官僚論はそれほど間をおかず日本の社会科学にも伝播してきたが、研究の内実は現在でも盛況とはほど遠い。主たる研究の流れを主に著作の形になったものから追ってみよう。

　まず日本のストリート官僚研究の出発点の1つである『官僚制支配の日常構造』(畠山 1989)。畠山は留学先のロンドンで、リプスキーを既視感をもって発見しながら、実情の異なる日米の行政環境を考慮し、異なる理論的織物として、

つまり当時実証的政治学においては知られるところの少なかったフーコー的な「不可視の権力」論として仕事を進めようとした。そして，日本の様々な分野のストリート官僚のルポや調査を援用しながら，行政という可視そのものの権力活動の底ないしは先端に，実は，ウェーバー的「ピラミッド・モデル」では視野から隠れてしまうような裁量行使のもう1つの大きな層があると主張した（これを「ドーナツ・モデル」型の組織という。上部［組織の長］と最下部で，外部と二重の接点＝裁量をもつストリート官僚制の組織的特徴を表現している）。

初発の研究として畠山は，教師，福祉現業員，警官，医師，看護士などのルポやモノグラフィを広くとりあげ，日本のストリート官僚が置かれた組織的被圧力が共通にきたすことになる，ある一般的と思われる行動の特徴に焦点を合わせた。アイロニカルに「善意による支配」と呼ばれたものである。ストリート官僚は，一般の印象とは異なり，対象市民に対しその利益になると彼らの考えるところの行動をとる傾向がある。しかるにそのような善意の選択が実は彼らの置かれている組織的バイアスによる偏向をもっており，相手側の自己決定権をそいだり，自尊心を傷つけるような結果を生んでしまう。善意による支配は，ストリート官僚の官僚制的善意なるものが組織的に歪んでいくメカニズムや機微を捉えようとし，この点では規制行政もサービス行政も違いがなく，同様の現象がさらに多く通組織的に観察されると主張した。しかしながら，その後日本で（短期ではあったが）基調となったのは，実証的なデータ収集による実態研究，個別研究の方向であった。

ところでリプスキーにとってストリート官僚の典型は警官である。彼の本の表紙はいまでも警官のシルエットであり，ストリート官僚なる表現も「巡査」のイメージからきている。そして日本においても，警察研究がストリート官僚論の最前線となった時期があったように思われる。いずれも質問紙法や参与観察による本格的な法社会学研究であった。

まず宮澤節生は北海道警察を対象に刑事活動について先駆的研究『犯罪捜査をめぐる第一線刑事の意識と行動』（宮澤 1983）を行い，村山眞維がやや遅れて，外勤警官の警邏（けいら）活動の実態に関する『警邏警察の研究』（村山 1990）をあらわした。宮澤は刑事の行動が手続き的慎重さに対し検挙実績向上を強調する傾向

をもつことを明らかにし，村山も警邏活動の実態は秩序維持やサービス活動であるのに，警官の自己規定は法執行（彼の言葉では「法強行」）に偏ること，また，法執行の内容として，都市化により秩序紛争を公式的な規範によって解決する「社会秩序の法化」が進行していることなどを指摘した。ともに目標のディレンマというストリート官僚論特有の解法を用いた日本警察研究である。

　この2人はアメリカで実証的警察研究を学んだ法社会学者である。彼らの努力は，しかし日本の法学研究のなかでは，あくまで例外だった。もともと研究者には門戸解放からほど遠い警察は，宮澤・村山以後，学術調査に対し再びガードを固くしたといわれ，その後，国境をはさんでアクセスにおいて有利な外国人研究者を除き，本格的警察研究は（歴史研究以外に）あまりないという状況になる。宮澤も村山もその後警察研究を離れ，ストリート官僚論からも遠ざかった（外国人研究者の例に人類学のエイムズ［1985］や政治学のカッツェンスタイン［2007］などがある）。

　この時期の社会科学全体において最大の業績として，田尾雅夫の地方自治体に関する丹念な実証研究『行政サービスの組織と管理』（田尾 1990）がある。包括的な自治体のストリート官僚論としてはいまでもこれをしのぐ研究はない。田尾はまたリプスキーの訳者でもあり，日本にストリート官僚論の存在を知らしめた功績も大きい。また，行政学講座においてストリート官僚論の整理を行ったのも田尾で，これは日本で最もまとまったレビューである（田尾 1994）。日本のストリート官僚論の代表者といってよい。しかしその後，経済学部（京都大学）に移るあたりから，田尾の研究はストリート官僚論から，組織論全般に移っていった。『ヒューマン・サービスの組織』（田尾 1995）のような研究もその後出るが，主な関心は企業論・管理論などにある。彼はもともと，自治体は「本質的に柔らかい組織」であり古典的な官僚制論では理解できないとし，そうした組織における管理の重要性を明らかにしようというところから出発した研究者だった。

　学校に関するストリート官僚（教師や学級）研究も欧米では盛んであり，日本でも紹介は一時流行したが，決定的な実証研究は出ていない。ピグマリオン効果に代表されるように，何気ない仕草（ヒドゥン・カリキュラム）から正規の

授業にいたるまで教師の行動は,生徒や父兄にとって大きなインパクトをもつ。英米の「新しい教育社会学」(new sociology of education)と称される「クラスクームの社会学」は,この教師という,普通の市民生活にとって代表的な行政サービス提供者に接近する適切な糸口を提示するはずであるが,日本では停滞しており,部活など体罰の問題は深刻さを増すが,ストリート官僚論としてこれらが理論的に捉え直されるにいたっていない(翻訳は少なくないが,柴野・菊池・竹内編［1992］の紹介等参照)。同様に医療(医師と看護士)や矯正施設の研究もアメリカと違い日本では,周囲に大きな知的インパクトを与えるような研究成果は出ていない(医療社会学についての紹介は進藤・黒田編［1999］)。

分野ごとに細かくみていけば異なる研究史も描けようが,大要は変わらないだろう。意義は認識されたが大きな研究成果が伴わない,という跛行状態が続いているのである(アメリカのストリート官僚論のその後の研究として,Maynard-Moody and Musheno［2003］, Evans and Harris［2004］, Riccucci［2005］, Mackey［2008］などがある。Smith［2003］は全般的なレビュー)。

3　生活保護行政とストリート官僚論①──日本の生活保護行政

ストリート官僚論によって第一線行政にアプローチする──そのことの特徴や意義を具体的に考えるため,代表的なストリート官僚制である福祉事務所をとりあげる。なかでも生活保護行政を第一線のケースワーカーのレベルからアプローチしたものをみていく。まずは社会保障制度としての生活保護について福祉国家との関連から略説しておく。

恩恵でなく権利としての社会保障は,福祉国家という歴史的段階で定着する。第二次世界大戦の「戦後合意」と呼ばれるものの不可欠の1つが,「権利としての社会保障」であった。社会保障は福祉国家の基本条件である。狭義には社会保障制度を保障する国家を福祉国家といってよいが,これではトートロジーなので,福祉国家を「生存権の保障を国家の責務として受け入れ,所得再配分を国家の当然の権能と考え,景気の変動を調整するために経済に積極的に介入するようになった国家」(西尾 2000:6)とする実質的な定義をみると,そこに

ははしなくも社会保障としての生活保護行政の特徴がはっきり表現されている。生活保護とは「生存権の保障のためにおこなわれる所得再分配政策の典型であるとともに，福祉国家の基礎を支える行政活動」（西尾 2000：94）なのである。しかも重要なのは，生活保護がそうした福祉国家のあり方を，最後の一線で支え，最前線で決定しているということである。生活保護は，ストリート官僚論の最良のテーマの１つなのである。

あらためて生活保護は，生存権保障をめざして所得移転を行う福祉国家の核心に位置する制度である。具体的には，収入額が最低生活基準に満たない世帯に対し所得保障（生活保護給付）を行う，日本における「公的扶助」の仕組みに付された名称が生活保護制度である。公的扶助自体は，どの先進社会でも，通常，大きな社会保障体系の一環をなし，主役としての社会保険を補完する役割を期待されている。日本の生活保護行政は，「厚生労働省（社会・援護局）─都道府県（知事・市長・町村長）─福祉事務所」という体制により執行されており，福祉事務所が第一線の現業機関である（1951年社会福祉事業法により設置）。

福祉事務所は福祉六法関係の業務を主に担当し，現在，全国で1,200前後ある。福祉事務所の内部構造は，ストリート官僚論の観点から単純化すれば，典型的な「所長（官僚制的ヘル）─査察指導員（スーパーバイザー＝直接の第一線監視。係長クラス）─現業員（生活保護ケースワーカー）」であり，この最前線にいる福祉現業員たちが，国の通達，上司の意向，対象者の期待，地域の要請などに対し多面的に応えながら，福祉行政のストリート官僚として生活保護給付受給の決定，自立援助の支援等を直接行うわけである（その決定について市民は裁判に訴える権利をもつが，通常は，事実上の最終決定を彼らが行っている）。

生活保護制度は戦後GHQ主導でつくられた。GHQは福祉行政の専門化を意図し，それは生活保護現業員の「社会福祉主事」という任用資格制度となった。しかしこの資格は現在も形式的なまま形骸化しており，生活保護法施行60年をへて日本の生活保護業務の専門化はまだ実現していない。それに生活保護行政は役所のなかで通例最も不人気な職種の１つで，希望者は少なく，大半の担当者は頻繁かつ短期的なローテーションによりリクルートされる。現実には素人職員なのである。戦後当初の高い理想に反して，現在の福祉事務所は，一般

職採用の職員が嫌々ながら2，3年から長くても5年ほど勤めあげるような職場でしかない。職務上の訓練は不十分で，上司のスーパーバイズも上司自身の経験不足によって実質を欠きがちである（これは全体として政策側のある種の意図の反映でもある）。

　かくて実務においてはワーカー自身が仕事を，前線で，実地に，我流で，1から学んでいかざるを得ない。ケースワークの仕事は免許もなしにタクシーの営業運転をさせられるようなものだとの嘆息もある（柴田 1999：19）。生活保護行政つまり福祉国家の核心部分は，一種の3K職場なのである。しかもワーカーが獲得した経験は次の担当者に引き継がれない。主体を替えながらの「シジフォスの神話」状態？　しかし以上の相乗効果として，逆に，福祉事務所のケースワーカーに大きな行為のフリーゾーン，すなわち裁量領域が生まれてもくる。この間の経緯は簡単な推論である。

　そのような問題的な環境において，生活保護の実施過程は，大要，次のように進む（1～7）。まず受給希望者からの「受付」（1）が出発点。「申請（アセスメント）」（2）によって，「資力調査（資産いわゆるミーンズ・テストと稼動能力調査）」（3）が行われ，「要否判定」（4）がなされて「決定（開始もしくは却下）」（5）される。開始となると，生活保護受給が，途中での「変更」・「停止」（6）などの変化をこうむりながら，ある時点で「廃止」（7）の決定がなされ，そこで1つのプロセスが終わる。社会福祉学ではこの全体の過程が「相談援助過程」とされ，講学上はソーシャルワーク，すなわち生活保護法では指導・指示などを通じて行われる相談援助活動を介して利用者の生活全体を支援していく社会福祉実践過程とされている（ただしこの点の理解にも争いがある）。

4　生活保護行政とストリート官僚論②——生活保護研究の隘路

　以上を踏まえてストリート官僚論的な検討（実態解明と研究方法の両面）に移ると，まず何といっても生活保護行政関係の第一線レベルの研究がきわめて少ない。今日溢れんばかりの福祉研究のなかで，この欠落はまことに印象的である。官製諸統計の利用を除くと，現業員の体験録や，専門家が共通に抱懐して

いるたぐいの，しかし印象主義的な記述が多い。また保護費の不正受給のような問題が生じると新聞や週刊誌は短期注目するが，容易にアクセスできる実証データの蓄積はあまりない。これは福祉の部外者からいえば（ストリート官僚論の観点からいっても），研究の出発点に問題があるからのように思われる。

　伝統的な日本の福祉学研究では，1950年代の有名な「仲村・岸論争」を筆頭に，ケースワークの位置づけをめぐって，生活保護行政の目的は何かという議論が延々となされてきた。笛木俊一の「公的扶助制度・公的扶助労働の二面性」（笛木 1997），河合幸尾の「生活保護法の近代化対適正化」（河合 1997），また白沢久一的生活力形成論対小野哲郎的社会科学的ケースワーク論（白沢 1982；小野 1986），「基本原理対補足性原理」，「権利対義務」など目につく論争はすべてそのバリエーションである。2000年代に入っても，現業員向けの標準的教科書で，岡部卓は最低生活保障＝社会保障（所得保障）対自立助長＝社会福祉（対人サービス，対人援助）という風に変奏をくり返している（岡部 2003）。行政側が明快な見解を提示しない以上，問題の決着はいまもってなされていない（同様に生活保護研究では，「指導」「指示」「助言」「援助」など基本概念自体に実は一義的な理解がない）。

　あらためて，日本の福祉学においては，あちらこちらで論争の火種が絶えない。1つの分野でこれほど研究者の名前がついた論争があるというのは日本では珍しい。その真摯さは誰も否定しないが，規範傾斜的なスコラ的論議によって，実際には，第一線で行われている福祉実践理解への最初の一歩すら停滞する，という理路が結果として浮かび上がってくる点に注目したい。ストリート官僚論が解毒剤となるはまさにここだからである。

　なるほど生活保護法の目標をめぐるディレンマは重要な問題である。現行生活保護法（1950年成立）は，国民の生存権保障の理念を打ち出した新憲法の成果の1つである。今日からみても日本の生活保護法は理想に近いと評されるが，その第1条は生活保護の目的を，国の責任において生活に困窮する国民に対し，その困窮の程度に応じて最低限の生活を保障することと規定する。しかし同時にもう1つ，彼らの自立助長の促進もまた，目的として打ち出された。ここに根本的な困難がある。この2つの目標は,実務においては背反するからである。

自立助長とは要は受給停止である，とする解釈が実践場面で支配的となりうるといってもよい。だから戦後の生活保護行政は，このディレンマとどう折り合うか，という歴史だったといっても過言ではない。

　生活保護法は，第1条の背反する目的を実現するために「国家責任」以外に3つの原理を置く。「無差別平等」（第2条），「最低生活保障」（第3条），「保護の補足性」（第4条）である。最低生活保障原則は健康で文化的な生活水準を維持することであり，無差別平等原則とは（法律の定める要件を満たす限り）あらゆる国民に無差別平等に保護を与えることで，生活困窮の状態にあれば身分・信条・性別などの違いなく保護を請求できるということを意味する。これをいいかえると，現行生活保護法には旧法にふくまれていた欠格条項がない。ところが現在でも多数の先進国では公的扶助は欠格条項をもつか，さらに進んで健常で健康な身体をもつ男子は対象としないということが多い。そこで，この日本的徹底性の逆説として，生活保護行政では補足性の原則によって一定の制限を運用において課す，という「実際上の仕組み」になっているのである。「当時の一部の厚生官僚たちは，どうしてもその点［欠格条項の撤廃］に納得することができず，自立助長の規定を欠格条項にかわるものとみなしたりした」（副田 1995）ともいわれる所以である。第一線のその後のあり方をみれば，この仕組みがまさにそのまま運用上の1つの原則となったのである。

　このような対立はストリート官僚論にいう「目標のディレンマ」の典型例である。日本の生活保護には目標のディレンマが当初から構造的にビルトインされており，研究者がこの終わりのないディレンマから解答していこうとした結果として，不毛なともいえるイデオロギー論争が生じ，実証的な研究の前進が困難になったとみることができる。

　以上を生活保護のストリート官僚研究沈滞の第1の事由と考えると，研究を進めるうえでもう1つの障害があった。それは，第一線の生活保護実践のあり方を評価する場合，第一線活動と法規・通達との詳細な照合が避けて通れないということである。この点のバリア（煩瑣な法律論議や規範的問題の浮上など）は実際上も心理上も大きく，生活保護行政の第一線が社会科学の対象になりにくいのは，音楽社会学が進まないのと同じ構造，すなわち複数の知識体系を架橋

することの困難からきているだろう。かくて福祉事務所の第一線業務は社会科学の一種の空白地帯として残されるにいたる（嶋貫 1998）。

5　生活保護行政とストリート官僚論③——生活保護の第一線研究

さて，2008年の「派遣村」以降，生活保護は従来考えられなかったほど注目を集め，これに応じて文献も飛躍的に増大した。Ciniiで検索すると2011年からわずか2年間でヒットする文献は600をこえる。にもかかわらず，ストリート官僚論を切り口にするような学問研究はあいかわらず皆無に近い。以下，少し時間は逆行するが，3つの貴重な研究をとりあげ検討する。まず，代表的な研究として樽川典子の生活保護研究から。生活保護関係のストリート官僚論のお手本といえる研究である（樽川 1989）。

社会学者樽川の最大の功績はズバリ，ストリート官僚論の採用にある。つまりリプスキーのストリート官僚論によってケースワーカーの活動内容や効果を捉えようとした結果，宿痾たる目標のディレンマを巧妙にのりこえるのである。これが樽川の枠組の第1の特徴である。彼女はこのディレンマに類型的な整理を施しながら（時代によって監査項目の重点が変わってきたことを指摘しつつ），最終的に明治学院の社会福祉学者三和治の見解を採用する。すなわち，現業員たちは業務やケースワークの内容を一連の論争によってではなく，「日々の具体的な対応のなかで形成」するという見方である（ただデータは1982年までのもので，保護適正化＝受給引締めのシンボル123号通達［1981年］前後であって，通達以後生じた先進国中最低の保護率への低下や生活保護実務の無気力化現象の直前の時期である）。

かくて「生活保護の実施過程で形成されてきた援助・指導それ自体に注目し，その対応の根拠・問題について検討する必要性」（樽川 1989：210）が浮上する。これはまことにストリート官僚論的な解であって，樽川は，現業員が混乱した役割期待を，最終的には彼ら自身の価値観も混入しつつ解決していく，その具体的なあり方に焦点をあて迫ろうとする。その結果，目標のディレンマが，福祉研究における従来の解決困難なイデオロギー的課題としてではなく，現業員の裁量の場としての第一線レベルをみなければならないということの根拠とし

て解釈し直される。ストリート官僚論の面目躍如といった観がある。

　樽川において明らかにされるのは，「指導」である。指導とは，現業員たちがある状態，つまりは生活保護の目標と彼らが考えるところのものに近づける営みをさす。これは通常でいう保護や保護行為にあたり，基本的にはケースワークに関係する事柄と考えてよい（経済給付とも一部重なるのだが）。樽川は指導をみることによって，具体的に現業員がとる行為の目的を理解しようとする。「被保護者にたいする指導は，その生活状況に応じ，法規範や担当者の価値観，地域文化に規定された目標にちかづけるものである」（樽川 1989：227）。彼女の枠組の特徴の第2は，現業員の活動が「政策主体」（法や厚生労働省など上級官庁），「実施主体」（現業員），「対象者」（被保護者）という3主体の織りなす相互作用によって規定される，という視点なのである。以上2点が樽川ストリート官僚論の主たる枠組である。

　樽川は，現業員が世帯ごとに記す「ケース記録」を資料に用いた。ケース記録は「被保護者にたいする指導の公式部分を記載した資料という性格をもつ」（樽川 1989：220）。指導の内容はそれゆえ，記録を要請された事柄の影響を受ける。そのため彼女は（当時の）厚生省「通達」と，毎年行われる「監査方針」という2種の資料を綿密に参照していく。この面倒な照合をへて，樽川はいくつかの結論に達する。大きくは2つに分かれる。

　第1は指導の類型論。どういう指導が実際にどの程度なされているか。彼女によれば10の「記録された指導の類型」が存在した。①就労，②経済（住宅），③健康・疾病，④心身障害，⑤家事，⑥子どもの養育，⑦家族・親族関係，⑧心理・社会関係，⑨施設，⑩義務・届出である。面白いのはこのうち④心身障害，⑤家事，⑥養育は，通達や監査には存在せず，現業員が実際の必要に応じて編み出したものだということである。目標のディレンマに対する実際の解決が，必要に基づく裁量の拡張（一種の「善意」）を生んだと考えられる。

　数量的には調査全期間のデータでみると，指導が行われる世帯は全世帯の95.2％，過去1年間のデータでは85.5％となり，大多数の世帯で指導が行われていることがわかる。指導の内容としては傷病がほぼ70％（69.9％）で1番多く，経済56.6％，就労45.8％と続く（さらに家族等関係44.6％，心理等関係27.7％とな

る)。ここから，現業員においては，「健康を快復して安定した仕事につくこと，それまでのあいだ経済的条件を確保していくことが，指導のなかでめざされる三つの目標となっている」(樽川 1989：226) ことがわかる。最終的には経済的自立をめざしてのこれらの実現が，実務の最大の目標，あるいは彼らの価値観の表明なのである。

しかしこれは一般的な傾向であって，指導のあり方は世帯ごとに多様だから，総世帯の傾向だけでは十分ではない。世帯ごとの類型的把握が必要となる。樽川は，全期間について「高齢者世帯」，「母子世帯」，「傷病等世帯」という生活保護受給の3大世帯 (これだけで受給世帯の大半を占める) をとりあげ分析する (残りは「その他世帯」として分析される)。

まず高齢者世帯に対する指導では，届出・手続きが1番大きく，親族の援助を検討し，健康の維持と心身の衰えへの配慮が特徴的である。母子世帯では，指導を行う範囲が広く多岐にわたる。また，就労指導がきわだって強調されるが，それ以外の指導も過半数に達する。ここから母子世帯への期待が多領域にわたり，指導の目標にもバラツキがあることがわかる。とくに家族親族関係については，元配偶者との関係が指導される傾向にある。傷病世帯についてはとくに指導のない世帯が相対的に多い。

第2に，樽川は指導の私生活への介入に関する分析を行っている。これはまことにストリート官僚論的な視線，福祉理念が権力的支配に転化する側面への鋭い政治学的注視である。私事への介入とは「保護をうけていない一般の成人であれば自由に選択・決定できる事柄にたいし，本心の意志を考慮せずおこなわれる指導」(樽川 1989：241) である。全体では全期間においてほぼ過半数をこえる世帯で私事への介入を受けている。とくに高齢者世帯と母子世帯にそれが認められ，ともにほぼ3分の2 (66.7％) の世帯に及ぶ (ただし傷病・障害者世帯41.7％，その他世帯45.5％といずれも高率)。

介入項目をみると法的根拠をもつ介入 (法規では認められるが法規自体に問題があるか，その運用に問題のある指導) は51.6％で，残りは地域に一般的な価値観や職員の主観に依拠するものであった。法的根拠のない介入は母子世帯で相対的に多い。また介入と指導量の多さ (指導領域が多いこと) は密接に関連する。

私事への介入がある場合それは多方面に及ぶということである。

　この私事への介入が示すのは，古典的なディレンマである。すなわち生存権と基本的人権の対立——生活保護によって生存権が保障される結果，近代的自由権が侵害されるという危険に関する問題である（さらに労働争議に参加し収入のない場合には指導の対象となるという規定があり，これは労働争議権の否定以外のなにものでもない）。

　しかしこのディレンマは生活保護の場合，さらにデリケートな問題を含む。もし基本的人権侵害のおそれありとして介入を控えれば，実際上，問題解決がそのまま放置されてしまいかねないからである。最後の一線である生活保護においては，それゆえ，私事への介入はある種の必要悪なのであって，それがために私事への介入が現業員や組織において自己正当化されていると考えられる。この微妙なバランスをどうとるかは，実務評価の重要なポイントなのである。

　その際，注意すべきは，実は，地域住民の意向が強く反映されるという点である。樽川は，指導の実施過程で直接間接に地域住民の影響があることを確認している。生活保護についてはとくに地域の関心が高い。その場合，「住民たちは伝統的な価値意識が形成してきた被保護者の役割を［被保護者が］はたしているかどうかに，傾きやすい」(樽川 1989：242)。このことを理解している現業員たちは地域からの批判を生まないようにするため，身を慎むよう指導を加えるという構造になっている。母子世帯への指導がきついのは実はそのためである。とくに異性交際や夜間の飲食店での就労に対して厳しく指導されるのは，そういう事情による。このような指導は法的規定に根拠をもつとしても，広くいえば伝統的規範を反映するものであった。

　最後にこの「行政国家論」的文脈で，指導類型によって明らかにされた現業員の目標をもう一度思い起こそう。そこでは経済的自立が強調されていた。これをめざす指導は能力主義や樽川のいう「合理主義」を支配的価値としており，そのまま徹底していくと老人や重度障害者等は能力を欠く劣位の人間ということになる。これが次には，他者の援助を受けるべき客体としての役割を彼らに期待することにもつながる。これは，そうでない生き方をとることも可能な自

己決定の可能性，もしくは端的に彼らの主体性や「個人主義」(樽川) を侵すことになる。私事への介入の有無と無関係に，現業員のもつ何気ない，あまりに当たり前だと彼らの前提するような善意の指導の優先順位 (目標) が自由権，主体性，自由決定権，個人主義，異議申し立ての権利を脅かすということである。生存権の保障が第一線において具体的に確保されるとともに，その同じ場において見えない制裁が生じる。樽川は，ストリート官僚論の枠組みをとることによって，この精神上の苦痛に敏感に反応し，そこにある種の政治力学を繊細に読みとる鮮明な目をもつことになったのである。

あらためて樽川の研究がストリート官僚論のよい手本なのは，以上のように，具体的な福祉実践の第一線的傾向，したがって主として福祉専門家の第一義的関心を引くような専門的諸点を明らかにするだけでなく，もう1つそこで事実上生じる別レベルの権利義務関係 (力関係ないし支配関係) の発生も照射できているからである。彼女は私事の介入という視角から論じたが，要はサービス提供に随伴する一種の官僚制支配という別種の (＝政治学的に分析されるべき) 効果である。こうした効果はどのようなストリート官僚制にもみられる秩序維持の隠れた形式であって，ストリート官僚制が福祉国家の機関であることのもう1つの面 (行政国家論的面) なのである。政治学から始まったストリート官僚論はもともとこの点にきわめてセンシティヴだった。彼女の研究はこの原初形態の一典型なのである。

生活保護のストリート官僚論は少ないとはいえ，樽川にとどまるわけではない。あと2つ，興味深い研究を急ぎ足でみておきたい。福祉事務所現業員のまさに裁量に焦点をあてる沖田佳代子の研究 (沖田 1994；1995)，自身が常勤職員として4年間の窓口業務経験をもつ社会福祉学者新保美香の一連の研究 (新保 1999；2000；2001) である。

沖田は目標のディレンマを現業員の「倫理的ディレンマ」と置き換え，その緊張のなかで現業員が意思決定を行うとき，次の3つの要因が影響を及ぼすとした。「組織的要素」(組織の指示・命令系統，公務員の職階制，業務のマニュアル化，組織編成，現業員の力量形成)，「資源的要素」(社会資源の拡充)，「臨床的要素」(技術・経験，クライアントのニーズ，仲間の支援形成) である。

だから一口にストリート官僚，つまり生活保護ワーカーの裁量といっても様々なタイプがあり，「規定・規則の範囲内で不可避的に伴う裁量」，「臨床的判断に基づく専門的裁量」，「現業員の個人的判断による裁量」の3タイプを識別する必要があると考えた。同様に，行政国家論的とさきほどから述べてきたストリート官僚活動の権力的一面についても「技術的経験を含む関係性の倫理」という表現で俎上にのせられている。生活保護の法的権利は現業員のクライアントの生活への介入を通じて両者の関係のなかで実現される。このような微妙な関係性について組織は必要な認識と検討を欠いている，というのが彼女の結論である。

　三和治に学んだ新保も，この支配従属関係について，もっと敏感であるべきだとする。現業員ばかりでなく，組織も，そして専門研究者も。ソーシャルワークの理論や方法を生かした実践活動が真に効果的であるためには，福祉事務所の業務の困難がどこにあるかを知らなければならない。彼女が見出した困難は大きくは2つあり，大変興味深い。1つは福祉事務所の権威と要保護者のこれに対する従属感情，2つは生活保護行政におけるソーシャルワーク活動の位置づけの曖昧さである。

　とくに生活保護では，金銭（生活保護受給）を介在させてストリート官僚とクライアントが「信頼関係」を取り結び，それを「受容」させていくという特殊な状況にある。これは実にやっかいな状況である。そしてこの生活保護の実践活動の「固有性」から生じるのが，要保護者の心理的「抵抗感」や「依存」の問題である。新保はまさにそうした，いってみれば感情の政治学，この「痛み」へのセンスこそがソーシャルワークにとって決定的に大切なのだと主張した。

　以上を要するに，ストリート官僚論の視点をとることで，樽川，沖田，新保の3人は共通に，対人場面における福祉の支配化機能，つまり政治学が伝統的に関心をもってきたような事柄に着目していかざるを得なかった。この点は福祉の専門祉研究のなかでは等閑視されがちでもあってみれば，まことに鮮烈であるだろう。ストリート官僚論は専門研究の特殊で閉じた問題群をいわば「人間化」し，再定義する偏光フィルターなのではないかとすら思われる。

6 ストリート官僚論の政治学的展望

　1980年代以降，123号通達による保護受給の（第3次）適正化，引締め政策は日本が先進国中最低水準の受給率となる結果を招き，とくに受付段階におけるいわゆる「水際作戦」なるものが福祉関係の書物のなかで広く悲憤慷慨されてきた。水際作戦はストリート官僚論の格好のテーマだが，そのための確実なデータが，この学問分野（福祉研究）には十分用意されていない。水際作戦は新規申請段階の徹底した調査（たとえば生命保険・預貯金調査，扶養義務調査）によって生活保護法上の保護申請権を権利として認められている住民に対して申請の事実を「相談」として処理し，申請そのものを事実上消し去るやり方のことである。もしこれがデータとして出てくれば政治学的にも「第三次元の権力論」に類似の権力行使であり，貴重な例となるかもしれない。

　いずれにせよ市民の受けとる公共サービスは，ストリート官僚制を介して提供され実現する。ストリート官僚はその組織の末端において，公共サービスの事実上の決定者として大きな裁量を有する。福祉国家が約束するどんな政策も，ストリート官僚制を媒介するサービスについては，ストリート官僚のこの市民との対面的な関係において形に移され実現する。だから彼らは福祉国家の実際のあり方（水準や態様）を市民レベルで，事実上決定する存在である。市民社会に対するストリート官僚の構成的役割は相当大きい。

　それだけではなく，いまみたように，彼ら福祉国家のエージェントが同時に行政国家のエージェントでもあった。ストリート官僚論は，一見隠された政治学的側面にセンシティヴなアプローチなのである。サービス提供のみならず，それとは区別されるべき権利義務の事実上の裁定者として，したがって一種の支配の末端として秩序を意図的もしくは意図せずに，あるいは明示的にもしくは黙示的に，ある方向にもっていくという彼らの物理的・象徴的な権力作用にもっと注意が払われるべきなのである。……これを結論としておこう。

　最後になったが，現在筆者は右手の腱鞘炎で筆記のみならずキーを押すことすらときに激痛を伴う。執筆辞退も考えたが，ストリート官僚論の現在に何ほ

どかの責任も感じ，簡単なレビューもかねて，その可能性について考えるところを記した。ストリート官僚論は筆者の博士論文のテーマであった。だからこの記念の書物の趣旨にはふさわしいはずだが，それにしても長い不在の後の再訪，いってみれば放蕩息子の帰還であった。筆者はその後，近世ヨーロッパ国家史や一種の戦争論，また「比較としてのアジア」に研究の方向を変え，科学技術（「第1の社会理論」）や資本主義（「第2の社会理論」）ではなく，単純に主権的戦争国家とその織りなす国際関係こそが近代（とそのダイナミズム）を生んだという，あくまで社会科学の借りてきた猫である政治学には似つかわしくない主張（「第3の社会理論」）を行うようになった。名付けて「動員史観」（畠山2006；2011a；2011b）。博士論文からは1人遠くに来て，茫漠たる原野にたたずむアッシャー家の寂寞感に苛まれてもいるが，学部・大学院とまったくのゼロから社会科学の指導をしていただいた先生のご苦労とご学恩に，ここで，あらためて感謝させていただくことにする。

〔参考文献〕
エイムズ，ウォルター・L（1985）『日本警察の生態学』後藤孝典訳，勁草書房
岡部卓（2003）『改訂福祉事務所ソーシャルワーカー必携――生活保護における社会福祉実践』全国社会福祉協議会
沖田佳代子（1994）「福祉事務所のワーカーの倫理的ディレンマに関する研究」社会福祉学35巻2号，48-63頁
沖田佳代子（1995）「福祉事務所ケースワーカーの裁量に関する一考察」社会福祉研究62号，81-86頁
小野哲郎（1986）『ケースワークの基本問題』川島書店
カッツェンスタイン，ピーター・J（2007）『文化と国防――戦後日本の警察と軍隊』有賀誠訳，日本経済評論社
河合幸尾（1997）「わが国公的扶助政策の特徴――『適正化』政策を中心に」杉村宏ほか編著『シリーズ公的扶助実践講座第1巻　現代の貧困と公的扶助行政』ミネルヴァ書房，117-134頁
柴田純一（1999）『プロケースワーカー100の心得』現代書館
柴野昌山ほか編（1992）『教育社会学』有斐閣
嶋貫真人（1998）「生活保護における行政裁量とそのコントロールについて――司法審査の問題を中心に」社会福祉研究73号，85-89頁
白沢久一（1982）『公的扶助労働の基礎理論』勁草書房

進藤雄三・黒田浩一郎編（1999）『医療社会学を学ぶ人のために』世界思想社
新保美香（1999）「生活保護現業員の業務をめぐって」ソーシャルワーク研究24巻4号，257-261頁
新保美香（2000）「生活保護における指導・指示について」社会学・社会福祉学研究108号，27-57頁
新保美香（2001）「生活保護実践活動におけるソーシャルワークの実践原則の応用について――「個別化」の原則に着目して」社会学・社会福祉学研究110号，225-251頁
副田義也（1995）『生活保護制度の社会史』東京大学出版会
田尾雅夫（1990）『行政サービスの組織と管理――地方自治体における理論と実際』木鐸社
田尾雅夫（1994）「第一線職員の行動様式」西尾勝・村松岐夫編『講座行政学第5巻　業務の執行』有斐閣，179-213頁
田尾雅夫（1995）『ヒューマン・サービスの組織――医療・保健・福祉における経営管理』法律文化社
樽川典子（1989）「生活保護における指導の実施過程」青井和夫監修・副田義也編集『社会問題の社会学』サイエンス社，207-246頁
西尾勝（2000）『行政の活動』有斐閣
西尾勝（2001）『行政学』有斐閣
畠山弘文（1989）『官僚制支配の日常構造――善意による支配とはなにか』三一書房
畠山弘文（2006）『近代・戦争・国家――動員史観序説』文眞堂
畠山弘文（2011a）「簡略簡便な国家史論――課題と視角の素描」法学研究90号，133-160頁
畠山弘文（2011b）「辺境としての国家研究――『歴史のなかの国家』論」明治学院大学法学部政治学科編『初めての政治学――ポリティカル・リテラシーを育てる』風行社，63-86頁
笛木俊一（1997）「公的扶助制度・公的扶助労働の二面的性格」杉村宏ほか編著『シリーズ公的扶助実践講座第1巻　現代の貧困と公的扶助行政』ミネルヴァ書房，43-73頁
宮澤節生（1983）『犯罪捜査をめぐる第一線刑事の意識と行動――組織内統制への認識と反応』成文堂
村山眞維（1990）『警邏警察の研究』成文堂
リプスキー，マイケル（1986）『行政サービスのディレンマ――ストリート・レベルの官僚制』田尾雅夫・北大路信郷訳，木鐸社
Evans, T. and Harris, J. (2004) "Street-Level Bureaucracy, Social Work and the (Exaggerated) Death of Discretion", *British Journal of Social Work* 34(6).
Hosticka, Carl (1976) "Legal Service Lawyers Encounter Clients: A Study in Street-Level Bureaucracy", Ph. D. diss., MIT.
Mackey, Emil Robert (2008). *Street-level bureaucrats and the shaping of university housing policy*, University of Arkansas Press.
Maynard-Moody, S. and Musheno, M. (2003) *Cops, Teachers, Counselors: Stories from the*

第12章 ストリート官僚論再訪

Front Lines of Public Service, University of Michigan Press.
Prottas, Jeffrey M.(1979)*People-Processing*, Lexington Books.
Riccucci, Norma M.(2005)*How Management Matters: Street-Level Bureaucrats and Welfare Reform*, Georgetown University Press.
Smith, Steven Rathgeb(2003)"Street-Level Bureaucracy and Public Policy", in B. G. Peters and J. Pierre eds., *Handbook of Public Administration*, Sage Publication.
Weatherly, Richard(1980)*Reforming Special Education: From the State Level to the Street Level*, MIT Press.

執筆者一覧 （執筆順，＊は編者）

＊新川　敏光（しんかわ　としみつ）	京都大学公共政策大学院・法学研究科教授	はじめに，第1章
渡部　純（わたなべ　じゅん）	明治学院大学法学部教授	第2章
宗前　清貞（そうまえ　きよさだ）	大阪薬科大学総合科学系教授	第3章
丹羽　功（にわ　いさお）	近畿大学法学部教授	第4章
中井　歩（なかい　あゆむ）	京都産業大学法学部准教授	第5章
鈴木　創（すずき　そう）	筑波大学人文社会系講師	第6章
鹿毛利枝子（かげ　りえこ）	東京大学大学院総合文化研究科准教授	第7章
松本　俊太（まつもと　しゅんた）	名城大学法学部准教授	第8章
近藤　正基（こんどう　まさき）	神戸大学大学院国際文化学研究科准教授	第9章
辻　由希（つじ　ゆき）	京都大学大学院法学研究科准教授	第10章
柴田　晃芳（しばた　てるよし）	常葉大学法学部准教授	第11章
畠山　弘文（はたけやま　ひろぶみ）	明治学院大学法学部教授	第12章

Horitsu Bunka Sha

現代日本政治の争点

2013年11月1日　初版第1刷発行

編　者　　新川　敏光
　　　　　しん　かわ　とし　みつ

発行者　　田靡　純子

発行所　　株式会社　法律文化社
　　　　　〒603-8053
　　　　　京都市北区上賀茂岩ヶ垣内町71
　　　　　電話 075(791)7131　FAX 075(721)8400
　　　　　http://www.hou-bun.com/

＊乱丁など不良本がありましたら，ご連絡ください。
　お取り替えいたします。

印刷：西濃印刷㈱／製本：㈱藤沢製本
装幀：奥野　章
ISBN 978-4-589-03543-1
Ⓒ 2013 Toshimitsu Shinkawa Printed in Japan

JCOPY　＜(社)出版者著作権管理機構　委託出版物＞
本書の無断複写は著作権法上での例外を除き禁じられています。複写される
場合は，そのつど事前に，(社) 出版者著作権管理機構（電話03-3513-6969，
FAX03-3513-6979, e-mail: info@jcopy.or.jp）の許諾を得てください。

新川達郎編
政策学入門
―私たちの政策を考える―
A5判・240頁・2500円

問題解決のための取り組みを体系化した「政策学」を学ぶための基本テキスト。実際の政策事例から理論的な思考方法を具体的につかめるよう，要約・事例・事例分析・理論紹介・学修案内の順に論述。

仲正昌樹編
政治思想の知恵
―マキャベリからサンデルまで―
A5判・252頁・2500円

「政治思想を学ぶことは人生の知恵を学ぶことだ」。編者の熱い思いで編まれた入門書。ホッブズ，ロック，ルソー，スミス，カント，ベンサム，ミル，アーレント，バーリン，ロールズ，ハーバマス，ノージックら総勢14人の代表的思想家をとりあげる。

市川喜崇著
日本の中央－地方関係
―現代型集権体制の起源と福祉国家―
A5判・278頁・5400円

明治以来の集権体制は，いつ，いかなる要因で，現代福祉国家型の集権体制に変容したのか。現代国家型の中央－地方関係の形成時期と形成要因を探り，その歴史を包括的に解釈し直す。〔日本公共政策学会2013年度著作賞受賞〕

小堀眞裕著
ウェストミンスター・モデルの変容
―日本政治の「英国化」を問い直す―
A5判・324頁・4200円

日本の政治改革がお手本としてきた「ウェストミンスター・モデル」が揺らいでいる。その史的展開と変容のダイナミズムを実証的に考察。「英国化」する日本政治を英国から照射することにより日本の未成熟を衝く。

新川敏光著
幻視のなかの社会民主主義
―『戦後日本政治と社会民主主義』増補改題―
A5判・280頁・3700円

社会民主主義モデルの理論的検討をもとに，戦後日本政治における社会民主主義とその不在について分析する。増補改題にあたっては，補論「新自由主義を越えて」では，脱国民国家時代の社会民主主義戦略の可能性を探る。

―法律文化社―
表示価格には消費税は含まれておりません